昌吉回族自治州耕地

魏建华 吕彩霞 贾文明 主编

中国农业科学技术出版社

图书在版编目(CIP)数据

昌吉回族自治州耕地 / 魏建华，吕彩霞，贾文明主编. --北京：中国农业科学技术出版社，2025.8.
ISBN 978-7-5116-7380-0

Ⅰ.F323.211

中国国家版本馆CIP数据核字第2025BA3638号

责任编辑　张国锋
责任校对　李向荣
责任印制　姜义伟　王思文

出 版 者	中国农业科学技术出版社
	北京市中关村南大街12号　邮编：100081
电　　话	（010）82109705（编辑室）　（010）82106624（发行部）
	（010）82109709（读者服务部）
网　　址	https://castp.caas.cn
经 销 者	各地新华书店
印 刷 者	北京建宏印刷有限公司
开　　本	185 mm×260 mm　1/16
印　　张	11.75
字　　数	238千字
版　　次	2025年8月第1版　2025年8月第1次印刷
定　　价	120.00元

━━◀ 版权所有·翻印必究 ▶━━

《昌吉回族自治州耕地》编委会

主　　编：魏建华　吕彩霞　贾文明
副 主 编：唐　慧　赖　宁　陶　磊
参编人员：杨　帆　魏　影　李　英　周黎明　汤明尧
　　　　　陈署晃　耿庆龙　信会男　李　娜　刘　辉
　　　　　曹创业　陈　鲜　郭　斌　李永福　彭　磊
　　　　　李红艳　董刚山　迪丽娜尔·努尔兰
　　　　　杜　娟　王丽娜　方　勇　朱鸿博　魏永江
　　　　　巴合提·夏开　　桑建荣　贺梦婕
　　　　　沙达提·阿布来提　　　罗国安　李　鑫
　　　　　唐亚莉　张梦婕　牛雅萱　常梦迪　魏亚媛
　　　　　曾雅娟

前 言

为落实"藏粮于地、藏粮于技"战略，按照耕地质量等级调查评价总体工作安排部署，全面掌握昌吉回族自治州耕地质量状况，查清影响耕地生产的主要障碍因素，提出加强耕地质量保护与提升的措施与建议，2018—2022年，昌吉回族自治州农牧业技术推广中心依据《耕地质量调查监测与评价办法》和国家标准《耕地质量等级》（GB/T 33469—2016），组织开展了昌吉回族自治州耕地质量区域评价工作。

为总结昌吉回族自治州耕地质量区域评价成果，推动评价成果为农业生产服务，昌吉回族自治州农牧业技术推广中心组织编写了《昌吉回族自治州耕地》一书。全书分为六章：第一章昌吉回族自治州概况。介绍了区域地理位置、行政区划、气候条件、地形地貌、成土母质、水文条件等自然环境条件，区域种植结构、产量水平、施肥情况、灌溉情况、机械化应用等农业生产情况。第二章耕地土壤类型。对昌吉回族自治州耕地面积较大的半水成土和漠土等土纲的灰漠土、草甸土和潮土3个土类进行了重点描述。第三章耕地质量评价方法与步骤。系统地对区域耕地质量评价的每个技术环节进行了详细介绍，具体包括资料收集与整理、评价指标体系建立、数据库建立、耕地质量等级评价方法、评价指标权重确定、专题图件编制方法等内容。第四章耕地质量等级分析。详细阐述了昌吉回族自治州各等级耕地面积及分布、主要属性及存在的障碍因素，提出了有针对性的措施与建议。第五章耕地土壤有机质及主要营养元素。重点分析了土壤有机质、全氮、碱解氮、有效磷、速效钾、缓效钾、有效铜、有效锌、有效铁、有效锰、有效硼、有效钼、有效硅和有效硫14个耕地质量主要性状指标及变化趋势。第六章其他指标。详细阐述了土壤pH值、灌溉排水能力、质地构型、耕层质地、障碍因素、林网化程度和盐渍化程度等其他指标分布情况。

本书编写过程中得到了新疆维吾尔自治区土壤肥料工作站、昌吉回族自治州农业农村局领导的大力支持。昌吉回族自治州农牧业技术推广中心、昌吉回族自治各县（市）的农（牧）业技术推广中心参与了数据资料收集整理与分析工作，新疆维吾尔自治区农业科学院农业资源与环境研究所承担了数据汇总、专题图制作工作，在此一并表示感谢！

由于编者水平有限，书中不足之处在所难免，敬请广大读者批评指正。

编者
2025年1月

目 录

第一章 昌吉回族自治州概况 … 1
第一节 地理位置与区划 … 1
一、地理位置 … 1
二、行政区划 … 1
三、社会经济人口情况 … 1
第二节 自然环境概况 … 1
一、气候条件 … 1
二、地形地貌 … 2
三、成土母质 … 2
四、水文条件 … 3
第三节 农业生产概况 … 3
一、农村基本情况 … 3
二、耕地利用情况 … 4
三、农业生产条件 … 5
四、农作物播种面积及产量 … 5
五、机械化应用概况 … 7

第二章 耕地土壤类型 … 8
第一节 灰漠土 … 9
一、灰漠土分布与特征 … 9
二、灰漠土的分类 … 9
第二节 草甸土 … 11
一、草甸土分布与特征 … 11
二、草甸土的分类 … 11
第三节 潮土 … 12
一、潮土分布与特征 … 12
二、潮土的分类 … 12
第四节 其他土类 … 13

第三章 耕地质量评价方法与步骤 … 14
第一节 评价指标体系的建立 … 14
一、评价指标的选取原则 … 14
二、指标选取的方法及原因 … 15

三、耕地质量主要性状分级标准的确定 ································ 16
第二节　数据库的建立 ·· 19
　　一、建库的内容与方法 ··· 19
　　二、建库的依据及平台 ··· 19
　　三、建库的引用标准 ··· 19
　　四、建库资料的核查 ··· 20
　　五、空间数据库建立 ··· 21
　　六、属性数据库建立 ··· 22
第三节　耕地质量评价方法 ·· 23
　　一、评价的原理 ··· 23
　　二、评价的原则与依据 ··· 24
　　三、评价的流程 ··· 25
　　四、评价单元的确定 ··· 25
　　五、评价指标权重的确定 ·· 28
　　六、评价指标的处理 ··· 29
　　七、耕地质量等级的确定 ·· 34
　　八、耕地质量等级图的编制 ··· 35
　　九、耕地清洁程度评价 ··· 36
　　十、评价结果的验证方法 ·· 37
第四节　耕地土壤养分等专题图件编制方法 ······························ 39
　　一、图件的编制步骤 ··· 39
　　二、图件的插值处理 ··· 39
　　三、图件的清绘整饰 ··· 39

第四章　耕地质量等级分析 ·· 40
第一节　耕地质量等级 ··· 40
　　一、昌吉回族自治州耕地质量等级分布 ································ 40
　　二、昌吉回族自治州耕地质量高中低等级分布 ······················ 43
　　三、地形部位耕地质量高中低等级分布 ································ 43
　　四、各县市耕地质量等级分布 ·· 44
　　五、主要土壤类型的耕地质量状况 ······································· 45
第二节　一等地耕地质量等级特征 ··· 48
　　一、一等地分布特征 ··· 48
　　二、属性特征 ·· 49
　　三、养分状况 ·· 51
第三节　二等地耕地质量等级特征 ··· 53
　　一、二等地分布特征 ··· 53
　　二、属性特征 ·· 54
　　三、养分状况 ·· 56

目 录

第四节 三等地耕地质量等级特征 58
一、三等地分布特征 58
二、属性特征 59
三、养分状况 61

第五节 四等地耕地质量等级特征 63
一、四等地分布特征 63
二、属性特征 65
三、养分状况 66

第六节 五等地耕地质量等级特征 69
一、五等地分布特征 69
二、属性特征 70
三、养分状况 72

第七节 六等地耕地质量等级特征 74
一、六等地分布特征 74
二、属性特征 76
三、养分状况 77

第八节 七等地耕地质量等级特征 79
一、七等地分布特征 79
二、属性特征 81
三、养分状况 82

第九节 八等地耕地质量等级特征 85
一、八等地分布特征 85
二、属性特征 86
三、养分状况 88

第十节 九等地耕地质量等级特征 90
一、九等地分布特征 90
二、属性特征 91
三、养分状况 93

第十一节 十等地耕地质量等级特征 95
一、十等地分布特征 95
二、属性特征 96
三、养分状况 98

第十二节 耕地质量提升与改良利用 100
一、高等地的地力保持途径 100
二、中等地的地力提升措施 101
三、低等地的培肥改良途径 101

第五章 耕地土壤有机质及主要营养元素 103
第一节 土壤有机质 104

一、土壤有机质含量及其空间差异 ································· 104
　　二、土壤有机质的分级与分布 ······································· 105
　　三、土壤有机质调控 ·· 105
第二节　土壤全氮 ··· 108
　　一、土壤全氮含量及其空间差异 ····································· 108
　　二、土壤全氮的分级与分布 ·· 109
　　三、土壤全氮调控 ··· 109
第三节　土壤碱解氮 ··· 112
　　一、土壤碱解氮含量及其空间差异 ·································· 112
　　二、土壤碱解氮的分级与分布 ··· 113
　　三、土壤碱解氮调控 ·· 115
第四节　土壤有效磷 ··· 115
　　一、土壤有效磷含量及其空间差异 ·································· 116
　　二、土壤有效磷含量的分级与分布 ·································· 116
　　三、土壤有效磷调控 ·· 117
第五节　土壤速效钾 ··· 119
　　一、土壤速效钾含量及其空间差异 ·································· 119
　　二、土壤速效钾含量的分级与分布 ·································· 120
　　三、土壤速效钾调控 ·· 122
第六节　土壤缓效钾 ··· 123
　　一、土壤缓效钾含量及其空间差异 ·································· 123
　　二、土壤缓效钾的分级与分布 ··· 123
　　三、土壤缓效钾调控 ·· 126
第七节　土壤有效铁 ··· 127
　　一、土壤有效铁含量及其空间差异 ·································· 127
　　二、土壤有效铁的分级与分布 ··· 128
　　三、土壤有效铁调控 ·· 129
第八节　土壤有效锰 ··· 131
　　一、土壤有效锰含量及其空间差异 ·································· 132
　　二、土壤有效锰含量的分级与分布 ·································· 132
　　三、土壤有效锰调控 ·· 133
第九节　土壤有效铜 ··· 135
　　一、土壤有效铜含量及其空间差异 ·································· 135
　　二、土壤有效铜含量的分级与分布 ·································· 136
　　三、土壤有效铜调控 ·· 138
第十节　土壤有效锌 ··· 139
　　一、土壤有效锌含量及其空间差异 ·································· 140
　　二、土壤有效锌含量的分级与分布 ·································· 140

三、土壤有效锌调控 141
　第十一节　土壤有效硫 143
　　　一、土壤有效硫含量及其空间差异 143
　　　二、土壤有效硫含量的分级与分布 144
　　　三、土壤有效硫调控 145
　第十二节　土壤有效硅 147
　　　一、土壤有效硅含量及其空间差异 147
　　　二、土壤有效硅含量的分级与分布 148
　　　三、土壤有效硅调控 150
　第十三节　土壤有效钼 150
　　　一、土壤有效钼含量及其空间差异 150
　　　二、土壤有效钼含量的分级与分布 151
　　　三、土壤有效钼调控 152
　第十四节　土壤有效硼 154
　　　一、土壤有效硼含量及其空间差异 155
　　　二、土壤有效硼含量的分级与分布 155
　　　三、土壤有效硼调控 158

第六章　其他指标 159
　第一节　部分指标分布情况 159
　　　一、土壤pH分布情况 159
　　　二、灌排能力分布情况 160
　　　三、剖面土体构型分布情况 162
　　　四、耕层质地分布情况 164
　第二节　障碍因素 165
　　　一、障碍因素分类分布 165
　　　二、障碍因素调控措施 166
　第三节　农田林网化程度 169
　　　一、昌吉回族自治州农田林网化现状 169
　　　二、有关建议 171
　第四节　土壤盐渍化程度分析 172
　　　一、各县（市）之间土壤盐分含量差异 172
　　　二、不同地形部位土壤盐分含量差异 172
　　　三、昌吉回族自治州盐渍化分布及面积 173
　　　四、盐渍化土壤的改良和利用 174

第一章 昌吉回族自治州概况

第一节 地理位置与区划

一、地理位置

昌吉回族自治州位于天山北麓、准噶尔盆地东南缘。位于北纬 43°20′~45°00′，东经 85°17′~91°32′。东临哈密市，西接石河子市，南与吐鲁番市、巴音郭楞蒙古自治州毗邻，北与塔城、阿勒泰地区接壤，东北与蒙古国交界。东西长 541km，南北宽 285km，总面积 7.39 万 km^2。州府昌吉市东距乌鲁木齐市中心 38km。

二、行政区划

昌吉回族自治州辖 2 个县级市、4 个县、1 个自治县：昌吉市、阜康市、玛纳斯县、呼图壁县、吉木萨尔县、奇台县、木垒哈萨克自治县。

三、社会经济人口情况

2020 年昌吉回族自治州全地域（含兵团）地区生产总值（GDP）1 387.25 亿元，按可比价格计算，比上年增长 5.3%。其中，第一产业增加值 242.45 亿元，增长 4.5%；第二产业增加值 581.28 亿元，增长 12.4%；第三产业增加值 563.51 亿元，下降 1.1%。三次产业结构为 17.5：41.9：40.6。昌吉回族自治州自古就是多民族聚居地区。州境内主要有回族、汉族、哈萨克族、维吾尔族、蒙古族、塔塔尔族、乌孜别克族、满族、东乡族等 37 个民族。

第二节 自然环境概况

一、气候条件

昌吉回族自治州为典型的大陆性干旱气候，具有冬季寒冷漫长，夏季炎热，春秋季气温变化剧烈；光照充足，热量丰富；降水分布不均，山区多，平原、沙漠地区较少；春夏季多风。

昌吉回族自治州各县（市）的无霜期和 ≥10℃ 积温存在差异，吉木萨尔县以西靠洪积冲积扇缘地带的无霜期为 166~191 天，东部的奇台县、木垒哈萨克自治县无霜期为 155~159 天，比中、西部少 10 多天。随着海拔的升高，前山丘陵区只有 150 天左右，中山区120天左右。各地≥10℃的积温，玛纳斯县、呼图壁县、阜康市均超过3 500℃，昌吉市、吉木萨尔县为3 400℃左右，奇台县为3 112.9℃，木垒哈萨克自治县只有2 538.5℃。

昌吉回族自治州各地年降水的特点是：山区多于平原，平原多于沙漠。以山区来讲，中、西部山区多于东部山区；以平原来讲，靠近前山的木垒哈萨克自治县多于其他地区；以沙漠来讲，东部沙漠多于西部沙漠。平原农区蒸发量为2 000~2 100mm，北部地区为2 200~2 300mm，山区为1 500~1 800mm。

二、地形地貌

昌吉回族自治州被誉为"天山北坡"，地势南高北低，由东南向西北倾斜，南部是天山山地；中部为广袤的冲积平原，位于南部天山山地和北部沙漠盆地之间，由地表径流冲积、洪积形成，地势平坦，水土条件优越，被称为"绿洲"；北部为浩瀚的沙漠盆地，是古尔班通古特大沙漠的一部分，呈东西向长条带状分布。

三、成土母质

昌吉回族自治州范围内主要的成土母质，可分为下列几种发生类型：残积物、坡积物、洪积物、冲积物、黄土和黄土状物质、农业灌溉淤积物、湖积物、风积物、冰积物、冰水沉积物等，现分述如下。

（一）残积物、坡积物

形成山地土壤的主要成土母质，分布范围较广；在较湿润的森林、草原带的山坡上分布较为广泛，并常以混合型的坡积—残积物的形式存在，是灰褐土、黑钙土和栗钙土的主要成土母质。在喀拉麦里剥蚀残丘上，也有明显的坡积现象，成为灰棕漠土的成土母质。

（二）洪积物

主要分布于山前洪积冲积平原（包括洪积锥和洪积裙）、山间谷地以及河谷上游，是间隙性的急流沉积物，分布范围较广泛，在土壤形成过程中起着巨大的作用。其成分、质地、厚度彼此很不相同，出山口处主要是砾石，往北逐渐变细，发育为灰漠土及部分棕钙土。

（三）冲积物

主要分布在冲积平原，为河流流水搬运沉积堆积而成，包括所有堆积在河谷及河流三角洲上的沉积物及其现代和古老的冲积平原。冲积物主要发育为潮土、灌耕土等，为主要农业生产基地。

（四）黄土和黄土状物质

北疆黄土主要分布在前山丘陵、低山草原带，海拔一般为800~1 600m，在河谷高阶地上，上限可到海拔2 400m左右，是灰褐土、黑钙土、栗钙土、棕钙土的主要成土母质，其厚度各地不一。

黄土状物质形成时代稍晚于黄土，其矿物化学成分和颗粒组成与黄土相近似。主要分布于玛纳斯县至奇台县一带的洪积冲积平原的中、下部，厚度多在数十至一二百米，是昌吉回族自治州主要地带性土壤——灰漠土的主要成土母质。

（五）农业灌溉淤积物

农业灌溉淤积物是由于灌溉水中悬浮的黏粒、粉沙粒，通过长期的灌溉，携带到农田淤积而成，对农业土壤特别是灌淤土和灌耕土的形成起着决定性的作用。

（六）湖积物

因河流冲积物与湖沼沉积物交互沉积的冲积湖积物，主要分布于盆地边缘的冲积湖积平原，土质较黏重，粗细较均匀，层理清楚，是冲积湖积平原土壤的主要成土母质。

（七）风积物

古尔班通古特沙漠发育于第四纪冲积物之上，沙粒粒径主要为 0.10~0.25mm 的细沙组成，表现出高度的分选性，堆积层理不明显，为风沙土的主要成土母质。

（八）冰积物、冰水沉积物

主要分布于天山中、高山区的谷地和山地平坦面上，形成各种冰积垄、冰水台地和蛇形丘。其特点是分选性差，多含有角砾、溧砾和沙泥，胶粒含量极少，多无水平层理，冰水沉积物例外。是形成山地草甸带、山地森林带和山地草原带的主要成土母质。

四、水文条件

昌吉回族自治州自然状态下的地表水主要有冰川、积雪、河流、泉水、湖泊，经过人类的生产活动后，形成水库、渠系塘坝等地表水系。总的特征是：面积小，数量有限，分布不均；均为内陆水系，一律由山地流向盆地，流程短，多数自然流失。冰川、积雪分布在南部海拔 3 800m 以上的高山区，为现代永久积雪区。昌吉回族自治州除木垒哈萨克自治县外，都有冰川、积雪常年分布。昌吉回族自治州地处内陆干旱盆地区，河流均发源于高山，流失于盆地，为内陆河。河流流程短，水量小，除玛纳斯河在下游汇成玛纳斯湖外，其余都是无尾河。昌吉回族自治州境内面积较大的天然湖泊有阜康市南部山区的天池等。

第三节　农业生产概况

一、农村基本情况

根据《新疆统计年鉴 2021 年》，昌吉回族自治州各县（市）农村基本情况见表 1-1。2020 年，昌吉回族自治州乡村总户数为 200 205 户，乡村人口数为 601 442 人，乡村劳动力 377 980 人，乡村从业人员 317 311 人，从事农业人员 215 084 人，自来水受益村 453 个，通有线电视村数 453 个，通宽带村数 451 个。其中，乡村人口数以奇台县最多，为 140 376 人，从事农业人员以昌吉市最多，为 43 605 人。

表 1-1　昌吉回族自治州各县（市）农村基本情况

地区	乡村户数/户	乡村人口数/人	乡村劳动力/人	乡村从业人员/人	从事农业人员	自来水受益村/个	通有线电视村数/个	通宽带村数/个
昌吉回族自治州	200 205	601 442	377 980	317 311	215 084	453	453	451
昌吉市	37 096	114 061	70 301	59 061	43 605	64	64	62
阜康市	21 856	71 864	45 268	41 215	24 319	66	66	66
呼图壁县	26 241	71 307	51 399	46 454	30 587	56	56	56
玛纳斯县	24 311	65 150	43 586	34 669	28 718	81	81	81
奇台县	44 107	140 376	88 254	68 440	40 858	68	68	68
吉木萨尔县	31 969	96 108	50 917	46 679	32 595	59	59	59
木垒哈萨克自治县	14 625	42 576	28 255	20 793	14 402	59	59	59

二、耕地利用情况

昌吉回族自治州各县（市）耕地面积见表 1-2。2019 年年末，昌吉回族自治州耕地面积为 742 164.46 hm^2，其中水浇地面积为 695 868.60 hm^2，旱地面积为 45 575.90 hm^2。其中昌吉市和玛纳斯县无旱地。

表 1-2　昌吉回族自治州各县（市）耕地面积　　　　　　　　　　单位：hm^2

地区	年末耕地面积	水浇地	旱地
昌吉回族自治州	742 164.46	695 868.60	45 575.90
昌吉市	96 667.04	96 227.41	—
阜康市	56 530.31	56 225.89	171.57
呼图壁县	147 249.00	147 113.83	2.57
玛纳斯县	163 031.84	163 016.96	—
奇台县	159 349.96	143 284.43	16 065.53
吉木萨尔县	66 764.45	64 418.57	2 345.88
木垒哈萨克自治县	5 2571.86	25 581.51	26 990.35

三、农业生产条件

昌吉回族自治州各县（市）农业生产条件见表1-3。2020年昌吉回族自治州农用化肥施用量（折纯）为145 473t，农作物使用的化肥主要为氮肥、磷肥、钾肥和复合肥，用量（折纯）分别为70 488t、36 654t、13 612t和24 719t，占总用量的比例分别为48.45%、25.20%、9.36%和16.99%。昌吉回族自治州氮磷钾肥用量不合理。

表1-3 昌吉回族自治州各县（市）农业生产条件

指标名称	化肥施用量（折纯）/t	氮肥/t	磷肥/t	钾肥/t	复合肥/t	地膜覆盖面积/hm²	农用柴油使用量/t	农村用电量/（万kW·h）
昌吉回族自治州	145 473	70 488	36 654	13 612	24 719	292 216.47	77 133	101 809
昌吉市	21 572	7 538	6 589	3 382	4 063	41 503.13	6 301	12 922
阜康市	8 403	3 935	2 338	263	1 867	32 373	5 212	7 922
呼图壁县	31 603	16 483	7 675	1 949	5 496	82 341.87	12 262	36 610
玛纳斯县	37 526	19 798	8 432	4 314	4 982	66 400.07	16 096	8 768
奇台县	25 628	13 544	5 979	1 430	4 675	41 012.47	18 280	25 892
吉木萨尔县	13 537	5 764	3 509	1 761	2 503	22 332.2	12 310	4 073
木垒哈萨克自治县	7 204	3 426	2 132	513	1 133	6 253.73	6 672	5 622

四、农作物播种面积及产量

昌吉回族自治州各县（市）农作物播种面积及产量见表1-4。2020年农作物播种面积720.6万亩，比上年减少27.87万亩。其中，粮食播种面积313.8万亩，棉花播种面积231万亩，油料播种面积10.7万亩，蔬菜播种面积28万亩，分别比上年减少19.36万亩、13.63万亩、9.5万亩、0.05万亩。

2020年昌吉回族自治州各县（市）农作物单位面积产量见表1-5。粮食单位面积平均产量为5 758kg/hm²，其中谷物为5 785kg/hm²，小麦为4 583kg/hm²，玉米为9 514kg/hm²。棉花单位面积产量为1 976kg/hm²，油料单位面积产量为2 960kg/hm²，甜菜单位面积产量为66 440kg/hm²。

表 1-4 2018—2020 年昌吉回族自治州主要农作物播种面积及产量

项目	2018 年			2019 年			2020 年		
	播种面积/万亩	增减/%	产量/万t	播种面积/万亩	产量/万t	增减/%	播种面积/万亩	增减/%	产量/万t	增减/%

项目	播种面积/万亩	增减/%	产量/万t	增减/%	播种面积/万亩	增减/%	产量/万t	增减/%	播种面积/万亩	增减/%	产量/万t	增减/%
农作物总播种面积	768.21	-2.1	—	—	748.47	-2.6	—	—	720.6	-4.9	—	—
粮食作物合计	348.47	-11.8	168.14	-15.4	333.16	-4.4	163.19	-2.9	313.8	-11.5	120.3	-15.9
小麦	222.16	-13.0	79.70	-19.4	221.45	-0.3	81.37	2.1	234.8	-8.2	71.7	-15.2
玉米	102.82	-17.0	82.42	-14.7	96.56	-6.1	79.02	-4.1	75.6	-20.1	47.9	-15.8
棉花	235.15	26.1	33.64	24.2	244.63	4.0	35.46	5.4	231.0	-1.1	36.6	19.8
油料	22.03	-34.3	4.77	-33.8	20.22	-8.2	4.38	-8.1	10.7	-47.0	2.1	-51.7
甜菜	5.86	-32.8	30.24	-32.2	5.16	-11.9	24.43	-19.2	6.7	29.0	29.5	20.8
蔬菜（含菜用瓜）	32.44	-25.3	149.55	-30.6	28.05	-13.5	135.08	-9.7	28.0	-0.1	147.8	9.4
瓜果类	6.59	-34.7	23.70	-47.8	8.38	27.2	41.22	73.9	7.9	-5.4	38.7	-6.2

表1-5　昌吉回族自治州各县（市）农作物单位面积产量　　单位：kg/hm²

地区	粮食	谷物	小麦	玉米	棉花	油料	甜菜
昌吉回族自治州	5 758	5 785	4 583	9 514	1 976	2 960	66 440
昌吉市	6 918	6 915	4 990	8 938	1 717	3 785	80 368
阜康市	6 452	6 444	5 060	9 578	1 824	2 550	120 000
呼图壁县	8 224	8 223	5 727	10 343	2 147	2 918	75 954
玛纳斯县	6 260	6 262	3 072	7 099	1 996	2 755	87 188
奇台县	7 026	7 028	6 265	10 066	—	3 163	58 542
吉木萨尔县	5 501	5 593	4 158	9 697	1 621	1 646	65 900
木垒哈萨克自治县	2 885	2 899	2 527	8 991	—	2 842	74 601

五、机械化应用概况

昌吉回族自治州各县（市）农业机械拥有量见表1-6。2020年农业机械总动力为2 639 782kW，农用大中型拖拉机19 391台，小型拖拉机44 167台，大中型拖拉机配套农具52 694部，小型拖拉机配套农具77 320部，节水灌溉机械数量6 750台。

表1-6　昌吉回族自治州各县（市）农业机械拥有量

地区	农业机械总动力/kW	农用大中型拖拉机		小型拖拉机		大中型拖拉机配套农具/部	小型拖拉机配套农具/部	节水灌溉机械数量/台
		数量/台	动力/kW	数量/台	动力/kW			
昌吉回族自治州	2 639 782	19 391	1 168 818	44 167	650 332	52 694	77 320	6 750
昌吉市	498 759	2 988	189 829	8 770	129 452	9 128	13 415	731
阜康市	218 425	1 460	87 769	3 497	43 018	2 025	7 982	362
呼图壁县	451 737	3 204	234 859	5 292	68 796	12 805	22 180	126
玛纳斯县	439 264	4 447	246 545	6 793	99 384	13 190	15 286	696
奇台县	614 127	3 955	226 046	10 890	176 330	8 458	9 640	3 912
吉木萨尔县	216 767	1 616	92 253	4 242	58 230	1 091	7 615	755
木垒哈萨克自治县	200 703	1 721	91 517	4 683	75 122	5 997	1 202	168

第二章 耕地土壤类型

昌吉回族自治州耕地总面积为 742.16khm^2。耕地土壤类型分 14 个土类、36 个亚类。本次仅针对面积较大的灰漠土、草甸土和潮土 3 个土类进行重点描述。昌吉回族自治州耕地土壤分类系统见表 2-1。

表 2-1 昌吉回族自治州耕地土壤分类系统

土纲	亚纲	土类	亚类
半水成土	暗半水成土	草甸土	典型草甸土
			石灰性草甸土
			盐化草甸土
	淡半水成土	潮土	典型潮土
			灰潮土
			湿潮土
			脱潮土
			盐化潮土
初育土	土质初育土	风沙土	荒漠风沙土
	石质初育土	石质土	钙质石质土
人为土	灌耕土	灌漠土	典型灌漠土
			灰灌漠土
			盐化灌漠土
		灌淤土	典型灌淤土
			盐化灌淤土
	水稻土	水稻土	潴育水稻土
钙层土	半干旱温钙层土	栗钙土	典型栗钙土
			淡栗钙土
			盐化栗钙土
	半湿温钙层土	黑钙土	典型黑钙土
			盐化黑钙土

第二章　耕地土壤类型

(续表)

土纲	亚纲	土类	亚类
漠土	温漠土	灰漠土	灌耕灰漠土
			典型灰漠土
			碱化灰漠土
			盐化灰漠土
盐碱土	盐土	草甸盐土	典型草甸盐土
			结壳盐土
			沼泽盐土
		漠境盐土	典型漠境盐土
			干旱盐土
水成土	水成土	沼泽土	草甸沼泽土
			盐化沼泽土
干旱土	干旱温钙层土	棕钙土	草甸棕钙土
			淡棕钙土
			典型棕钙土

第一节　灰漠土

一、灰漠土分布与特征

　　灰漠土面积 185.61khm²，占耕地土壤的 25.01%。灰漠土是准噶尔盆地温带大陆性干旱荒漠气候条件下发育的地带性土壤，其分布南到天山北麓洪积冲积扇的上部与棕钙土相连，北到准噶尔盆地古尔班通古特沙漠边缘与风沙土相接。灰漠土地表常附生灰黑色地衣和藻类，具有多角形的裂缝或较明显的龟裂特征。表层有荒漠结皮层，其下有浅灰色的片状或鳞片状层次，再往下为浅黄棕或浅红色的紧实层，残积黏化和铁质化现象较明显。腐殖质积累过程较弱，碳酸钙分布较均匀，洪积冲积扇上部土层较薄，下部和冲积平原土层较厚，部分灰漠土存在不同程度的盐渍化现象。

　　长时间灌溉耕种的灰漠土，其土壤的水、热状况及物质能量在不断转换，土壤的形态和理化生物特性在不断改变，形成了较深厚的灌淤层和灌耕熟化层。成土过程分为黏化和铁质化过程、土壤有机质的积累过程、盐化与碱化过程、灌耕熟化过程。

二、灰漠土的分类

　　昌吉回族自治州的灰漠土由于受地貌、地形部位、成土母质、地下水矿化度和组成等多因子影响，其参与的附加成土过程的主次不同而分为灌耕灰漠土、典型灰漠土、碱化灰漠土和盐化灰漠土4个亚类。其中灌耕灰漠土面积最大，为156.75khm^2，占该土类面积的84.45%；其次是盐化灰漠土，占该土类面积的14.37%；再次是典型灰漠土，占该土类面积的1.08%；碱化灰漠土面积最小，占该土类面积的0.10%。

（一）灌耕灰漠土亚类

灌耕灰漠土是在自然土壤灰漠土的基础上，经人为的开垦、耕作、灌溉、施肥、熟化演变而来的。灌耕灰漠土的成土过程受荒漠生物气候条件影响，荒漠化过程仍是主导成土过程。同时还受人为的耕作熟化过程的影响，使土壤向更加熟化的方向发展，使灌耕灰漠土剖面形态和理化性质发生明显的变化，但仍然保留着灰漠土的主要特征，如土壤结构和土壤通透性差，养分含量低等。灌耕灰漠土的成土母质较复杂，一般为洪积—冲积黄土、洪积—冲积红土或冲积性黄土状物质。灌耕灰漠土耕作层呈浅灰棕色，有机质含量不高，结构性差，质地类型变化大，从轻壤至重壤，大都有较明显的紧实、层状的犁底层，犁底层下有棕色的紧实层（心土层），在心土层和底土层可见假菌丝体。

（二）典型灰漠土亚类

典型灰漠土代表着该土类较典型的灰漠土特性，无明显的附加成土过程，仍保持着比较典型的灰漠土特征，地下水位深，土壤含盐量较低，主要分布在洪积冲积扇和古老冲积平原。典型灰漠土一般质地较轻，多为砂壤土—中壤土，局部地段表土覆有细沙砾。水的淋溶作用较弱，但黏粒在剖面中有明显的移动，这在红棕色的黏化铁质化的紧实层中更为明显。典型灰漠土在成土过程中原生矿物分解比较缓慢，新形成的矿物多原地积累，很少发生移动（钙在剖面中略有移动）。

（三）碱化灰漠土亚类

碱化灰漠土主要分布于昌吉回族自治州东部木垒冲积平原地区，其中木垒哈萨克自治县面积较大，奇台县和玛纳斯县也有小片分布。碱化灰漠土所处部位的地形、地貌、地表景观特点与盐化灰漠土相似，所不同的是植被覆盖度较低，有的为光板地，土层一般较厚，质地较重。剖面形态特征基本上与灰漠土相似，但有碱化层和较高的碱化度，具有残存盐化现象。

（四）盐化灰漠土亚类

盐化灰漠土一般土层深厚，地下水位较深，多在10m以下。它具有灰漠土的典型特征同时盐渍化过程明显。由于地下水位较深，积盐不受地下水的直接影响，而属残余型的盐渍化土壤。盐分布有两种情况：一种是在地形较高处的土壤，中下部含盐量比上部高；另一种是在地势相对低平处，上部水分条件稍好的，盐分就可能表聚于剖面的中上部。在耕地土壤中，盐化土的盐分组成一般以氯化物—硫酸盐为主，其次是硫酸盐—氯化物。

第二节 草甸土

一、草甸土分布与特征

草甸土是昌吉回族自治州的良好土壤资源，面积113.01km²，占耕地土壤的15.23%。草甸土的分布与生物气候、水文地质、地形部位、河系、中小地形的关系很大，主要分布在昌吉州扇缘泉水溢出带和冲积平原低平地段，少部分的草甸土分布在前山的河谷、河流阶地和河滩地。草甸土是由地下水直接参与，在其上发育草甸植被并产生了一定生物积累过程的半水成土壤。成土母质主要为冲积物。土壤受地下水浸润，草甸植被发育良好，但类型比较简单。植被的种类及其盖度主要取决于土壤水分的补给量和盐化程度。在新疆草甸土的成土条件中，水、热条件与植被条件是主要因素。草甸土一般具有生草层、腐殖质层、潜育层这几个发生层次，草甸化进程是草甸土的主要成土过程。包括两个方面，即表层土壤有机质积累和下层土壤季节性氧化还原交替的过程。在特殊的水文地质、生物气候作用下，草甸土普遍附加盐化过程。还有在人为开发利用后因灌溉、耕种而出现灌耕熟化过程。

二、草甸土的分类

草甸土在形成过程中，腐殖质积累过程、氧化还原过程和潜育过程为主导成土过程，其次还有盐渍化过程，被开垦种植的灌溉熟化过程。根据以上主要成土过程和附加成土过程，草甸土可划分为石灰性草甸土、盐化草甸土和典型草甸土3个亚类。石灰性草甸土面积90.33km²，占该土类面积的79.93%；其次是盐化草甸土，占该土类面积的14.56%；典型草甸土面积最小，占该土类面积的5.51%。

（一）*石灰性草甸土亚类*

在石灰性河流冲积物上发育形成的草甸土。多属半干旱至荒漠气候，成土母质为石灰性冲积物或洪积冲积物，干草原草甸植被群落。多分布在半干旱的荒漠区。母质中石灰含量较高，成土过程基本同典型草甸土。剖面特征及主要属性：土体一般比较深厚，拥有腐殖质层（Ah或Ap）、锈色斑纹层和母质层，具有A-Cw构型；剖面呈强石灰反应。

（二）*盐化草甸土亚类*

盐化草甸土在昌吉回族自治州主要分布在奇台县、吉木萨尔县、阜康市、昌吉市等四县（市）泉水溢出带和冲积平原上低洼较平坦的地段。该土是在草甸土地带内，由于地下水中所含盐分通过毛细管作用，导致盐分在地表或土体中聚积而达到盐渍化程度的土壤。

（三）*典型草甸土亚类*

在非石灰性河流冲积物或湖积物上发育的草甸土。成土过程与土类相同。剖面特征及主要属性：土体比较深厚，拥有腐殖质层、锈色斑纹层和母质层，具有A-Cw构型；腐殖质层有机质含量1.5%~6%，结构性好；母质层见锈色斑纹或少量铁锰结核；土壤呈中性或酸性，通体无石灰反应，全盐量小于1g/kg，碱化度小于5%，潜在肥力较高。

第三节 潮土

一、潮土分布与特征

潮土是在长期的灌溉、耕种熟化过程中，在草甸土、草甸盐土和部分沼泽土等自然土壤的基础上演变而成。潮土受地下水活动和灌溉水的共同影响，土体经常保持湿润状态，是昌吉回族自治州主要的耕作土壤之一。潮土面积104.69km²，占耕作土壤的14.10%。潮土广泛分布于昌吉回族自治州各县（市）的扇缘地带、冲积平原、河谷、河漫滩、大河干三角洲地带的地形较低洼而平坦地区。

二、潮土的分类

昌吉回族自治州的潮土由于受地貌、地形部位、成土母质、地下水矿化度和组成等多因素影响，其主要成土过程是潮化过程和耕作熟化过程及部分次生盐渍化过程，依据其参与的附加成土过程的主次不同而分为5个亚类即灰潮土、脱潮土、盐化潮土、典型潮土和湿潮土。其中灰潮土面积最大，为39.34km²，占该土类面积的37.58%；其次是脱潮土，占该土类面积的29.60%；湿潮土面积最小，占该土类面积的1.63%。

（一）灰潮土亚类

灰潮土是指发育在暗色草甸土和草甸沼泽土上的老耕作土壤。该亚类主要分布在阜康市滋泥泉子、九运街、城关；玛纳斯县包家店、兰州湾、北五岔；吉木萨尔县北庭、二宫、三台；奇台县西北湾、西地一带的扇缘洼地、河滩地、槽子地；昌吉市的六工、佃坝；呼图壁县园户村、五工台等地也有分布。灰潮土是潮土土类中耕作熟化程度较高的亚类，该土壤水分条件好，地下水位较高。由于地下水矿化度低，一般无次生盐渍化的威胁，土壤的潜在肥力和供肥强度都较高，是昌吉回族自治州主要的高产土壤之一。

（二）脱潮土亚类

脱潮土受上游防渗渠建设、地下水开采或河流下切等因素影响，使地下水位下降，各县市均有分布，成土母质有冲积黄土、第四纪红土等，脱潮土的养分含量相对较为丰富。在自然状态下，其有机质含量可能处于中等水平，经过长期的农业利用，在合理施肥的情况下，土壤中的氮、磷、钾等养分可以得到较好的补充。

（三）盐化潮土亚类

主要分布在昌吉回族自治州地势低洼的扇缘、河滩地、河漫滩、低阶地、冲积平原等。盐化潮土的形成过程，除了潮土的耕作熟化过程和潮化过程，还附加了一个盐渍化过程。该亚类的成土条件：地下水位高，一般在3m以上，排水不畅；地下水矿化度较高；盐土或盐化草甸土开垦后洗盐不彻底；灌溉、耕作措施不当造成次生盐渍化。

（四）典型潮土亚类

在冲积平原由缓岗向洼地过渡倾斜平地上发育的潮土。土体比较深厚，层次分化不十分明显，拥有旱耕熟化耕层、氧化还原层、母质层；一般呈中性至弱碱性，大多含碳酸钙。

（五）湿潮土亚类

土体中具有潜育化特征的潮土，是潮土向沼泽土过渡的类型。主要分布在地势低平的低洼地，地下水位浅，土体下部有长期滞水，发生潜育化。成土过程：潮土主要成土过程，附加潜育化。土体比较深厚，层次分化不十分明显，一般拥有旱耕熟化耕层、氧化还原层、母质层；心土为氧化还原层；底土为潜育层，蓝灰色、暗灰色，多量锈纹斑。

第四节 其他土类

除灰漠土、草甸土和潮土外，棕钙土、栗钙土、灌淤土、灌漠土、风沙土、黑钙土、漠境盐土、沼泽土、石质土、草甸盐土、水稻土和灰钙土等其他土类面积共计 338.85km²，占昌吉回族自治州耕地总面积的 45.66%。

第三章　耕地质量评价方法与步骤

耕地是人类赖以生存的基本资源和条件，耕地质量直接影响农业生产的发展。耕地质量评价是全面衡量耕地质量水平的依据，其结果主要应用于农业和国土政策的制定。本次耕地质量调查评价根据《耕地质量调查监测与评价办法》和《耕地质量等级》（GB/T 33469—2016）进行，本次评价的数据主要来源于 2020 年昌吉回族自治州耕地质量调查评价监测样点野外调查及室内分析数据。在评价过程中，应用 GIS 空间分析、层次分析、特尔斐等方法，划分评价单元、确定指标隶属度、建立评价指标体系、构建评价数据库、计算耕地质量综合指数、评价耕地质量等级、编制耕地质量等级及养分等相关图件。

第一节　评价指标体系的建立

本次评价重点包括耕地质量等级评价和耕地理化性状分级评价两个方面。为满足评价要求，首先要建立科学的评价指标体系。

一、评价指标的选取原则

参评指标是指参与评价耕地质量等级的一种可度量或可测定的属性。正确的选择评价指标是科学评价耕地质量的前提，直接影响耕地质量评价结果的科学性和准确性。昌吉回族自治州耕地质量评价指标的选取主要依据《耕地质量等级》（GB/T 33469—2016），综合考虑评价指标的科学性、综合性、主导性、可比性、可操作性等原则。

科学性原则：指标体系能够客观地反映耕地综合质量的本质及其复杂性和系统性。选取评价指标应与评价尺度、区域特点等有密切的关系，因此，应选取与评价尺度相应、体现区域特点的关键因素参与评价。本次评价以昌吉回族自治州耕地单元为评价区域，既需考虑地形部位等大尺度变异因素，又需选择与农业生产相关的灌溉、土壤养分等重要因子，从而保障评价的科学性。

综合性原则：指标体系要反映出各影响因素的主要属性及相互关系。评价因素的选择和评价标准的确定要考虑当地的自然地理特点和社会经济因素及其发展水平，既要反映当前的局部和单项的特征，又要反映长远的、全局的和综合的特征。本次评价选取了土壤化学性状、物理性状、立地条件、土壤管理等方面的相关因素，形成了综合性的评价指标体系。

主导性原则：耕地系统是一个非常复杂的系统，要把握其基本特征，选出有代表性的起主导作用的指标。指标的概念应明确，简单易行。各指标之间涵义各异，没有重复。选取的因子应对耕地质量有比较大的影响，如地形因素、土壤因素和灌溉条件等。

可比性原则：由于耕地系统中的各个因素具有很强的时空差异，因而评价指标体系在空间分布上应具有可比性，选取的评价因子在评价区域内的变异较大，数据资料应具有较好的时效性。

可操作性原则：各评价指标数据应具有可获得性，易于调查、分析、查找或统计，有利于高效准确完成整个评价工作。

二、指标选取的方法及原因

耕地质量是由耕地质量、土壤健康状况和田间基础设施构成的满足农产品持续产出和质量安全的能力。选取的指标主要能反映耕地土壤本身质量属性的好坏。按照《耕地质量等级》标准要求区域耕地质量指标由基础性指标和区域补充性指标组成，建立"N+X"指标体系。N为基础性指标（14个），X为区域补充性指标，通过自治区相关科研院所及各地州农技中心专家函选出全疆区域性评价指标2个，共选取16个指标作为自治区评价指标，各地州统一采用自治区评价指标，具体如下。

（一）基础性指标

地形部位、有效土层厚度、有机质含量、耕层质地、土壤容重、质地构型、土壤养分状况（有效磷、速效钾）、生物多样性、障碍因素、灌溉能力、排水能力、清洁程度、农田林网化率。

（二）区域性指标

包括盐渍化程度、地下水埋深。运用层次分析法建立目标层、准则层和指标层的三级层级结构，目标层即耕地质量等级，准则层包括立地条件、剖面性状、耕层理化性状、养分状况、健康状况和土壤管理6个部分。

（三）立地条件

包括地形部位和农田林网化程度。昌吉回族自治州地形地貌较为复杂，地形部位的差异对耕地质量有重要的影响，不同地形部位的耕地坡度、坡向、光温水热条件、灌排能力差异明显，直接或间接地影响农作物的适种性和生长发育；农田林网能够很好地防御灾害性气候对农业生产的危害，保证农业的稳产、高产，同时还可以提高和改善农田生态系统的环境。

（四）剖面性状

包括有效土层厚度、质地构型、地下水埋深和障碍因素。有效土层厚度影响耕地土壤水分、养分库容量和作物根系生长；土壤剖面质地构型是土壤质量和土壤生产力的重要影响因素，不仅反映土壤形成的内部条件与外部环境，还体现出耕作土壤肥力状况和生产性能；地下水埋深影响作物土壤水分吸收和盐分运移，影响作物生长发育、产量；障碍因素影响耕地土壤水分状况以及作物根系生长发育，对土壤保水和通气性以及作物水分和养分吸收、生长发育以及生物量等均具有显著影响。

（五）耕层理化性状

包括耕层质地、土壤容重和盐渍化程度。耕层质地是土壤物理性质的综合指标，与作物生长发育所需要的水、肥、气、热关系十分密切，显著影响作物根系的生长发育、土壤水分和养分的保持与供给；容重是土壤最重要的物理性质之一，能反映土壤质量和土壤生产力水平；盐渍化程度是土壤的重要化学性质之一，作物正常生长发育、土壤微生物活动、矿质养分存在形态及其有效性、土壤通气透水性等都与盐渍化程度密切相关。

（六）养分状况

包括有机质、有效磷和速效钾。有机质是微生物能量和植物矿质养分的重要来源，不仅可以提高土壤保水、保肥和缓冲性能，改善土壤结构性，而且可以促进土壤养分有效化，对土壤水、肥、气、热的协调及其供应起支配作用。土壤磷、钾是作物生长所需的大量元素，对作物生长发育以及产量等均有显著影响。

（七）健康状况

包括清洁程度和生物多样性。清洁程度反映了土壤受重金属、农药和农膜残留等有毒有害物质影响的程度；生物多样性反映了土壤生命力丰富程度。

（八）土壤管理

包括灌溉能力和排水能力。灌溉能力直接关系到耕地对作物生长所需水分的满足程度，进而显著制约着农作物生长发育和生物量；排水能力通过制约土壤水分状况而影响土壤水、肥、气、热的协调及作物根系生长和养分吸收利用等，同时直接影响盐渍化土壤改良利用的效果。

三、耕地质量主要性状分级标准的确定

20 世纪 80 年代，全国第二次土壤普查项目开展时，曾对土壤 pH 值、有机质、全氮、碱解氮、有效磷、速效钾、有效硼、有效钼、有效锰、有效锌、有效铜、有效铁等耕地理化性质进行分级，其分级标准见表 3-1、表 3-2。经过近 40 年的发展，耕地土壤理化性质发生了较大变化，有的分级标准与目前的土壤现状已不符合。本次评价在全国第二次土壤普查耕地土壤主要性状指标分级的基础上进行了修改或重新制定。

（一）制定的原则

一是要与第二次土壤普查分级标准衔接，在保留原全国分级标准级别值的基础上，可以在一个级别中进行细分；同时在综合考虑当前土壤养分变化基础上，对个别养分分级级别进行归并调整，以便资料纵向、横向比较。二是细分的级别值，以及向上或向下延伸的级别值要有依据，需综合考虑作物需肥的关键值、养分丰缺指标等。三是各级别的幅度要考虑均衡，幅度大小基本一致。

表 3-1 全国第二次土壤普查土壤理化性质分级标准

分级标准	一级	二级	三级	四级	五级	六级
有机质/（g/kg）	>40	30~40	20~30	10~20	6~10	<6
全氮/（g/kg）	>2	1.5~2	1.5~1.0	1~0.75	0.5~0.75	<0.5

第三章 耕地质量评价方法与步骤

（续表）

分级标准	一级	二级	三级	四级	五级	六级
碱解氮/(mg/kg)	>150	120~150	90~120	60~90	30~60	<30
有效磷/(mg/kg)	>40	20~40	10~20	5~10	3~5	<3
速效钾/(mg/kg)	>200	150~200	100~150	50~100	30~50	<30
有效硼/(mg/kg)	>2.0	1.0~2.0	0.5~1.0	0.2~0.5	<0.2	—
有效钼/(mg/kg)	>0.3	0.2~0.3	0.15~0.2	0.1~0.15	<0.1	—
有效锰/(mg/kg)	>30	15~30	5~15	1~5	<1	—
有效锌/(mg/kg)	>3.0	1.0~3.0	0.5~1.0	0.3~0.5	<0.3	—
有效铜/(mg/kg)	>1.8	1.0~1.8	0.2~1.0	0.1~0.2	<0.1	—
有效铁/(mg/kg)	>20	10~20	4.5~10	2.5~4.5	<2.5	—

表3-2 全国第二次土壤普查土壤酸碱度分级标准

项目	强碱性	碱性	微碱性	中性	微酸性	酸性	强酸性
pH值	>9.0	8.5~9.0	7.5~8.5	6.5~7.5	5.5~6.5	4.5~5.5	<4.5

（二）耕地质量主要性状分级标准

依据新疆耕地质量评价7 054个调查采样点数据，对相关指标进行了数理统计分析，计算了各指标的平均值、中位数、变异系数和标准差等统计参数（表3-3）。以此为依据，同时参考已有的相关分级标准，并结合当前区域土壤养分的实际状况、丰缺指标和生产需求，确定依据新疆科学合理调整的养分分级标准（表3-4）进行分级。

以土壤有机质为例，本次评价分为5级，考虑到新疆耕地有机质含量大于25g/kg的样点数只有1124个，比例较小。因此，将有机质>25.0g/kg列为一级；同时，考虑到土壤有机质含量在10~20g/kg的比例较高，占53.84%，为了细分有机质含量对耕地质量等级的贡献，将10~20g/kg拆分为15~20g/kg和10~15g/kg，分别作为三、四级。

表3-3 新疆耕地质量主要性状描述性统计

项目	中位数	平均值	标准差	变异系数（%）
pH值	8.22	8.21	0.37	4.45
总盐/(g/kg)	1.5	2.73	3.94	144.27
有机质/(g/kg)	15.77	18.74	14.07	75.10
全氮/(g/kg)	0.87	0.95	0.52	54.86
碱解氮/(mg/kg)	61.20	69.48	40.19	57.84
有效磷/(mg/kg)	17.80	23.08	19.36	83.88

(续表)

项目	中位数	平均值	标准差	变异系数（%）
速效钾/(mg/kg)	172.00	211.51	145.70	68.89
缓效钾/(mg/kg)	1 001.15	1 038.00	397.05	38.25
有效锰/(mg/kg)	6.30	7.95	6.65	83.68
有效硅/(mg/kg)	143.70	182.97	151.78	82.95
有效硫/(mg/kg)	119.70	398.01	699.78	175.82
有效钼/(mg/kg)	0.07	0.15	0.22	145.24
有效铜/(mg/kg)	1.49	3.58	5.86	163.81
有效铁/(mg/kg)	9.60	13.07	16.37	125.20
有效锌/(mg/kg)	0.60	0.78	0.87	111.55
有效硼/(mg/kg)	1.30	1.78	1.97	110.33

表 3-4 新疆耕地质量监测分级标准

项目	分级标准				
	一级	二级	三级	四级	五级
有机质/(g/kg)	>25.0	20.0~25.0	15.0~20.0	10.0~15.0	≤10.0
全氮/(g/kg)	>1.50	1.00~1.50	0.75~1.00	0.50~0.75	≤0.50
碱解氮/(mg/kg)	>150	120~150	90~120	60~90	≤60
有效磷/(mg/kg)	>30.0	20.0~30.0	15.0~20.0	8.0~15.0	≤8.0
速效钾/(mg/kg)	>250	200~250	150~200	100~150	≤100
缓效钾/(mg/kg)	>1 200	1 000~1 200	800~1 000	600~800	≤600
有效硼/(mg/kg)	>2.00	1.50~2.00	1.00~1.50	0.50~1.00	≤0.50
有效钼/(mg/kg)	>0.20	0.15~0.20	0.10~0.15	0.05~0.10	≤0.05
有效硅/(mg/kg)	>250	150~250	100~150	50~100	≤50
有效铜/(mg/kg)	>2.00	1.50~2.00	1.00~1.50	0.50~1.00	≤0.50
有效铁/(mg/kg)	>20.0	15.0~20.0	10.0~15.0	5.0~10.0	≤5.0
有效锰/(mg/kg)	>15.0	10.0~15.0	5.0~10.0	3.0~5.0	≤3.0
有效锌/(mg/kg)	>2.00	1.50~2.00	1.00~1.50	0.50~1.00	≤0.50
有效硫/(mg/kg)	>50.0	30.0~50.0	15.0~30.0	10.0~15.0	≤10.0
pH 值	酸性 ≤6.5	中性 6.5~7.5	微碱性 7.5~8.5	碱性 8.5~9.5	强碱性 ≥9.5
总盐/(g/kg)	无 ≤2.5	轻度盐渍化 2.5~6.0	中度盐渍化 6.0~12.0	重度盐渍化 12.0~20.0	盐土 ≥20.0

第二节 数据库的建立

一、建库的内容与方法

（一）数据库建库的内容

数据库的建立主要包括空间数据库和属性数据库。

空间数据库包括道路、水系、采样点点位图、评价单元图、土壤图、行政区划图等。道路、水系通过土地利用现状图提取；土壤图通过扫描纸质土壤图件拼接校准后矢量化；评价单元图通过土地利用现状图、行政区划图、土壤图叠加形成；采样点点位图通过野外调查采样数据表中的经纬度坐标生成。

属性数据库包括土地利用现状图属性数据表、土壤样品分析化验结果数据表、土壤属性数据表、行政编码表、交通道路属性数据表等。通过分类整理后，以编码的形式进行管理。

（二）数据库建库的方法

耕地质量等级评价系统采用不同的数据模型，分别对属性数据和空间数据进行存储管理，属性数据采用关系数据模型，空间数据采用网状数据模型。

空间数据图层标识码是要素属性表中的一个关键字段，空间数据与属性数据以此字段形成关联，完成对地图的模拟。这种关联使两种数据模型连成一体，可以方便地从空间数据检索属性数据或者从属性数据检索空间数据。在进行空间数据和属性数据连接时，在 ArcMap 环境下分别调入图层数据和属性数据表，利用关键字段将属性数据表链接到空间图层的属性表中，将属性数据表中的数据内容赋予图层数据表中。建立耕地质量等级评价数据库的工作流程见图 3-1。

二、建库的依据及平台

数据库建设主要是依据和参考全国耕地资源管理信息系统数据字典、耕地质量调查与评价技术规程，以及有关全疆汇总技术要求完成的。本次耕地质量评价工作建库工作采用 ArcGIS 平台，对电子版、纸质版资料进行点、线、面文件的规范化处理和拓扑处理，空间数据库成果为点、线、面 Shape 格式的文件，属性数据库成果为 Excel 格式。最后将数据库资料导入区域耕地资源信息管理系统中运行，或在 ArcGIS 平台上运行。

三、建库的引用标准

1. 《中华人民共和国行政区划代码》　　　　GB/T 2260—2007
2. 《耕地质量等级》　　　　　　　　　　　GB/T 33469—2016
3. 《基础地理信息要素分类与代码》　　　　GB/T 13923—2006
4. 《中国土壤分类与代码》　　　　　　　　GB/T 17296—2009
5. 《国家基本比例尺地形图分幅与编号》　　GB/T 13989—2012

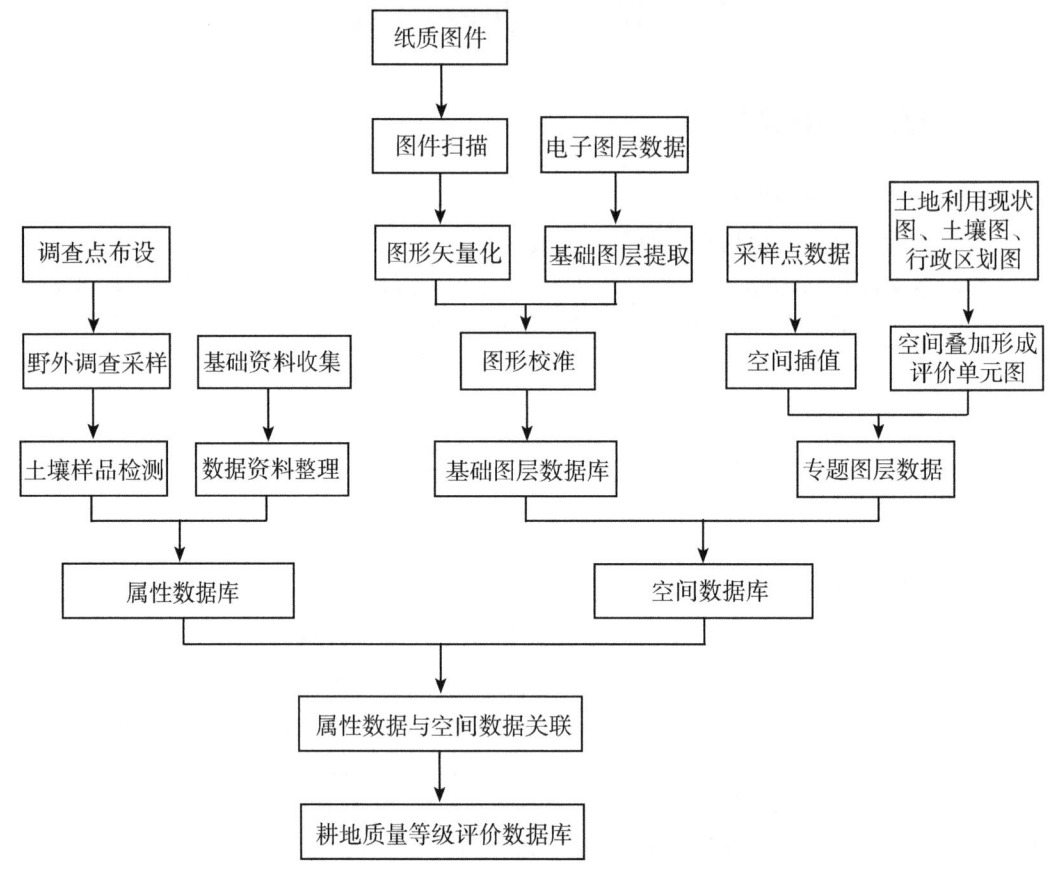

图 3-1 耕地质量等级评价数据库建立工作流程

6.《县域耕地资源管理信息系统数据字典》
7.《全球定位系统（GPS）测量规范》　　　　GB/T 18314—2009
8.《地球空间数据交换格式》　　　　　　　　GB/T 17798—1999
9.《土地利用数据库标准》　　　　　　　　　TD/T 1016—2017
10.《第三次全国国土调查土地分类》

四、建库资料的核查

为了构建一个有质量、可持续应用的空间数据库，数据入库前应进行质量检查，确保数据的正确性和完整性。主要包括以下数据检查处理。

（一）数据的分层检查

根据《土地利用数据库标准》对所有空间数据进行分层检查，按照标准中规定的三大要素层进行分层，并保证层与层之间没有要素重叠。

(二) 数学基础检查

按照《土地利用数据库标准》检查各图层数据的坐标系和投影是否符合建库标准，各层数学基础是否保持一致。

(三) 图形数据检查

检查内容包括点、线、面拓扑关系检查。对于点图层，检查点位是否重合，坐标位置是否准确，权属是否清晰；对于线图层，检查是否有自相交、多线相交是否有公共边重复、悬挂点或伪节点；对于多边形，检查是否闭合、标识码等属性是否唯一、图形中是否有需要合并碎小图斑等。

(四) 属性数据检查

属性数据是数据库的重要部分，它是数据库和地图的重要标志。检查属性文件是否完整，命名是否规范，字段类型、长度、精度是否正确，有错漏的应及时改正补上，确保各要素层属性结构完全符合数据库建设标准要求。

五、空间数据库建立

(一) 空间数据库内容

空间数据库用来存储地图空间数据，主要包括土壤类型图、土地利用现状图、行政区划图、耕地质量调查评价点点位图、耕地质量评价等级图、土壤养分系列图等，见表3-5。

表3-5 昌吉回族自治州空间数据库主要图件

序号	成果图名称
1	昌吉回族自治州土地利用现状图
2	昌吉回族自治州行政区划图
3	昌吉回族自治州土壤图
4	昌吉回族自治州耕地质量调查点点位图
5	昌吉回族自治州耕地质量评价等级图
6	昌吉回族自治州土壤 pH 值分布图
7	昌吉回族自治州总盐含量分布图
8	昌吉回族自治州土壤有机质含量分布图
9	昌吉回族自治州全氮含量分布图
10	昌吉回族自治州碱解氮含量分布图
11	昌吉回族自治州有效磷含量分布图
12	昌吉回族自治州土壤速效钾含量分布图
13	其他要素分布图

(二)各地理要素图层的建立

考虑建库及相关图件编制的需要,将空间数据库图层分为以下四类:地理底图、点位图、土地利用现状图、养分图等专题图。

地理底图:按照空间数据库建设的分层原则,所有成果图的空间数据库均采用同一地理底图,即地理底图的要素主要有县级行政区划、县行政驻地、水系、交通道路、防风林等要素。

耕地养分、耕地质量等级评价等专题图,则是分别在地理底图的基础上增加了各专题要素。

(三)空间数据库分层

昌吉回族自治州提供的地图分纸制图和电子化图两种,分别采用不同方式处理建立空间数据库。昌吉回族自治州空间数据库分层数据内容见表3-6。

表3-6 耕地质量等级评价空间数据库分层数据

图层类型	序号	图层名	图层属性
本底基础图层	1	湖泊、水库、面状河流(lake)	多边形
	2	堤坝、渠道、线状河流(stream)	线
	3	等高线(contour)	线
	4	交通道路(traffic)	线
	5	行政界线(省、市、县、乡、村)(boundary)	线
	6	县、乡、村所在地(village)	点
	7	注记(annotate)	注记层
专题图层	8	土地利用现状(landuse)	多边形
	9	土壤图(soil)	多边形
	10	土壤养分图(pH值、有机质、全氮等)(nutrient)	多边形
	11	耕地质量调查评价点点位图	点
辅助图层	12	卫星影像数据	Grid

(四)空间数据库比例尺、投影和空间坐标系

投影方式:高斯—克里格投影,6°分带。

坐标系:2000国家大地坐标系,高程系统:1985国家高程基准。

文件格式:矢量图形文件Shape,栅格图形文件GRID,图像文件JPG。

六、属性数据库建立

(一)属性数据库内容

属性数据库内容是参照县域耕地资源管理信息系统数据字典和有关专业的属性代码

标准填写的。在全国耕地资源管理信息系统数据字典中属性数据库的数据项包括字段代码、字段名称、字段短名、英文名称、数据类型、数据来源、量纲、数据长度、小数位、取值范围、备注等内容。在数据字典中及有关专业标准中均有具体填写要求。属性数据库内容全部按照数据字典或有关专业标准要求填写。应用野外调查资料、室内分析资料、二次土壤普查、农业统计资料等相关数据资料进行筛选、审核、检查并录入构建属性数据库。

1. 野外调查资料

包括地形地貌、地形部位、土壤母质、土层厚度、耕层质地、质地构型、灌水能力、排水能力、林网化程度、清洁程度、障碍因素类型及位置和深度等。

2. 室内分析资料

包括 pH 值、总盐、有机质、全氮、碱解氮、有效磷、速效钾、有效锌、有效锰、有效铁、有效铜、有效硼、有效钼、有效硅、有效硫、交换性钙、交换性镁、重金属镉、铬、砷、汞、铅等。

3. 第二次土壤普查资料

包括土壤名称编码表、土种属性数据表等。

4. 农业统计资料

包括县、乡、村编码表、行政界限属性数据等。

（二）属性数据库导入

属性数据库导入主要采用外挂数据库的方法进行。通过空间数据与属性数据的相同关键字段进行属性连接。在具体工作中，先在编辑或矢量化空间数据时，建立面要素层和点要素层的统一赋值 ID 号。在 Excel 表中第一列为 ID 号，其他列按照属性数据项格式内容填写，最后利用命令统一赋属性值。

（三）属性数据库格式

属性数据库前期存放在 Excel 表格中，后期通过外挂数据库的方法，在 ArcGIS 平台上与空间数据库进行连接。

第三节　耕地质量评价方法

依据《耕地质量调查监测与评价办法》和《耕地质量等级》（GB/T 33469—2016），开展昌吉回族自治州耕地质量等级评价。

一、评价的原理

耕地地力是由耕地土壤的地形地貌条件、成土母质特征、农田基础设施及培肥水平、土壤理化性状等综合因素构成的耕地生产能力。耕地质量等级评价是从农业生产角度出发，通过综合指数法对耕地地力、土壤健康状况和田间基础设施构成的满足农产品持续产出和质量安全的能力进行评价划分出等级。通过耕地质量等级评价可以掌握区域耕地质量状况及分布，摸清影响区域耕地生产的主要障碍因素，提出有针对性的措施与建议，对进一步加强耕地质量建设与管理，保障国家粮食安全和农产品有效供给具有十分重要的意义。

二、评价的原则与依据

(一) 评价的原则

1. 综合因素研究与主导因素分析相结合原则

耕地是一个自然经济综合体，耕地地力也是各类要素的综合体现，因此对耕地质量等级的评价应涉及耕地自然、气候、管理等诸多要素。所谓综合因素研究是指对耕地土壤立地条件、气候因素、土壤理化性状、土壤管理、障碍因素等相关社会经济因素进行综合全面的研究、分析与评价，以全面了解耕地质量状况。主导因素是指对耕地质量等级起决定作用的、相对稳定的因子，在评价中应着重对其进行研究分析。只有把综合因素与主导因素结合起来，才能对耕地质量等级做出更加科学的评价。

2. 共性评价与专题研究相结合原则

评价区域耕地利用存在水浇地、林地等多种类型，土壤理化性状、环境条件、管理水平不一，因此，其耕地质量等级水平有较大的差异。一方面，考虑区域内耕地质量等级的系统性、可比性，应在不同的耕地利用方式下，选用统一的评价指标和标准，即耕地质量等级的评价不针对某一特定的利用方式。另一方面，为了解不同利用类型耕地质量等级状况及其内部的差异，将来可根据需要，对有代表性的主要类型耕地进行专题性深入研究。通过共性评价与专题研究相结合，可使评价和研究成果具有更大的应用价值。

3. 定量评价和定性评价相结合的原则

耕地系统是一个复杂的灰色系统，定量和定性要素共存，相互作用，相互影响。为了保证评价结果的客观合理，宜采用定量和定性评价相结合的方法。首先，应尽量采用定量评价方法，对可定量化的评价指标如有机质等养分含量、有效土层厚度等按其数值参与计算。对非数量化的定性指标如耕层质地、地形部位等则通过数学方法进行量化处理，确定其相应的指数，以尽量避免主观人为因素影响。在评价因素筛选、权重确定、隶属函数建立、质量等级划分等评价过程中，尽量采用定量化数学模型，在此基础上充分运用人工智能与专家知识，做到定量与定性相结合，从而保证评价结果准确合理。

4. 采用遥感和 GIS 技术的自动化评价方法原则

自动化、定量化的评价技术方法是当前耕地质量等级评价的重要方向之一。近年来，随着计算机技术，特别是 GIS 技术在耕地评价中的不断发展和应用，基于 GIS 技术进行自动定量化评价的方法已不断成熟，使评价精度和效率都大大提高。本次评价工作采用现势性的卫星遥感数据提取和更新耕地资源现状信息，通过数据库建立、评价模型与 GIS 空间叠加等分析模型的结合，实现了评价流程的全程数字化、自动化，在一定程度上代表了当前耕地评价的最新技术方向。

5. 可行性与实用性原则

从可行性角度出发，区域耕地质量评价的部分基础数据为区域内各项目县的耕地地力评价成果。应在核查区域内项目县耕地地力各类基础信息的基础上，最大程度利用项目县原有数据与图件信息，以提高评价工作效率。同时，为使区域评价成果与全疆评价成果有效衔接和对比，昌吉回族自治州耕地质量汇总评价方法应与全疆耕地质量评价方法保持相对一致。从实用性角度出发，为确保评价结果科学准确，评价指标的选取应从大区域尺度出发，切实针对区域实际特点，体现评价实用目标，使评价成果在耕地资源的利用管理和粮食作物生产中发挥切实指导作用。

（二）评价的依据

耕地质量反映耕地本身的生产能力，因此耕地质量的评价应依据与此相关的各类自然和社会经济要素，具体包括3个方面。

1. 自然环境要素

指耕地所处的自然环境条件，主要包括耕地所处的地形地貌条件、水文地质条件、成土母质条件以及土地利用状况等。耕地所处的自然环境条件对耕地质量具有重要的影响。

2. 土壤理化性状要素

主要包括土壤剖面与质地构型、障碍层次、耕层厚度、质地、容重等物理性状，有机质、氮、磷、钾等主要养分、中微量元素、土壤pH值、盐分含量、阳离子交换量等化学性状等。不同的耕地土壤理化性状，及耕地质量也存在较大的差异。

3. 农田基础设施与管理水平

包括耕地的灌排条件、水土保持工程建设、培肥管理条件、施肥水平等。良好的农田基础设施与较高的管理水平对耕地质量的提升具有重要的作用。

三、评价的流程

整个评价工作可分为3个方面，按先后次序分别如下。

（一）资料工具准备及评价数据库建立

根据评价的目的、任务、范围、方法，收集准备与评价有关的各类自然及社会经济资料，进行资料的分析处理。选择适宜的计算机硬件和GIS等分析软件，建立耕地质量等级评价基础数据库。

（二）耕地质量等级评价

划分评价单元，提取影响地力的关键因素并确定权重，选择相应评价方法，制订评价标准，确定耕地质量等级。

（三）评价结果分析

依据评价结果，统计各等级耕地面积，编制耕地质量等级分布图。分析耕地存在的主要障碍因素，提出耕地资源可持续利用的措施与建议。

评价具体工作流程如图3-2所示。

四、评价单元的确定

（一）评价单元的划分

评价单元是由对耕地质量具有关键影响的各要素组成的空间实体，是耕地质量评价

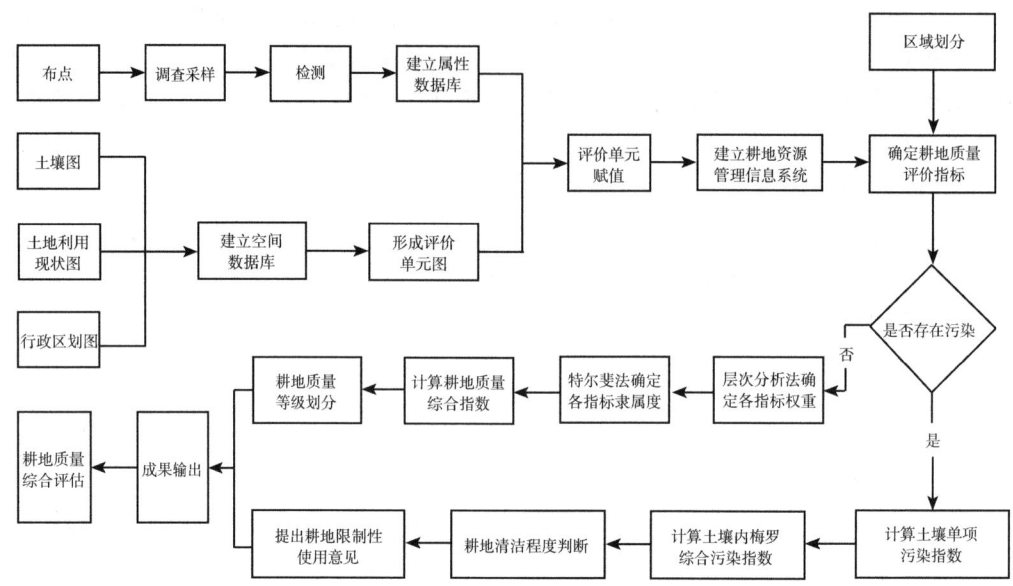

图 3-2 耕地质量等级评价流程

的最基本单位、对象和基础图斑。同一评价单元内的耕地自然基本条件、个体属性和经济属性基本一致。不同评价单元之间，既有差异性，又有可比性。耕地质量评价就是要通过对每个评价单元的评价，确定其质量等级，把评价结果落实到实地和编绘的耕地质量等级分布图上。因此，评价单元划分得合理与否，直接关系到评价结果的正确性及工作量的大小。进行评价单元划分时应遵循以下原则。

1. 因素差异性原则

影响耕地质量的因素很多，但各因素的影响程度不尽相同。在某一区域内，有些因素对耕地质量具有决定性影响，区域内变异较大；而另一些因素的影响较小，且指标值变化不大。因此，应结合实际情况，选择在区域内分异明显的主导因素作为划分评价单元的基础，如土壤条件、地貌特征、土地利用类型等。

2. 相似性原则

评价单元内部的自然因素、社会因素和经济因素应相对均一，单元内同一因素的分值差异应满足相似性统计检验。

3. 边界完整性原则

耕地质量评价单元要保证边界闭合，形成封闭的图斑，同时对面积过小的零碎图斑应进行适当归并。

目前，对耕地评价单元的划分尚无统一的方法，常见有以下几种类型。一是基于单一专题要素类型的划分。如以土壤类型、土地利用类型、地貌类型划分等。该方法相对简便有效，但在多因素均呈较大变异的情况下，其单元的代表性有一定偏差；二是基于行政区划单元的划分。以行政区划单元作为评价单元，便于对评价结果的行政区分析与管理，但对耕地自然属性的差异性反映不足；三是基于地理区位的差异，以公里网、栅格划分。该方法操作简单,但网格或栅格的大小直接影响评价的精度及工作量;四是基于耕地质量关键影响因素的组合叠置方法进行划分。该方法可较好反映耕地自然与社会经济属性的差异,有较好的代表性,但操作相对较为复杂。

依据上述划分原则,考虑评价区域的地域面积、耕地利用管理及土壤属性的差异性,本次耕地质量评价中评价单元的划分采用土壤图、土地利用现状图和行政区划图的组合叠置划分法,相同土壤单元、土地利用现状类型及行政区的地块组成一个评价单元,即"土地利用现状类型—土壤类型—行政区划"的格式。其中,土壤类型划分到土属,土地利用现状类型划分到二级利用类型,行政区划分到县级。为了保证土地利用现状的现势性,基于野外实地调查,对耕地利用现状进行了修正。同一评价单元内的土壤类型相同,利用方式相同,所属行政区相同,交通、水利、经营管理方式等基本一致。用这种方法划分评价单元,可以反映单元之间的空间差异性,既使土地利用类型有了土壤基本性质的均一性,又使土壤类型有了确定的地域边界线,使评价结果更具综合性、客观性,可以较容易地将评价结果落到实地。

通过图件的叠置和检索,本次昌吉回族自治州耕地质量评价共划分评价单元80 988个,并编制形成了评价单元图。

(二) 评价单元赋值

影响耕地质量的因子较多,如何准确地获取各评价单元评价信息是评价中的重要一环。评价过程中舍弃了直接从键盘输入参评因子值的传统方式,而采取将评价单元与各专题图件叠加采集各参评因素的方法。具体的做法为:按唯一标识原则为评价单元编号;对各评价因子进行处理,生成评价信息空间数据库和属性数据库,对定性因素进行量化处理,对定量数据插值形成各评价因子专题图;将各评价因子的专题图分别与评价单元图进行叠加;以评价单元为依据,对叠加后形成的图形属性库进行"属性提取"操作,以评价单元为基本统计单位,按面积加权平均汇总各评价单元对应的所有评价因子的分值。

本次评价构建了由有效土层厚度、质地、质地构型、有机质、有效磷、速效钾、地形部位、土壤容重、生物多样性、农田林网化、清洁程度、障碍因素、灌溉能力、排水能力、盐渍化程度、地下水埋深等16个参评因素组成的评价指标体系,将各因素赋值给评价单元的具体做法为:(1) 质地、质地构型和地形部位、地下水埋深值4个因子均有各自的专题图,直接将专题图与评价单元图进行叠加获取相关数据。(2) 农田林网化、障碍因素、生物多样性和盐渍化程度4个定性因子,采用"以点代面"方法,将点位中的属性联入评价单元图。(3) 有机质、有效磷、速效钾、土壤容重和有效土层厚度5个定量因子,采用反距离加权空间插值法(IDW)等不同空间插值方法将点位数据转为栅格数据,再叠加到评价单元图上,运用区域统计功能获取相关属性。(4) 灌溉能力、排水能力、清洁程度3个定性因子,采用收集的昌吉回族自治州灌排水统计表、重金属测试数据分析污染情况及地膜残留统计表来确定,将表中的属性联入评价单元图。

经过以上步骤,得到以评价单元为基本单位的评价信息库。单元图形与相应的评价属性信息相连,为后续的耕地质量评价奠定了基础。

五、评价指标权重的确定

在耕地质量评价中，需要根据各参评因素对耕地质量的贡献确定权重。权重确定的方法很多，有定性方法和定量方法。综合目前常用方法的优缺点，层次分析法（AHP）同时融合了专家定性判读和定量方法特点，是在定性方法基础上发展起来的定量确定参评因素权重的一种系统分析方法。这种方法可将人们的经验思维数量化，用以检验决策者判断的一致性，有利于实现定量化评价，是一种较为科学的权重确定方法。本次评价采用了特尔斐（Delphi）法与层次分析法（AHP）相结合的方法确定各参评因素的权重。首先采用 Delphi 法，由专家对评价指标及其重要性进行赋值。在此基础上，以层次分析法计算各指标权重。层次分析法的主要流程如下。

（一）建立层次结构

首先，以耕地质量作为目标层；其次，按照指标间的相关性、对耕地质量的影响程度及方式，将 16 个指标划分为六组作为准则层：第一组立地条件包括地形部位、农田林网化，第二组剖面性状，包括有效土层厚度、质地构型、地下水埋深、障碍因素，第三组理化性状，包括质地、盐渍化程度、土壤容重，第四组土壤养分，包括有机质、有效磷和速效钾，第五组土壤健康状况，包括生物多样性、清洁程度，第六组土壤管理，包括灌溉能力、排水能力；最后，以准则层中的指标项目作为指标层，从而形成层次结构关系模型。

（二）构造判断矩阵

根据专家经验，确定 C 层（准则层）对 G 层（目标层），及 A 层（指标层）对 C 层（准则层）的相对重要程度，共构成 A、C_1、C_2、C_3、C_4、C_5、C_6 共 6 个判断矩阵。例如，质地、盐渍化程度、土壤容重对第三组准则层的判断矩阵表示为：

$$C_3 = \begin{pmatrix} a_{11} & a_{12} & a_{13} \\ a_{21} & a_{22} & a_{23} \\ a_{31} & a_{32} & a_{33} \end{pmatrix} = \begin{pmatrix} 1.0000 & 0.8169 & 2.9000 \\ 1.2241 & 1.0000 & 3.5500 \\ 0.3448 & 0.2817 & 1.0000 \end{pmatrix}$$

其中，a_{ij}（i 为矩阵的行号，j 为矩阵的列号）表示对 C_3 而言，a_i 对 a_j 的相对重要性的数值。

（三）层次单排序及一致性检验

即求取 A 层对 C 层的权数值，可归结为计算判断矩阵的最大特征根对应的特征向量。利用 SPSS 等统计软件，得到各权数值及一致性检验的结果。见表 3-7。

表 3-7 权数值及一致性检验结果

矩阵	CI	CR
矩阵 A	0	<0.1
矩阵 C_1	0	<0.1
矩阵 C_2	0	<0.1

第三章　耕地质量评价方法与步骤

（续表）

矩阵	CI	CR
矩阵 C_3	$-2.0553E^{-7}$	<0.1
矩阵 C_4	$2.0553E^{-7}$	<0.1
矩阵 C_5	0	<0.1
矩阵 C_6	0	<0.1

从表中可以看出，CR<0.1，具有很好的一致性。

（四）各因子权重确定

根据层次分析法的计算结果，同时结合专家经验进行适当调整，最终确定了昌吉回族自治州耕地质量评价各参评因子的权重（表3-8）。

表3-8　昌吉回族自治州耕地质量评价因子权重

指标	权重	指标	权重	指标	权重	指标	权重
有机质	0.071 6	有效磷	0.059 5	速效钾	0.048 4	排水能力	0.084 2
质地	0.067 6	质地构型	0.052 2	盐渍化程度	0.082 8	灌溉能力	0.140 4
有效土层厚度	0.047 8	地下水埋深	0.027 9	障碍因素	0.039 7	农田林网化	0.066 0
土壤容重	0.023 3	地形部位	0.128 6	生物多样性	0.032 6	清洁程度	0.027 2

六、评价指标的处理

获取的评价资料可以分为定量和定性指标两大类。为了采用定量化的评价方法和自动化的评价手段，减少人为因素的影响，需要对其中的定性因素进行定量化处理，根据各因素对耕地质量影响的级别状况赋予其相应的分值或数值。此外，对于各类养分等按调查点位获取的数据，对其进行插值处理，生成各类养分专题图。

（一）定性指标的量化处理

1. 质地

考虑不同质地类型的土壤肥力特征，及其与种植农作物生长发育的关系，同时结合专家意见，赋予不同质地类别相应的分值（表3-9）。

表3-9　土壤耕层质地的量化处理

质地类别	中壤	轻壤	重壤	砂壤	黏土	砂土
分值	100	90	80	70	50	40

2. 质地构型

考虑耕地的不同质地类型，根据土壤的紧实程度，赋予不同质地构型类别相应的分值（表 3-10）。

表 3-10　质地构型的量化处理

质地构型	薄层型	海绵型	夹层型	紧实型	上紧下松	上松下紧	松散型
分值	40	90	60	70	50	100	40

3. 地形部位

评价区域地形部位众多，空间变异较为复杂。通过对所有地形部位进行逐一分析和比较，根据不同地形部位的耕地质量状况，以及不同地形部位对农作物生长的影响，赋予各类型相应的分值（表 3-11）。

表 3-11　地形部位的量化处理

地形部位	平原低阶	平原中阶	宽谷盆地	山间盆地	平原高阶	丘陵下部	河滩地/扇缘（洼地）
分值	100	90	85	80	75	85	50
地形部位	丘陵中部	丘陵上部	山地坡下	山地坡中	山地坡上	沙漠边缘	扇间洼地
分值	70	50	75	60	40	30	60

4. 盐渍化程度

昌吉回族自治州有部分耕地存在不同程度的盐渍化。根据土壤盐渍化对耕地质量和农作物生产的影响，将盐渍化程度划分为不同的等级，并对各等级进行赋值量化处理（表 3-12）。

表 3-12　土壤盐渍化程度的量化处理

盐渍化程度	无	轻度	中度	重度	盐土
分值	100	90	75	40	30

5. 灌溉能力

考虑昌吉回族自治州灌溉能力的总体状况，根据灌溉能力对耕地质量的影响，按照灌溉能力对农作物生产的满足程度划分为不同的等级，并赋予其相应的分值进行量化处理（表 3-13）。

表 3-13　灌溉能力的量化处理

灌溉能力	充分满足	满足	基本满足	不满足
分值	100	80	60	40

6. 排水能力

考虑昌吉回族自治州排水能力的总体状况，根据排水能力对耕地质量的影响，按照排水能力对农作物生产的满足程度划分为不同的等级,并赋予其相应的分值进行量化处理(表3-14)。

表3-14 排水能力的量化处理

排水能力	充分满足	满足	基本满足	不满足
分值	100	80	60	40

7. 障碍因素

根据中华人民共和国农业行业标准《全国中低产田类型划分与改良技术规范》(NY/T 310—1996),同时结合专家意见,赋予不同质地类别相应的分值(表3-15)。

表3-15 障碍因素的量化处理

障碍因素	瘠薄	沙化	无	盐碱	障碍层次	干旱灌溉型
分值	70	50	100	60	65	65

8. 生物多样性

考虑昌吉回族自治州生物多样性的总体状况,根据生物多样性对耕地质量的影响,按照生物多样性对农作物生产的满足程度划分为不同的等级,并赋予其相应的分值进行量化处理(表3-16)。

表3-16 生物多样性的量化处理

生物多样性	丰富	一般	不丰富
分值	100	85	60

9. 农田林网化

考虑昌吉回族自治州农田林带的总体状况,根据农田林带对耕地质量的影响,按照农田林网对农作物生产的满足程度划分为不同的等级,并赋予其相应的分值进行量化处理(表3-17)。

表3-17 农田林网化的量化处理

农田林网化	高	中	低
分值	100	85	70

10. 清洁程度

考虑昌吉回族自治州农田地膜的清洁程度,根据农田地膜对耕地质量的影响,按照农田地膜残留量的程度划分为不同的等级,并赋予其相应的分值进行量化处理(表3-18)。

表 3-18 清洁程度的量化处理

清洁程度	清洁	尚清洁
分值	100	85

(二) 定量指标的赋值处理

有机质、有效磷、速效钾、土壤容重、有效土层厚度、地下水埋深均为定量指标，均用数值大小表示其指标状态。与定性指标的量化处理方法一样，应用 Delphi 法划分各参评因素的实测值，根据各参评因素实测值对耕地质量及作物生长的影响进行评估，确定其相应的分值，为建立各因素隶属函数奠定基础（表 3-19）。

表 3-19 定量指标的赋值处理

评价因素	专家评估											
有机质/(g/kg)	50	40	35	30	25	20	15	12	10	6	4	2
分值	100	98	95	90	85	75	65	60	50	40	25	10
有效磷/(mg/kg)	50	40	35	30	25	20	15	10	5			
分值	100	98	95	90	80	75	60	35	20			
速效钾/(mg/kg)	400	300	250	200	180	150	120	100	80	50	20	
分值	100	95	90	85	80	75	70	60	40	20	10	
土壤容重/(g/cm^3)	2	1.8	1.6	1.5	1.4	1.35	1.3	1.25	1.2	1.15	1.1	1	0.8
分值	20	40	70	80	90	95	100	95	90	85	80	60	40

(三) 评价指标隶属函数的确定

隶属函数的确定是评价过程的关键环节。评价过程需要在确定各评价因素的隶属度基础上，计算各评价单元分值，从而确定耕地质量等级。在定性和定量指标进行量化处理后，应用 Delphi 法，评估各参评因素等级或实测值对耕地质量及作物生长的影响，确定其相应分值对应的隶属度。应用相关的统计分析软件，绘制这两组数值的散点图，并根据散点图进行曲线模拟，寻求参评因素等级或实际值与隶属度的关系方程，从而构建各参评因素隶属函数。各参评因素的分级、隶属度、隶属函数情况见表 3-20、表 3-21。

表 3-20 参评因素的分级、分值及其隶属度

评价因素	专家评估											
有机质/(g/kg)	50	40	35	30	25	20	15	12	10	6	4	2
隶属度	1	0.98	0.95	0.9	0.85	0.75	0.65	0.6	0.5	0.4	0.25	0.1
有效磷/(mg/kg)	50	40	35	30	25	20	15	10	5			

第三章 耕地质量评价方法与步骤

(续表)

评价因素	专家评估										
隶属度	1	0.98	0.95	0.9	0.8	0.75	0.6	0.35	0.2		
速效钾/(mg/kg)	400	300	250	200	180	150	120	100	80	50	20
隶属度	1	0.95	0.9	0.85	0.8	0.75	0.7	0.6	0.4	0.2	0.1
土壤容重/(g/cm³)	2	1.8	1.6	1.5	1.4	1.35	1.3	1.25	1.2	1.15	1.1	1	0.8
隶属度	0.2	0.4	0.7	0.8	0.9	0.95	1	0.95	0.9	0.85	0.8	0.6	0.4
有效土层厚度/cm	>150	120	100	80	70	60	50	40	30	20	10
隶属度	1	0.97	0.95	0.85	0.75	0.65	0.6	0.5	0.3	0.2	0.1
地下水埋深/m	80	50	30	20	10	5	3	2	1	0.5	0.1
隶属度	1	0.98	0.96	0.92	0.85	0.75	0.65	0.5	0.4	0.3	0.1
质地	中壤	轻壤	重壤	砂壤	黏土	砂土					
隶属度	1.00	0.90	0.80	0.70	0.50	0.40					
灌溉能力	充分满足	满足	基本满足	不满足							
隶属度	1.00	0.80	0.60	0.40							
排水能力	充分满足	满足	基本满足	不满足							
隶属度	1.00	0.80	0.60	0.40							
盐渍化程度	无	轻度	中度	重度	盐土						
隶属度	1.00	0.90	0.75	0.40	0.3						
质地构型	上松下紧型	海绵型	紧实型	夹层型	上紧下松型	松散型	薄层型				
隶属度	1.00	0.90	0.70	0.60	0.50	0.40	0.40				
地形部位	平原低阶	平原中阶	宽谷盆地	丘陵下部	山间盆地	平原高阶	山地坡下	丘陵中部	山地坡中	丘陵上部	山地坡上	沙漠边缘	河滩地
隶属度	1.00	0.90	0.85	0.85	0.80	0.75	0.75	0.70	0.60	0.50	0.40	0.30	0.5
地形部位	扇缘	扇缘洼地	扇间洼地								
隶属度	0.50	0.50	0.60								
障碍因素	无	瘠薄	障碍层次	干旱灌溉型	盐碱	沙化					
隶属度	1.00	0.70	0.65	0.65	0.60	0.50					
农田林网化	高	中	低								

(续表)

评价因素	专家评估
隶属度	1.00　0.85　0.70
生物多样性	丰富　一般　不丰富
隶属度	1.00　0.85　0.60
清洁程度	清洁　尚清洁
隶属度	1.00　0.85

表 3-21　参评定量因素类型及其隶属函数

函数类型	参评因素	隶属函数	a	c	U_1	U_2
戒上型	有机质/(g/kg)	$Y=1/[1+a\times(x-c)^2]$	0.001 245	39.976 682	2	39
戒上型	速效钾/(mg/kg)	$Y=1/[1+a\times(x-c)^2]$	0.000 021	315.812 890	20	315
戒上型	有效磷/(mg/kg)	$Y=1/[1+a\times(x-c)^2]$	0.001 293 2	41.023 703	2	40
戒上型	地下水埋深/m	$Y=1/[1+a\times(x-c)^2]$	0.000 293	56.275 087	0.1	50
戒上型	有效土层厚度/cm	$Y=1/[1+a\times(x-c)^2]$	0.000 089	149.661 690	10	145
峰型	土壤容重/(g/cm³)	$Y=1/[1+a\times(x-c)^2]$	6.390 020	1.310 488	0.5	2

七、耕地质量等级的确定

（一）计算耕地质量综合指数

用累加法确定耕地质量的综合指数，具体公式为：

$$IFI = \sum (Fi \times Ci)$$

式中：IFI（Integrated Fertility Index）代表耕地质量综合指数；Fi 为第 i 个因素的评语（隶属度）；Ci 为第 i 个因素的组合权重。

（二）确定最佳的耕地质量等级数目

在获取各评价单元耕地质量综合指数的基础上，选择累计频率曲线法进行耕地质量等级数目的确定。首先根据所有评价单元的综合指数，形成耕地质量综合指数分布曲线图，然后根据曲线斜率的突变点（拐点）来确定最高和最低等级的综合指数，中间二至九等地采用等距法划分。最终，将昌吉回族自治州耕地质量划分为十个等级。各等级耕地质量综合指数见表 3-22，耕地质量综合指数分布曲线图见图 3-3。

第三章 耕地质量评价方法与步骤

表 3-22 昌吉回族自治州耕地质量等级综合指数

IFI	>0.8600	0.8368~0.8600	0.8136~0.8368	0.7904~0.8136	0.7672~0.7904
耕地质量等级	一等	二等	三等	四等	五等
IFI	0.7440~0.7672	0.7208~0.7440	0.6976~0.7208	0.6744~0.6976	<0.6744
耕地质量等级	六等	七等	八等	九等	十等

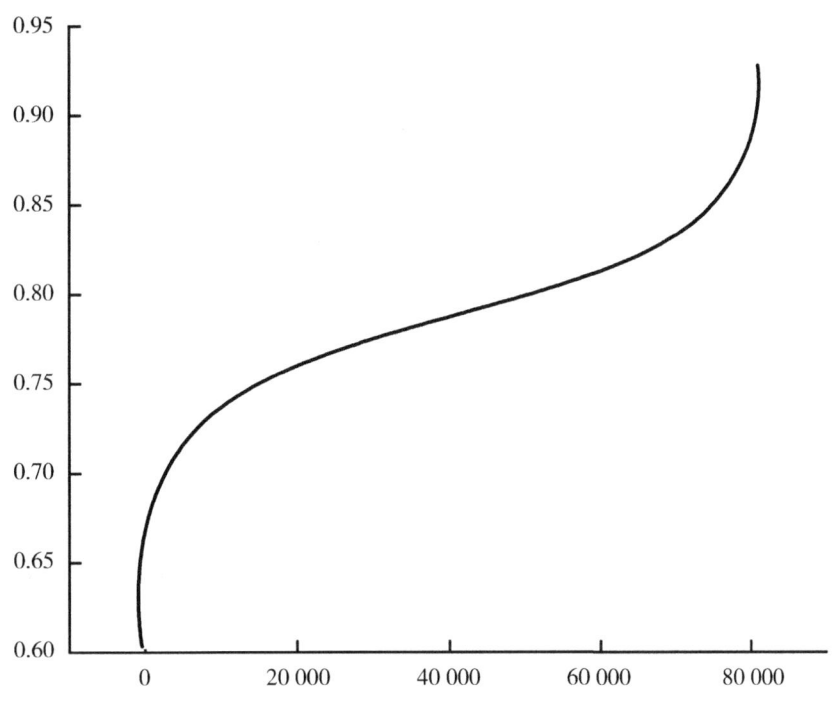

图 3-3 昌吉回族自治州耕地质量综合指数分布曲线

八、耕地质量等级图的编制

为了提高制图的效率和准确性，采用地理信息系统软件 ArcGIS 进行昌吉回族自治州耕地质量等级图及相关专题图件的编绘处理。其步骤为：扫描并矢量化各类基础图件→编辑点、线→点、线校正处理→统一坐标系→区编辑并对其赋属性→根据属性赋颜色→根据属性加注记→图幅整饰→图件输出。在此基础上，利用软件空间分析功能，将评价单元图与其他图件进行叠加，从而生成其他专题图件。

（一）专题图地理要素底图的编制

专题图的地理要素内容是专题图的重要组成部分，用于反映专题内容的地理分布，也是图幅叠加处理等的重要依据。地理要素的选择应与专题内容相协调，考虑图面的负载量和清晰度，应选择评价区域内基本的、主要的地理要素。

以昌吉回族自治州最新的土地利用现状图为基础，进行制图综合处理，选取的主要地理要素包括居民点、交通道路、水系、境界线等及其相应的注记，进而编辑生成与各专题图件要素相适应的地理要素底图。

（二）耕地质量等级图的编制

以耕地质量评价单元为基础，根据各单元的耕地质量评价等级结果，对相同等级的相邻评价单元进行归并处理，得到各耕地质量等级图斑。在此基础上，分2个层次进行耕地质量等级的表达：一是颜色表达，即赋予不同耕地质量等级以相应的颜色；二是代号表达，用阿拉伯数字1、2、3、4、5、6、7、8、9、10表示不同的耕地质量等级，并在评价图相应的耕地质量等级图斑上注明。将评价专题图与以上的地理要素底图复合，整饰获得昌吉回族自治州耕地质量等级分布图（图3-4）。

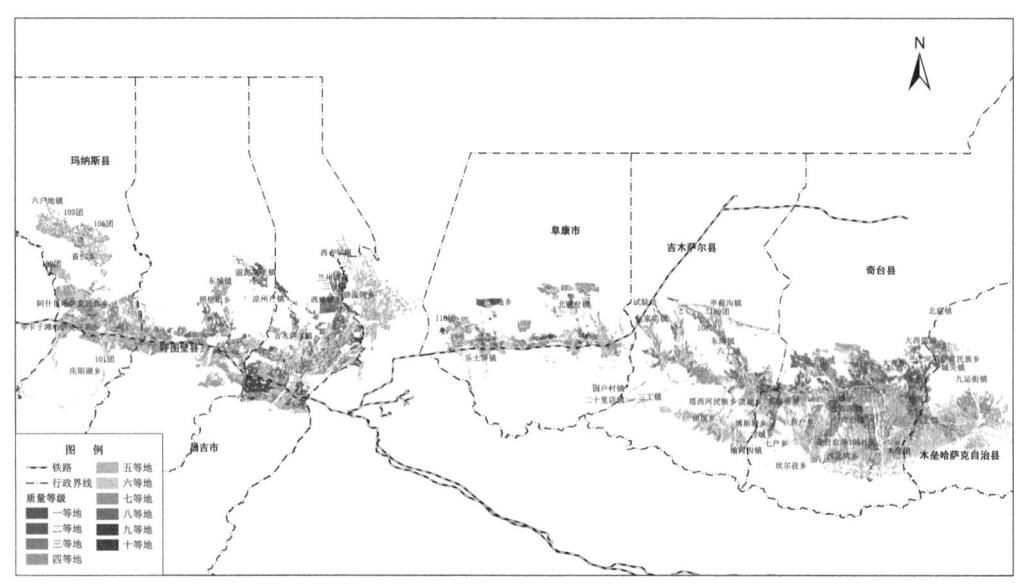

图3-4 昌吉回族自治州耕地质量等级分布

九、耕地清洁程度评价

（一）耕地环境质量评价方法

根据土壤的监测结果，通过综合污染指数进行评价，并对区域土壤环境质量进行分级、比较。综合评价指数的计算：

内梅罗（N.L.Nemerow）指数是一种兼顾极值或突出最大值的计权型多因子环境质量指数。其特别考虑了污染最严重的因子，内梅罗环境质量指数在加权过程中避免了权系数中主观因素的影响，是目前仍然应用较多的一种环境质量指数。

其基本计算公式：

$$P_N = \sqrt{\frac{(\overline{Pi}^2 + Pi_{max}^2)}{2}}$$

式中，$\overline{Pi}$ 为各单因子环境质量指数的平均值，Pi_{max} 为各单因子环境质量指数中最大值。

(二) 耕地环境质量评价标准

依据《土壤环境质量》（GB 15618—2018）、《土壤环境监测技术规范》（HJ/T 166—2004）、《全国土壤污染状况评价技术规定》（环发〔2008〕39号），以内梅罗指数法计算各监测点位的综合污染指数，并对其土壤环境质量进行分级评价，评价标准见表3-23。

表3-23 土壤环境质量分级标准

等级	综合污染指数（P_n）	污染等级
Ⅰ	$P_n \leq 0.7$	清洁
Ⅱ	$0.7 < P_n \leq 1.0$	尚清洁
Ⅲ	$1.0 < P_n \leq 2.0$	轻度污染
Ⅳ	$2.0 < P_n \leq 3.0$	中度污染
Ⅴ	$P_n > 3.0$	重度污染

十、评价结果的验证方法

为保证评价结果的科学合理，需要对评价形成的耕地质量等级分布等结果进行审核验证，使其符合实际，更好地指导农业生产与管理。具体采用了以下方法进行耕地质量评价结果的验证。

(一) 对比验证法

不同的耕地质量等级应与其相应的评价指标值相对应。高等级的耕地质量应体现较为优良的耕地理化性状，而低等级耕地则会对应较劣的耕地理化性状。因此，可汇总分析评价结果中不同耕地质量等级对应的评价指标值，通过比较不同等级的指标差异，分析耕地质量评价结果的合理性。

以灌溉能力为例，一、二、三等地的灌溉能力以"充分满足"和"满足"为主，四、五、六等地以"满足"和"基本满足"为主，七至十等地则以"基本满足"和"不满足"为主（表3-24）。可见，评价结果与灌溉能力指标有较好的对应关系，说明评价结果较为合理。

表3-24 昌吉回族自治州耕地质量各等级对应灌溉能力面积占比情况 单位：%

等级	充分满足	满足	基本满足	不满足	合计
1	1.62	95.30	3.08	—	100
2	1.54	71.57	26.88	—	100

（续表）

等级	充分满足	满足	基本满足	不满足	合计
3	1.76	42.89	55.30	0.06	100
4	1.29	28.65	68.54	1.52	100
5	0.79	20.39	69.12	9.70	100
6	0.08	7.77	60.60	31.55	100
7	—	2.67	61.67	35.66	100
8	—	0.22	53.18	46.60	100
9	—	—	71.94	28.06	100
10	—	—	47.04	52.96	100

（二）专家验证法

专家经验的验证也是判定耕地质量评价结果科学性的重要方法。应邀请熟悉区域情况及相关专业的专家，会同参与评价的专业人员，共同对属性数据赋值、等级划分、评价过程及评价结果进行系统的验证。

本次评价先后组织了自治区及昌吉回族自治州的土壤学、土地资源学、地理信息系统、植物营养学等领域的多位专家以及基层工作技术人员，通过召开多次专题会议，对评价结果进行验证，确保了评价结果符合昌吉回族自治州耕地实际状况。

（三）实地验证法

以评价得到的耕地质量等级分布图为依据，随机或系统选取各等级耕地的验证样点，逐一到对应的评价地区实际地点进行调查分析，实地获取不同等级耕地的自然及社会经济信息指标数据，通过相应指标的差异分析，综合分析评价结果的科学合理性。

本次评价的实地验证工作由昌吉回族自治州农技推广中心负责组织人员展开。首先，根据各个等级耕地的空间分布状况，选取代表性的典型样点，各县（市）每一等级耕地选取15~20个样点，进行实地调查并查验相关的土壤理化性状指标。在此基础上，实地查看各样点的土地利用状况、地形部位、管理情况，以及土壤质地、耕层厚度、质地构型、障碍层类型等物理性状，调查近三年的作物产量、施肥、浇水等生产管理情况，查阅土壤有机质、有效磷、速效钾含量等化学性状，通过综合考虑实际土壤环境要素、土壤理化性状及其健康状况、施肥量、经济效益等相关信息，全面分析实地调查和化验分析数据与评价结果各等级耕地属性数据，验证评价结果是否符合实际情况（表3-25）。

表3-25 昌吉回族自治州各等级耕地典型地块实地调查信息对照

样点编号	评价等级	地点	地形部位	土壤类型	耕层质地	农田林网化	盐渍化程度	灌溉能力
1	一	玛纳斯县	平原中阶	灰漠土	中壤	中	无	充分满足

（续表）

样点编号	评价等级	地点	地形部位	土壤类型	耕层质地	农田林网化	盐渍化程度	灌溉能力
2	二	玛纳斯县	平原低阶	棕钙土	中壤	中	无	充分满足
3	三	玛纳斯县	平原低阶	棕钙土	中壤	中	无	充分满足
4	四	玛纳斯县	平原中阶	灰漠土	轻壤	中	轻度	满足
5	五	玛纳斯县	平原中阶	灰漠土	中壤	中	轻度	满足
6	六	阜康市	平原中阶	灌淤土	黏土	中	轻度	基本满足
7	七	昌吉市	沙漠边缘	潮土	重壤	低	轻度	基本满足
8	八	阜康市	沙漠边缘	潮土	中壤	低	中度	基本满足
9	九	昌吉市	平原低阶	风沙土	砂土	低	中度	基本满足
10	十	玛纳斯县	沙漠边缘	草甸土	黏土	低	中度	基本满足

第四节 耕地土壤养分等专题图件编制方法

一、图件的编制步骤

对于土壤 pH 值、总盐、有机质、全氮、碱解氮、有效磷、速效钾、有效铁、有效锰、有效锌、有效铜、有效硼、有效钼、有效硅等养分数据，首先按照野外实际调查点进行整理，建立了以调查点为记录，以各养分为字段的数据库。在此基础上，进行土壤采样样点图与分析数据库的连接，进而对各养分数据进行插值处理，形成插值图件。然后，按照相应的分级标准划分等级绘制土壤养分含量分布图。

二、图件的插值处理

本次绘制图件是将所有养分采样点数据经 ArcGIS 软件处理，利用其空间分析模块功能对各养分数据进行插值，鉴于样点数量，本次插值采用个别养分指标采用反距离权重法进行，经编辑后得到养分含量分布图。反距离加权空间插值法（Inverse Distance to a Power，IDW）又被称为"距离倒数乘方法"，它是一种加权平均内插法，该方法认为任何一个观测值都对邻近的区域有影响，且影响的大小随距离的增大而减小。在实际运算中，以插值点与样本点位间的距离为权重进行加权平均，离插值点越近的样本点赋予的权重越大，即距离样本点位越近，插值数据也就越接近点位实际数值。在 ArcGIS 中先插值生成昌吉回族自治州养分栅格格式图件，再与评价单元图叠加，转换为矢量格式图件。

三、图件的清绘整饰

对于土壤有机质、pH 值、土壤大、中、微量元素含量分布等其他专题要素地图，按照各要素的不同分级分别赋予相应的颜色，标注相应的代号，生成专题图层。之后与地理要素底图复合，编辑处理生成相应的专题图件，并进行图幅的整饰处理。

第四章 耕地质量等级分析

第一节 耕地质量等级

一、昌吉回族自治州耕地质量等级分布

依据《耕地质量等级》标准，采用累加法计算耕地质量综合指数，形成耕地质量综合指数分布曲线，参考新疆耕地质量综合指数分级标准，将昌吉回族自治州耕地质量等级从高到低依次划分为十个等级（表4-1）。

表4-1 昌吉回族自治州耕地质量等级分布　　　　　　　　　　单位：khm², %

等级	县市	昌吉市	阜康市	玛纳斯县	呼图壁县	吉木萨尔县	奇台县	木垒哈萨克自治县	昌吉回族自治州
一等地	面积	7.45	2.25	2.90	9.14	4.56	8.26	0.59	35.15
	占比	21.20	6.39	8.24	26.00	12.98	23.51	1.68	4.74
二等地	面积	13.82	5.43	9.80	10.24	7.63	28.31	2.39	77.62
	占比	17.81	7.00	12.62	13.19	9.83	36.48	3.07	10.46
三等地	面积	11.90	6.04	17.21	17.42	7.72	20.90	7.29	88.48
	占比	13.45	6.82	19.45	19.69	8.72	23.62	8.25	11.92
四等地	面积	12.14	11.68	39.30	31.66	16.47	35.21	14.84	161.3
	占比	7.53	7.24	24.37	19.63	10.21	21.82	9.20	21.73
五等地	面积	24.50	17.39	59.87	36.62	18.04	45.23	14.55	216.2
	占比	11.33	8.05	27.69	16.94	8.34	20.92	6.73	29.13
六等地	面积	4.72	5.43	11.99	15.89	4.84	8.15	8.23	59.25
	占比	7.96	9.17	20.23	26.81	8.18	13.77	13.88	7.99
七等地	面积	6.43	4.16	15.45	16.67	5.50	8.86	4.45	61.52
	占比	10.45	6.76	25.11	27.10	8.94	14.40	7.24	8.29
八等地	面积	3.66	1.09	5.96	8.18	1.52	3.35	0.16	23.92
	占比	15.29	4.57	24.93	34.21	6.36	13.99	0.65	3.22

第四章　耕地质量等级分析

（续表）

等级	县市	昌吉市	阜康市	玛纳斯县	呼图壁县	吉木萨尔县	奇台县	木垒哈萨克自治县	昌吉回族自治州
九等地	面积	6.73	1.35	0.49	0.55	0.32	0.46	0.04	9.94
九等地	占比	67.70	13.55	4.95	5.56	3.16	4.65	0.43	1.34
十等地	面积	5.32	1.71	0.06	0.88	0.16	0.62	0.03	8.78
十等地	占比	60.58	19.47	0.64	9.97	1.87	7.09	0.38	1.18
合计	面积	96.67	56.53	163.03	147.25	66.76	159.35	52.57	742.16
合计	占比	13.02	7.62	21.97	19.84	9.00	21.47	7.08	100.00

昌吉回族自治州一等地耕地面积共 35.15 km^2，占昌吉回族自治州耕地面积的 4.74%，一等地在昌吉回族自治州各县（市）均有分布。其中，昌吉市 7.45 km^2，占该等级耕地面积的 21.20%；阜康市 2.25 km^2，占该等级耕地面积的 6.39%；玛纳斯县 2.90 km^2，占该等级耕地面积的 8.24%；呼图壁县 9.14 km^2，占该等级耕地面积的 26.00%；吉木萨尔县 4.56 km^2，占该等级耕地面积的 12.98%；奇台县 8.26 km^2，占该等级耕地面积的 23.51%；木垒哈萨克自治县 0.59 km^2，占该等级耕地面积的 1.68%。

昌吉回族自治州二等地耕地面积共 77.62 km^2，占昌吉回族自治州耕地面积的 10.46%，二等地在昌吉回族自治州各县（市）均有分布。其中，昌吉市 13.82 km^2，占该等级耕地面积的 17.81%；阜康市 5.43 km^2，占该等级耕地面积的 7.00%；玛纳斯县 9.80 km^2，占该等级耕地面积的 12.62%；呼图壁县 10.24 km^2，占该等级耕地面积的 13.19%；吉木萨尔县 7.63 km^2，占该等级耕地面积的 9.83%；奇台县 28.31 km^2，占该等级耕地面积的 36.48%；木垒哈萨克自治县 2.39 km^2，占该等级耕地面积的 3.07%。

昌吉回族自治州三等地耕地面积共 88.48 km^2，占昌吉回族自治州耕地面积的 11.92%，三等地在昌吉回族自治州各县（市）均有分布。其中，昌吉市 11.9 km^2，占该等级耕地面积的 13.45%；阜康市 6.04 km^2，占该等级耕地面积的 6.82%；玛纳斯县 17.21 km^2，占该等级耕地面积的 19.45%；呼图壁县 17.42 km^2，占该等级耕地面积的 19.69%；吉木萨尔县 7.72 km^2，占该等级耕地面积的 8.72%；奇台县 20.90 km^2，占该等级耕地面积的 23.62%；木垒哈萨克自治县 7.29 km^2，占该等级耕地面积的 8.25%。

昌吉回族自治州四等地耕地面积共 161.30 km^2，占昌吉回族自治州耕地面积的 21.73%，四等地在昌吉回族自治州各县（市）均有分布。其中，昌吉市 12.14 km^2，占该等级耕地面积的 7.53%；阜康市 11.68 km^2，占该等级耕地面积的 7.24%；玛纳斯县 39.30 km^2，占该等级耕地面积的 24.37%；呼图壁县 31.66 km^2，占该等级耕地面积的 19.63%；吉木萨尔县 16.47 km^2，占该等级耕地面积的 10.21%；奇台县

35.21km², 占该等级耕地面积的21.82%；木垒哈萨克自治县14.84km², 占该等级耕地面积的9.20%。

昌吉回族自治州五等地耕地面积共216.20km², 占昌吉回族自治州耕地面积的29.13%, 五等地在昌吉回族自治州各县（市）均有分布。其中, 昌吉市24.50km², 占该等级耕地面积的11.33%；阜康市17.39km², 占该等级耕地面积的8.05%；玛纳斯县59.87km², 占该等级耕地面积的27.69%；呼图壁县36.62km², 占该等级耕地面积的16.94%；吉木萨尔县18.04km², 占该等级耕地面积的8.34%；奇台县45.23km², 占该等级耕地面积的20.92%；木垒哈萨克自治县14.55km², 占该等级耕地面积的6.73%。

昌吉回族自治州六等地耕地面积共59.25km², 占昌吉回族自治州耕地面积的7.99%, 六等地在昌吉回族自治州各县（市）均有分布。其中, 昌吉市4.72km², 占该等级耕地面积的7.96%；阜康市5.43km², 占该等级耕地面积的9.17%；玛纳斯县11.99km², 占该等级耕地面积的20.23%；呼图壁县15.89km², 占该等级耕地面积的26.81%；吉木萨尔县4.84km², 占该等级耕地面积的8.18%；奇台县8.15km², 占该等级耕地面积的13.77%；木垒哈萨克自治县8.23km², 占该等级耕地面积的13.88%。

昌吉回族自治州七等地耕地面积共61.52km², 占昌吉回族自治州耕地面积的8.29%, 七等地在昌吉回族自治州各县（市）均有分布。其中, 昌吉市6.43km², 占该等级耕地面积的10.45%；阜康市4.16km², 占该等级耕地面积的6.76%；玛纳斯县15.45km², 占该等级耕地面积的25.11%；呼图壁县16.67km², 占该等级耕地面积的27.10%；吉木萨尔县5.50km², 占该等级耕地面积的8.94%；奇台县8.86km², 占该等级耕地面积的14.40%；木垒哈萨克自治县4.45km², 占该等级耕地面积的7.24%。

昌吉回族自治州八等地耕地面积共23.92km², 占昌吉回族自治州耕地面积的3.22%, 八等地在昌吉回族自治州各县（市）均有分布。其中, 昌吉市3.66km², 占该等级耕地面积的15.29%；阜康市1.09km², 占该等级耕地面积的4.57%；玛纳斯县5.96km², 占该等级耕地面积的24.93%；呼图壁县8.18km², 占该等级耕地面积的34.21%；吉木萨尔县1.52km², 占该等级耕地面积的6.36%；奇台县3.35km², 占该等级耕地面积的13.99%；木垒哈萨克自治县0.16km², 占该等级耕地面积的0.65%。

昌吉回族自治州九等地耕地面积共9.94km², 占昌吉回族自治州耕地面积的1.34%, 九等地在昌吉回族自治州各县（市）均有分布。其中, 昌吉市6.73km², 占该等级耕地面积的67.70%；阜康市1.35km², 占该等级耕地面积的13.55%；玛纳斯县0.49km², 占该等级耕地面积的4.95%；呼图壁县0.55km², 占该等级耕地面积的5.56%；吉木萨尔县0.32km², 占该等级耕地面积的3.16%；奇台县0.46km², 占该等级耕地面积的4.65%；木垒哈萨克自治县0.04km², 占该等级耕地面积的0.43%。

昌吉回族自治州十等地耕地面积共8.78km², 占昌吉回族自治州耕地面积的1.18%, 十等地在昌吉回族自治州各县（市）均有分布。其中, 昌吉市5.32km², 占该等级耕地面积的60.58%；阜康市1.71km², 占该等级耕地面积的19.47%；玛纳斯县0.06km², 占该等级耕地面积的0.64%；呼图壁县0.88km², 占该等级耕地面积的9.97%；吉木萨尔县0.16km², 占该等级耕地面积的1.87%；奇台县0.62km², 占该等级耕地面积的7.09%；木垒哈萨克自治县0.03khm²，占该等级耕地面积的0.38%。

二、昌吉回族自治州耕地质量高中低等级分布

将耕地质量的十等划分为高等、中等和低等三档，即一到三等地为高等，四到六等地为中等，七到十等地为低等（下同）。昌吉回族自治州高等地面积为201.25khm²，占地区耕地总面积的27.12%；中等地面积为436.75khm²，占地区耕地总面积的58.85%；低等地面积为104.16khm²，占地区耕地总面积的14.03%。详见表4-2。

昌吉回族自治州高等地分布的县（市）中，奇台县所占面积最大，为57.47khm²，占昌吉回族自治州高等地耕地面积的28.56%；木垒哈萨克自治县所占面积最小，为10.27khm²，占昌吉回族自治州高等地耕地面积的5.11%。

昌吉回族自治州中等地分布的县（市）中，玛纳斯县所占面积最大，为111.16khm²，占昌吉回族自治州中等地耕地面积的25.45%；阜康市所占面积最小，为34.51khm²，占昌吉回族自治州中等地耕地面积的7.90%。

昌吉回族自治州低等地分布的县（市）中，呼图壁县所占面积最大，为26.29khm²，占昌吉回族自治州低等地耕地面积的25.24%；木垒哈萨克自治县所占面积最小，为4.69khm²，占昌吉回族自治州低等地耕地面积的4.50%。

表4-2 昌吉回族自治州耕地质量高中低等级分布

县市	高等		中等		低等		合计	
	面积/khm²	占比/%	面积/khm²	占比/%	面积/khm²	占比/%	面积/khm²	占比/%
昌吉市	33.18	16.49	41.35	9.47	22.14	21.25	96.67	13.02
阜康市	13.71	6.81	34.51	7.90	8.31	7.98	56.53	7.62
玛纳斯县	29.91	14.86	111.16	25.45	21.96	21.08	163.03	21.97
呼图壁县	36.8	18.28	84.17	19.27	26.29	25.24	147.25	19.84
吉木萨尔县	19.91	9.89	39.35	9.01	7.5	7.20	66.76	9.00
奇台县	57.47	28.56	88.59	20.29	13.29	12.75	159.35	21.47
木垒哈萨克自治县	10.27	5.11	37.62	8.61	4.69	4.50	52.57	7.08
昌吉回族自治州	201.25	27.12	436.75	58.85	104.16	14.03	742.16	100.00

三、地形部位耕地质量高中低等级分布

昌吉回族自治州高等地分布的地形部位中，平原低阶所占面积最大，为106.44khm²，占昌吉回族自治州高等地耕地面积的52.89%；扇缘洼地所占面积最小，为0.23khm²，占昌吉回族自治州高等地耕地面积的0.11%。

昌吉回族自治州中等地分布的地形部位中，平原低阶所占面积最大，为129.69khm²，占昌吉回族自治州中等地耕地面积的29.69%；扇缘洼地所占面积最小，

为0.15khm²，占昌吉回族自治州中等地耕地面积的0.03%。

昌吉回族自治州低等地分布的地形部位中，沙漠边缘所占面积最大，为50.26khm²，占昌吉回族自治州低等地耕地面积的48.25%；扇缘洼地所占面积最小，为0.10khm²，占昌吉回族自治州低等地耕地面积的0.10%（表4-3）。

表4-3 昌吉回族自治州地形部位耕地质量高中低等级分布

地形部位	高等		中等		低等		合计	
	面积/khm²	占比/%	面积/khm²	占比/%	面积/khm²	占比/%	面积/khm²	占比/%
平原高阶	26.4	13.12	99.03	22.68	30.83	29.60	156.26	21.05
平原中阶	65.83	32.71	114.89	26.31	16.18	15.53	196.9	26.53
平原低阶	106.44	52.89	129.69	29.69	5.01	4.81	241.14	32.49
沙漠边缘	1.51	0.75	81.38	18.63	50.26	48.25	133.15	17.94
山地坡下	0.84	0.42	11.61	2.66	1.78	1.71	14.22	1.92
扇缘洼地	0.23	0.11	0.15	0.03	0.10	0.10	0.49	0.07
昌吉回族自治州	201.25	27.12	436.75	58.85	104.16	14.03	742.16	100.00

四、各县市耕地质量等级分布

由表4-1可知，昌吉市五等地所占面积最大，从一等地至十等地的面积分别为7.45khm²、13.82khm²、11.90khm²、12.14khm²、24.50khm²、4.72khm²、6.43khm²、3.66khm²、6.73khm²和5.32khm²，分别占各等级面积的21.20%、17.81%、13.45%、7.53%、11.33%、7.96%、10.45%、15.29%、67.7%和60.58%。

阜康市五等地所占面积最大，从一等地至十等地的面积分别为2.25khm²、5.43khm²、6.04khm²、11.68khm²、17.39khm²、5.43khm²、4.16khm²、1.09khm²、1.35khm²和1.71khm²，分别占各等级面积的6.39%、7.00%、6.82%、7.24%、8.05%、9.17%、6.76%、4.57%、13.55%和19.47%。

玛纳斯县五等地所占面积最大，从一等地至十等地的面积分别为2.90khm²、9.80khm²、17.21khm²、39.30khm²、59.87khm²、11.99khm²、15.45khm²、5.96khm²、0.49khm²和0.06khm²，分别占各等级面积的8.24%、12.62%、19.45%、24.37%、27.69%、20.23%、25.11%、24.93%、4.95%和0.64%。

呼图壁县五等地所占面积最大，从一等地至十等地的面积分别为9.14khm²、10.24khm²、17.42khm²、31.66khm²、36.62khm²、15.89khm²、16.67khm²、8.18khm²、0.55khm²和0.88khm²，分别占各等级面积的26.00%、13.19%、19.69%、19.63%、16.94%、26.81%、27.10%、34.21%、5.56%和9.97%。

吉木萨尔县五等地所占面积最大，从一等地至十等地的面积分别为4.56khm²、7.63khm²、7.72khm²、16.47khm²、18.04khm²、4.84khm²、5.50khm²、1.52khm²、

0.32khm² 和 0.16khm²，分别占各等级面积的 12.98%、9.83%、8.72%、10.21%、8.34%、8.18%、8.94%、6.36%、3.16%和1.87%。

奇台县五等地所占面积最大，从一等地至十等地的面积分别为 8.26khm²、28.31khm²、20.90khm²、35.21khm²、45.23khm²、8.16khm²、8.86khm²、3.35khm²、0.46khm² 和 0.62khm²，分别占各等级面积的 23.51%、36.48%、23.62%、21.82%、20.92%、13.77%、14.40%、13.99%、4.65%和7.09%。

木垒哈萨克自治县四等地所占面积最大，从一等地至十等地的面积分别为 0.59khm²、2.39khm²、7.29khm²、14.84khm²、14.55khm²、8.22khm²、4.45khm²、0.16khm²、0.04khm² 和 0.03khm²，分别占各等级面积的 1.68%、3.07%、8.25%、9.20%、6.73%、13.88%、7.24%、0.65%、0.43%和0.38%。

五、主要土壤类型的耕地质量状况

昌吉回族自治州耕地中，分布有灰漠土、草甸土、潮土、草甸盐土、棕钙土、栗钙土等15个土类。不同土壤类型的耕地质量等级面积分布见表4-4。可以看出，昌吉回族自治州耕地主要土壤类型依次为灰漠土、草甸土和潮土，占耕地面积的54.34%。

一等地中，灰漠土所占面积最大，为 11.06khm²，占比达 31.46%。其次为草甸盐土、草甸土、潮土、棕钙土、灌漠土和栗钙土，所占一等地面积比例分别为 21.66%、16.26%、11.02%、6.03%、5.95%和4.35%，而漠境盐土、灌淤土、沼泽土和黑钙土有少量分布。

二等地中，灰漠土所占面积最大，为 20.66khm²，占比达 26.62%。其次为草甸土、潮土、栗钙土、草甸盐土和棕钙土，所占二等地面积比例分别为 19.89%、14.49%、9.77%、8.49%和6.82%，而灌漠土、灌淤土、黑钙土、漠境盐土和沼泽土有少量分布。

三等地中，灰漠土所占面积最大，为 22.96khm²，占比达 25.95%。其次为潮土、草甸土、草甸盐土、棕钙土和栗钙土，所占三等地面积比例分别为 19.12%、16.23%、13.43%、9.20%和7.99%，而灌漠土、灌淤土、沼泽土、黑钙土、漠境盐土和石质土有少量分布。

四等地中，灰漠土所占面积最大，为 40.71khm²，占比达 25.24%。其次为草甸盐土、潮土、棕钙土、草甸土和栗钙土，所占四等地面积比例分别为 16.95%、15.40%、12.62%、11.67%和7.90%，而灌漠土、灌淤土、沼泽土、黑钙土、漠境盐土、水稻土、石质土、灰钙土和风沙土有少量分布。

五等地中，灰漠土所占面积最大，为 48.28khm²，占比达 22.33%。其次为草甸土、草甸盐土、潮土、棕钙土、栗钙土和灌淤土，所占五等地面积比例分别为 18.28%、13.53%、12.90%、11.41%、9.99%和4.63%，而灌漠土、黑钙土、漠境盐土、沼泽土、风沙土、石质土和水稻土有少量分布。

六等地中，灰漠土所占面积最大，为 12.47khm²，占比达 21.04%。其次为栗钙土、草甸土、草甸盐土、潮土、棕钙土和灌淤土，所占六等地面积比例分别为 16.49%、16.09%、13.67%、11.13%、7.09%和5.63%，而黑钙土、灌漠土、漠境盐土、沼泽土、风沙土、石质土和水稻土有少量分布。

表 4-4 主要土壤类型的耕地质量等级面积与比例

单位：khm², %

土壤类型	一等地 面积	占比	二等地 面积	占比	三等地 面积	占比	四等地 面积	占比	五等地 面积	占比	六等地 面积	占比	七等地 面积	占比	八等地 面积	占比	九等地 面积	占比	十等地 面积	占比	合计 面积	占比
草甸土	5.72	16.26	15.44	19.89	14.36	16.23	18.82	11.67	39.53	18.28	9.53	16.09	7.92	12.87	1.50	6.29	0.17	1.72	0.02	0.21	113.01	15.23
潮土	3.87	11.02	11.25	14.49	16.92	19.12	24.83	15.40	27.89	12.90	6.60	11.13	10.48	17.04	2.39	10.00	0.42	4.27	0.02	0.27	104.69	14.10
风沙土	—	—	—	—	—	—	0.004	0.002	1.11	0.51	0.28	0.47	0.30	0.49	1.54	6.45	5.33	53.58	3.83	43.64	12.39	1.67
灌淤土	2.09	5.95	3.51	4.52	2.36	2.67	5.41	3.35	4.30	1.99	1.65	2.79	0.66	1.07	0.07	0.28	—	—	—	—	20.06	2.70
灌淤土	0.50	1.42	2.56	3.30	1.70	1.92	3.84	2.38	10.01	4.63	3.34	5.63	4.30	7.00	0.86	3.60	0.92	9.24	0.25	2.79	28.28	3.81
黑钙土	0.06	0.16	2.31	2.97	0.98	1.11	2.14	1.33	3.12	1.44	1.79	3.03	1.12	1.81	0.10	0.43	0.08	0.78	—	—	11.69	1.57
灰钙土	—	—	—	—	—	—	0.01	0.01	—	—	—	—	—	—	—	—	—	—	—	—	0.01	0.002
灰漠土	11.06	31.46	20.66	26.62	22.96	25.95	40.71	25.24	48.28	22.33	12.47	21.04	15.49	25.18	11.76	49.17	1.72	17.27	0.49	5.59	185.61	25.01
栗钙土	1.53	4.35	7.58	9.77	7.07	7.99	12.74	7.90	21.59	9.99	9.77	16.49	12.28	19.96	1.10	4.59	0.004	0.04	—	—	73.66	9.92
漠境盐土	0.52	1.49	1.29	1.67	0.76	0.86	1.76	1.09	3.00	1.39	1.04	1.76	1.47	2.40	0.62	2.59	0.01	0.08	—	—	10.48	1.41
石质土	—	—	—	—	0.02	0.02	0.05	0.03	0.39	0.18	0.19	0.32	0.43	0.70	0.77	3.20	0.40	4.05	0.31	3.51	2.55	0.34
水稻土	—	—	—	—	—	—	0.06	0.04	0.13	0.06	0.01	0.01	—	—	—	—	—	—	—	—	0.19	0.02
草甸盐土	7.61	21.66	6.59	8.49	11.89	13.43	27.35	16.95	29.26	13.53	8.10	13.67	3.09	5.02	1.78	7.42	0.001	0.01	—	—	95.66	12.89
沼泽土	0.07	0.20	1.14	1.46	1.32	1.50	3.21	1.99	2.93	1.36	0.28	0.48	0.03	0.05	0.04	0.15	—	—	—	—	9.03	1.22
棕钙土	2.12	6.03	5.29	6.82	8.14	9.20	20.36	12.62	24.66	11.41	4.20	7.09	3.95	6.41	1.39	5.83	0.89	8.96	3.86	43.99	74.86	10.09
昌吉回族自治州	35.15	4.74	77.62	10.46	88.48	11.92	161.30	21.73	216.20	29.13	59.25	7.99	61.52	8.29	23.92	3.22	9.94	1.34	8.78	1.18	742.16	100.00

七等地中,灰漠土所占面积最大,为 15.49khm²,占比达 25.18%。其次为栗钙土、潮土、草甸土、灌淤土、棕钙土和草甸盐土,所占七等地面积比例分别为 19.96%、17.04%、12.87%、7.00%、6.41% 和 5.02%,而漠境盐土、黑钙土、灌漠土、石质土、风沙土和沼泽土有少量分布。

八等地中,灰漠土所占面积最大,为 11.76khm²,占比达 49.17%。其次为潮土、草甸盐土、风沙土、草甸土、棕钙土和栗钙土,所占八等地面积比例分别为 10.00%、7.42%、6.45%、6.29%、5.83% 和 4.59%,而灌淤土、石质土、漠境盐土、黑钙土、灌漠土和沼泽土有少量分布。

九等地中,风沙土所占面积最大,为 5.33khm²,占比达 53.58%。其次为灰漠土、灌淤土、棕钙土、潮土和石质土,所占九等地面积比例分别为 17.27%、9.24%、8.96%、4.27% 和 4.05%,而草甸土、黑钙土、漠境盐土、栗钙土和草甸盐土有少量分布。

十等地中,棕钙土所占面积最大,为 3.86khm²,占比达 43.99%。其次为风沙土、灰漠土、石质土和灌淤土,所占十等地面积比例分别为 43.64%、5.59%、3.51% 和 2.79%,而潮土和草甸土有少量分布。

各土类耕地质量高中低等级分布见表 4-5。昌吉回族自治州耕地土壤以灰漠土、草甸土和潮土为主,因此以此 3 个土类进行重点描述。

灰漠土耕地质量以中等为主,高等次之,低等最少。灰漠土高等地力耕地占 27.17%,中等地力耕地占 23.23%,低等地力耕地占 28.28%。

草甸土耕地质量以中等为主,高等次之,低等最少。草甸土高等地力耕地占 17.64%,中等地力耕地占 15.54%,低等地力耕地占 9.23%。

潮土耕地质量以中等为主,高等次之,低等最少。潮土高等地力耕地占 15.92%,中等地力耕地占 13.58%,低等地力耕地占 12.79%。

表 4-5 各土壤类型耕地质量高中低等级分布

土壤类型	高等		中等		低等		合计	
	面积/khm²	占比/%	面积/khm²	占比/%	面积/khm²	占比/%	面积/khm²	占比/%
草甸土	35.51	17.64	67.88	15.54	9.61	9.23	113.01	15.23
潮土	32.04	15.92	59.32	13.58	13.32	12.79	104.68	14.11
风沙土	—	—	1.39	0.32	11	10.56	12.39	1.67
灌漠土	7.97	3.96	11.37	2.60	0.72	0.70	20.06	2.70
灌淤土	4.76	2.37	17.19	3.94	6.33	6.08	28.28	3.81
黑钙土	3.34	1.66	7.05	1.62	1.29	1.24	11.69	1.57
灰钙土	—	—	0.01	0.003	—	—	0.01	0.002
灰漠土	54.68	27.17	101.46	23.23	29.46	28.28	185.61	25.01
栗钙土	16.18	8.04	44.1	10.10	13.38	12.84	73.66	9.92

(续表)

土壤类型	高等		中等		低等		合计	
	面积/khm²	占比/%	面积/khm²	占比/%	面积/khm²	占比/%	面积/khm²	占比/%
漠境盐土	2.58	1.28	5.8	1.33	2.1	2.02	10.48	1.41
石质土	0.02	0.01	0.63	0.14	1.91	1.83	2.55	0.34
水稻土	—	—	0.19	0.04	—	—	0.19	0.03
草甸盐土	26.09	12.96	64.71	14.82	4.87	4.67	95.66	12.89
沼泽土	2.53	1.26	6.43	1.47	0.07	0.07	9.03	1.22
棕钙土	15.55	7.73	49.22	11.27	10.09	9.69	74.86	10.09
昌吉回族自治州	201.25	27.12	436.75	58.85	104.16	14.03	742.16	100.00

第二节　一等地耕地质量等级特征

一、一等地分布特征

(一) 区域分布

昌吉州一等地面积总计为35.15khm²，占昌吉州耕地总面积的4.74%。其中，昌吉市一等地面积为7.45khm²，占昌吉市耕地面积的7.71%；阜康市一等地面积为2.25khm²，占阜康市耕地面积的3.97%；玛纳斯县一等地面积为2.90khm²，占玛纳斯县耕地面积的1.78%；呼图壁县一等地面积为9.14khm²，占呼图壁县耕地面积的6.21%；吉木萨尔县一等地面积为4.56khm²，占吉木萨尔县耕地面积的6.84%；奇台县一等地面积为8.26khm²，占奇台县耕地面积的5.18%；木垒哈萨克自治县一等地面积为0.59khm²，占木垒哈萨克自治县耕地面积的1.12%。详见表4-6。

表4-6　各县市一等地面积及占辖区耕地面积的比例

县市	面积/khm²	比例/%
昌吉市	7.45	7.71
阜康市	2.25	3.97
玛纳斯县	2.90	1.78
呼图壁县	9.14	6.21
吉木萨尔县	4.56	6.84
奇台县	8.26	5.18
木垒哈萨克自治县	0.59	1.12

一等地在县域的分布上差异很小。一等地面积占全县（市）耕地面积比例在10%以下的有7个，分别为昌吉市、阜康市、玛纳斯县、呼图壁县、吉木萨尔县、奇台县和木垒哈萨克自治县。

（二）土壤类型

从土壤类型来看，昌吉州一等地分布面积和比例最大的土壤类型分别是灰漠土和草甸盐土，分别占一等地总面积的31.46%和21.66%，其次是草甸土、棕钙土、灌漠土等，其他土类分布面积较少。详见表4-7。

表4-7 一等地耕地主要土壤类型面积与比例

土壤类型	面积/khm²	比例/%
草甸土	5.72	16.26
潮土	3.87	11.02
风沙土	—	—
灌漠土	2.09	5.95
灌淤土	0.50	1.42
黑钙土	0.06	0.16
灰钙土	—	—
灰漠土	11.06	31.46
栗钙土	1.53	4.35
漠境盐土	0.52	1.49
石质土	—	—
水稻土	—	—
草甸盐土	7.61	21.66
沼泽土	0.07	0.20
棕钙土	2.12	6.03
合计	35.15	100.00

二、属性特征

（一）地形部位

一等地的地形部位面积与比例如表4-8所示。一等地在平原高阶分布面积为2.10khm²，占一等地总面积的5.98%；一等地在平原中阶分布面积为11.45khm²，占一等地总面积的32.55%；一等地在平原低阶分布面积最大，为21.60khm²，占一等地总面积的61.46%；一等地在沙漠边缘分布面积为2hm²，占一等地总面积的0.01%。

表 4-8　一等地的地形部位面积与比例

地形部位	面积/khm²	比例/%
平原高阶	2.10	5.98
平原中阶	11.45	32.55
平原低阶	21.60	61.46
沙漠边缘	0.002	0.01

（二）灌溉能力

一等地中，灌溉能力为充分满足的耕地面积为0.57khm²，占一等地面积的1.62%；灌溉能力为满足的耕地面积为33.50khm²，占一等地面积的95.30%；灌溉能力为基本满足的耕地面积为1.08khm²，占一等地面积的3.08%（表4-9）。

表 4-9　不同灌溉能力下一等地的面积与比例

灌溉能力	面积/khm²	比例/%
充分满足	0.57	1.62
满足	33.50	95.30
基本满足	1.08	3.08

（三）质地

耕层质地在昌吉回族自治州一等地中的面积及占比如表4-10所示。一等地中，耕层质地以中壤为主，面积达31.44khm²，占比为89.44%；其次是重壤，面积为1.84khm²，占比为5.24%；砂壤、轻壤、黏土所占比例较低。

表 4-10　一等地与耕层质地

质地	面积/khm²	比例/%
砂壤	0.50	1.43
轻壤	1.24	3.52
中壤	31.44	89.44
重壤	1.84	5.24
黏土	0.13	0.37

（四）盐渍化程度

本次评价将盐渍化程度分为无盐渍化、轻度盐渍化、中度盐渍化、重度盐渍化和盐土五类。一等地的盐渍化程度见表4-11。无盐渍化的耕地面积为34.81khm²，占一等地总面积的99.03%；轻度盐渍化的耕地面积为0.34khm²，占一等地总面积的0.97%。

表 4-11 一等地的盐渍化程度

盐渍化程度	面积/khm²	比例/%
无	34.81	99.03
轻度	0.34	0.97

三、养分状况

对昌吉回族自治州一等地耕层养分进行统计如表 4-12 所示。一等地的养分含量平均值分别为：有机质 24.8g/kg、全氮 1.39g/kg、碱解氮 79.0mg/kg、有效磷 29.5mg/kg、速效钾 415mg/kg、缓效钾 1094mg/kg、有效硼 1.6mg/kg、有效锌 0.27mg/kg、有效锰 1.4mg/kg、有效铁 1.1mg/kg、有效铜 0.46mg/kg、有效钼 0.08mg/kg、有效硫 359.73mg/kg、有效硅 473.78mg/kg、pH 值 7.88、盐分 1.0g/kg。

对昌吉回族自治州一等地中各县（市）的土壤养分含量平均值比较见表 4-12，可以发现有机质含量吉木萨尔县最高，为 29.4g/kg，木垒哈萨克自治县最低，为 16.0g/kg；全氮含量吉木萨尔县最高，为 1.65g/kg，木垒哈萨克自治县最低，为 0.92g/kg；碱解氮含量吉木萨尔县最高，为 82.7mg/kg，木垒哈萨克自治县最低，为 71.3mg/kg；有效磷含量玛纳斯县最高，为 39.3mg/kg，昌吉市最低，为 20.9mg/kg；速效钾含量昌吉市最高，为 543mg/kg，玛纳斯县最低，为 341mg/kg；缓效钾含量木垒哈萨克自治县最高，为 1484mg/kg，呼图壁县最低，为 719mg/kg；盐分含量阜康市最高，为 1.3g/kg，奇台县最低，为 0.8g/kg。微量元素硼、钼、铜、铁、锰、锌的有效含量各有高低。

表 4-12 一等地中各县市土壤养分平均含量

养分	昌吉市	阜康市	玛纳斯县	呼图壁县	吉木萨尔县	奇台县	木垒哈萨克自治县	昌吉回族自治州
有机质/(g/kg)	20.7	20.8	19.8	18.1	29.4	25.6	16.0	24.8
全氮/(g/kg)	1.16	1.21	1.14	1.08	1.65	1.41	0.92	1.39
碱解氮/(mg/kg)	80.4	78.1	78.0	72.6	82.7	76.5	71.3	79.0
有效磷/(mg/kg)	20.9	27.6	39.3	35.8	29.8	29.7	30.2	29.5
速效钾/(mg/kg)	543	397	341	433	348	436	383	415
缓效钾/(mg/kg)	961	912	1 094	719	1 048	1 213	1 484	1 094
有效硼/(mg/kg)	1.7	1.8	1.5	2.0	1.4	1.8	2.2	1.6
有效锌/(mg/kg)	0.73	0.07	0.52	0.48	0.10	0.13	0.22	0.27
有效锰/(mg/kg)	3.2	0.5	2.9	4.3	0.8	0.7	0.6	1.4
有效铁/(mg/kg)	2.6	0.2	2.7	2.2	0.4	0.4	0.8	1.1
有效铜/(mg/kg)	1.33	0.11	1.03	0.75	0.14	0.16	0.30	0.46

（续表）

养分	昌吉市	阜康市	玛纳斯县	呼图壁县	吉木萨尔县	奇台县	木垒哈萨克自治县	昌吉回族自治州
有效钼/(mg/kg)	0.12	0.03	0.17	0.06	0.07	0.06	0.05	0.08
有效硫/(mg/kg)	596.37	456.09	282.60	260.87	258.39	352.09	262.93	359.73
有效硅/(mg/kg)	363.79	407.14	303.54	404.89	518.62	553.94	473.93	473.78
pH 值	7.87	7.94	7.89	7.96	8.02	7.77	7.87	7.88
盐分/(g/kg)	1.2	1.3	1.3	0.9	0.9	0.8	1.2	1.0

一等地有机质含量为一级（>25.0g/kg）的面积为12.85khm²，占比36.56%；有机质含量为二级（20.0~25.0g/kg）的面积为8.13khm²，占比23.13%；有机质含量为三级（15.0~20.0g/kg）的面积为8.46khm²，占比24.08%；有机质含量为四级（10.0~15.0g/kg）的面积为4.89khm²，占比13.92%；有机质含量为五级（≤10.0g/kg）的面积为0.82khm²，占比2.31%。表明昌吉州一等地有机质含量以高等为主，五级占比相对较少。

一等地全氮含量为一级（>1.50g/kg）的面积为9.87khm²，占比28.07%；全氮含量为二级（1.00~1.50g/kg）的面积为16.73khm²，占比47.59%；全氮含量为三级（0.75~1.00g/kg）的面积为7.78khm²，占比22.13%；全氮含量为四级（0.50~0.75g/kg）的面积为0.71khm²，占比2.01%；全氮含量为五级（≤0.50g/kg）的面积为0.06khm²，占比0.20%。表明昌吉州一等地全氮含量以高等偏上为主，五级占比相对较少。

一等地有效磷含量为一级（>30.0mg/kg）的面积为17.41khm²，占比49.52%；有效磷含量为二级（20.0~30.0mg/kg）的面积为12.68khm²，占比36.08%；有效磷含量为三级（15.0~20.0mg/kg）的面积为3.61khm²，占比10.28%；有效磷含量为四级（8.0~15.0mg/kg）的面积为1.30khm²，占比3.69%；有效磷含量为五级（≤8.0mg/kg）的面积为0.15khm²，占比0.43%。表明昌吉州一等地有效磷含量以高等为主，五级占比相对较少。

一等地速效钾含量为一级（>250mg/kg）的面积为31.59khm²，占比89.88%；速效钾含量为二级（200~250mg/kg）的面积为3.31khm²，占比9.41%；速效钾含量为三级（150~200mg/kg）的面积为0.22khm²，占比0.64%；速效钾含量为四级（100~150mg/kg）的面积为0.03khm²，占比0.07%；无速效钾含量为五级（≤100mg/kg）的耕地。表明昌吉州一等地速效钾含量以高等为主，偏下的面积和比例较少。

一等地碱解氮含量为一级（>150mg/kg）的耕地面积无分布；碱解氮含量为二级（120~150mg/kg）的耕地面积无分布；碱解氮含量为三级（90~120mg/kg）的面积为1.78khm²，占比5.06%；碱解氮含量为四级（60~90mg/kg）的面积为32.14khm²，占比91.43%；碱解氮含量为五级（≤60mg/kg）的面积为1.23khm²，占比3.51%。表明昌吉州一等地碱解氮含量以四级为主，五级占比相对较少。

表4-13　一等地土壤养分各级别面积与比例　　　单位：khm²，%

养分	一级		二级		三级		四级		五级	
	面积	占比	面积	占比	面积	占比	面积	占比	面积	占比
有机质	12.85	36.56	8.13	23.13	8.46	24.08	4.89	13.92	0.82	2.31
全氮	9.87	28.07	16.73	47.59	7.78	22.13	0.71	2.01	0.06	0.20
有效磷	17.41	49.52	12.68	36.08	3.61	10.28	1.30	3.69	0.15	0.43
速效钾	31.59	89.88	3.31	9.41	0.22	0.64	0.03	0.07	—	—
碱解氮	—	—	—	—	1.78	5.06	32.14	91.43	1.23	3.51

第三节　二等地耕地质量等级特征

一、二等地分布特征

（一）区域分布

昌吉州二等地面积总计为77.62khm²，占昌吉州耕地总面积的10.46%。其中，昌吉市二等地面积为13.82khm²，占昌吉市耕地面积的14.30%；阜康市二等地面积为5.43khm²，占阜康市耕地面积的9.60%；玛纳斯县二等地面积为9.80khm²，占玛纳斯县耕地面积的6.01%；呼图壁县二等地面积为10.24khm²，占呼图壁县耕地面积的6.95%；吉木萨尔县二等地面积为7.63khm²，占吉木萨尔县耕地面积的11.43%；奇台县二等地面积为28.31khm²，占奇台县耕地面积的17.77%；木垒哈萨克自治县二等地面积为2.39khm²，占木垒哈萨克自治县耕地面积的4.54%。详见表4-14。

表4-14　各县（市）二等地面积及占辖区耕地面积的比例

县市	面积/khm²	比例/%
昌吉市	13.82	14.30
阜康市	5.43	9.60
玛纳斯县	9.80	6.01
呼图壁县	10.24	6.95
吉木萨尔县	7.63	11.43
奇台县	28.31	17.77
木垒哈萨克自治县	2.39	4.54

二等地在县域的分布上差异较小。二等地面积占全县（市）耕地面积比例在

10%~20%的有3个,分别为昌吉市、奇台县和吉木萨尔县;二等地面积占全县(市)耕地面积比例在10%以下的有4个,分别为阜康市、玛纳斯县、呼图壁县和木垒哈萨克自治县。

(二) 土壤类型

从土壤类型来看,昌吉州二等地分布面积和比例最大的土壤类型分别是灰漠土和草甸土,分别占二等地总面积的26.62%和19.89%,其次是潮土、栗钙土、棕钙土等,其他土类分布面积较少。详见表4-15。

表4-15 二等地耕地主要土壤类型面积与比例

土壤类型	面积/khm²	比例/%
草甸土	15.44	19.89
潮土	11.25	14.49
风沙土	—	—
灌漠土	3.51	4.52
灌淤土	2.56	3.30
黑钙土	2.31	2.97
灰钙土	—	—
灰漠土	20.66	26.62
栗钙土	7.58	9.77
漠境盐土	1.29	1.67
石质土	—	—
水稻土	—	—
草甸盐土	6.59	8.49
沼泽土	1.14	1.46
棕钙土	5.29	6.82
合计	77.62	100.00

二、属性特征

(一) 地形部位

二等地地形部位面积与比例如表4-16所示。二等地在平原高阶分布面积为13.25khm²,占二等地总面积的17.07%;二等地在平原中阶分布面积为22.12khm²,占二等地总面积的28.50%;二等地在平原低阶分布面积最大,为41.71khm²,占二等地总面积的53.74%;二等地在沙漠边缘分布面积为0.49khm²,占二等地总面积的0.63%;二等地在山地坡下分布面积为0.05khm²,占二等地总面积的0.06%。

第四章 耕地质量等级分析

表4-16 二等地地形部位面积与比例

地形部位	面积/khm²	比例/%
平原高阶	13.25	17.07
平原中阶	22.12	28.50
平原低阶	41.71	53.74
沙漠边缘	0.49	0.63
山地坡下	0.05	0.06

(二)灌溉能力

二等地中,灌溉能力为充分满足的耕地面积1.20khm²,占二等地总面积的1.54%;灌溉能力为满足的耕地面积55.55khm²,占二等地总面积的71.57%;灌溉能力为基本满足的耕地面积20.87khm²,占二等地总面积的26.89%(表4-17)。

表4-17 不同灌溉能力下二等地的面积与比例

灌溉能力	面积/khm²	比例/%
充分满足	1.20	1.54
满足	55.55	71.57
基本满足	20.87	26.89

(三)质地

耕层质地在昌吉回族自治州二等地中的面积及占比如表4-18所示。二等地中,耕层质地以中壤为主,面积达61.36khm²,占比为79.06%;其次是重壤,面积达12.31khm²,占比为15.86%;其他耕层质地所占比例较低。

表4-18 二等地与耕层质地

质地	面积/khm²	比例/%
砂土	0.01	0.01
砂壤	1.64	2.11
轻壤	1.46	1.88
中壤	61.36	79.06
重壤	12.31	15.86
黏土	0.84	1.08

(四)盐渍化程度

二等地的盐渍化程度见表4-19。无盐渍化的耕地面积为76.87khm²,占二等地总面积的 99.04%；轻度盐渍化的耕地面积为 0.75khm²，占二等地总面积的 0.96%。

表 4-19 二等地的盐渍化程度

盐渍化程度	面积/khm²	比例/%
无	76.87	99.04
轻度	0.75	0.96

三、养分状况

对昌吉回族自治州二等地耕层养分进行统计如表 4-20 所示。二等地的养分含量平均值分别为：有机质 21.6g/kg、全氮 1.22g/kg、碱解氮 77.0mg/kg、有效磷 27.1mg/kg、速效钾 388mg/kg、缓效钾 1137mg/kg、有效硼 1.6mg/kg、有效锌 0.29mg/kg、有效锰 1.4mg/kg、有效铁 1.2mg/kg、有效铜 0.45mg/kg、有效钼 0.09mg/kg、有效硫 340.85mg/kg、有效硅 442.17mg/kg、pH 值 7.87、盐分 1.1g/kg。

对昌吉回族自治州二等地中各县（市）的土壤养分含量平均值比较见表 4-20，可以发现有机质含量吉木萨尔县最高，为 27.1g/kg，木垒哈萨克自治县最低，为 15.2g/kg；全氮含量吉木萨尔县最高，为 1.52g/kg，木垒哈萨克自治县最低，为 0.88g/kg；碱解氮含量吉木萨尔县最高，为 81.3mg/kg，木垒哈萨克自治县最低，为 71.3mg/kg；有效磷含量玛纳斯县最高，为 37.2mg/kg，阜康市最低，为 19.7mg/kg；速效钾含量昌吉市最高，为 520mg/kg，吉木萨尔县最低，为 341mg/kg；缓效钾含量木垒哈萨克自治县最高，为 1721mg/kg，呼图壁县最低，为 727mg/kg；盐分含量昌吉市、木垒哈萨克自治县最高，为 1.4g/kg，奇台县最低，为 0.8g/kg。微量元素硼、钼、铜、铁、锰、锌的有效含量各有高低。

表 4-20 二等地中各县市土壤养分平均含量

养分	昌吉市	阜康市	玛纳斯县	呼图壁县	吉木萨尔县	奇台县	木垒哈萨克自治县	昌吉回族自治州
有机质/(g/kg)	18.8	19.2	19.5	18.8	27.1	23.0	15.2	21.6
全氮/(g/kg)	1.04	1.12	1.12	1.11	1.52	1.29	0.88	1.22
碱解氮/(mg/kg)	75.4	76.3	77.4	74.1	81.3	76.6	71.3	77.0
有效磷/(mg/kg)	22.1	19.7	37.2	33.7	28.5	25.8	21.2	27.1
速效钾/(mg/kg)	520	353	347	416	341	380	423	388
缓效钾/(mg/kg)	992	873	1 139	727	1 094	1 173	1 721	1 137
有效硼/(mg/kg)	1.7	1.8	1.5	2.0	1.4	1.6	2.4	1.6
有效锌/(mg/kg)	0.71	0.07	0.49	0.48	0.11	0.13	0.32	0.29
有效锰/(mg/kg)	2.8	0.4	2.4	4.1	0.8	0.9	0.6	1.4

（续表）

养分	昌吉市	阜康市	玛纳斯县	呼图壁县	吉木萨尔县	奇台县	木垒哈萨克自治县	昌吉回族自治州
有效铁/(mg/kg)	2.4	0.2	2.5	2.2	0.4	0.5	1.1	1.2
有效铜/(mg/kg)	1.11	0.10	0.89	0.71	0.15	0.16	0.40	0.45
有效钼/(mg/kg)	0.14	0.03	0.17	0.07	0.07	0.05	0.06	0.09
有效硫/(mg/kg)	600.10	365.77	277.39	277.32	279.32	299.55	310.49	340.85
有效硅/(mg/kg)	361.81	403.00	313.30	399.33	503.36	497.98	582.17	442.17
pH 值	7.91	7.93	7.84	7.96	8.04	7.78	7.83	7.87
盐分/(g/kg)	1.4	1.2	1.3	0.9	0.9	0.8	1.4	1.1

二等地有机质含量为一级（>25.0g/kg）的面积为19.19khm²，占比24.72%；有机质含量为二级（20.0~25.0g/kg）的面积为20.24khm²，占比26.08%；有机质含量为三级（15.0~20.0g/kg）的面积为20.21khm²，占比26.04%；有机质含量为四级（10.0~15.0g/kg）的面积为14.75khm²，占比19.00%；有机质含量为五级（≤10.0g/kg）的面积为3.23khm²，占比4.16%。表明昌吉州二等地有机质含量以高等为主，五级占比相对较少。

二等地全氮含量为一级（>1.50g/kg）的面积为13.46khm²，占比17.34%；全氮含量为二级（1.00~1.50g/kg）的面积为38.12khm²，占比49.10%；全氮含量为三级（0.75~1.00g/kg）的面积为17.28khm²，占比22.27%；全氮含量为四级（0.50~0.75g/kg）的面积为8.41khm²，占比10.84%；全氮含量为五级（≤0.50g/kg）的面积为0.35khm²，占比0.45%。表明昌吉州二等地全氮含量以高等偏上为主，五级占比相对较少。

二等地有效磷含量为一级（>30.0mg/kg）的面积为21.93khm²，占比28.25%；有效磷含量为二级（20.0~30.0mg/kg）的面积为34.22khm²，占比44.09%；有效磷含量为三级（15.0~20.0mg/kg）的面积为11.86khm²，占比15.28%；有效磷含量为四级（8.0~15.0mg/kg）的面积为9.01khm²，占比11.61%；有效磷含量为五级（≤8.0mg/kg）的面积为0.60khm²，占比0.77%。表明昌吉州二等地有效磷含量以高等为主，五级占比相对较少。

二等地速效钾含量为一级（>250mg/kg）的面积为70.08khm²，占比90.29%；速效钾含量为二级（200~250mg/kg）的面积为5.90khm²，占比7.60%；速效钾含量为三级（150~200mg/kg）的面积为1.60khm²，占比2.06%；速效钾含量为四级（100~150mg/kg）的面积为0.04khm²，占比0.05%；无速效钾含量为五级（≤100mg/kg）的耕地。表明昌吉州二等地速效钾含量以高等为主，偏下的面积和比例较少。

二等地碱解氮含量为一级（>150mg/kg）的耕地面积无分布；碱解氮含量为二级（120~150mg/kg）的耕地面积为0.02khm²，占比0.02%；碱解氮含量为三级（90~120mg/kg）的面积为3.27khm²，占比4.22%；碱解氮含量为四级（60~90mg/kg）的面积为 69.35khm²，占比 89.35%；碱解氮含量为五级（≤60mg/kg）的面积为 4.98khm²，占比 6.41%。表明昌吉州二等地碱解氮含量以四级为主，五级占比相对较少。

表 4-21 二等地土壤养分各级别面积与比例 单位：khm²,%

养分	一级		二级		三级		四级		五级	
	面积	占比	面积	占比	面积	占比	面积	占比	面积	占比
有机质	19.19	24.72	20.24	26.08	20.21	26.04	14.75	19.00	3.23	4.16
全氮	13.46	17.34	38.12	49.10	17.28	22.27	8.41	10.84	0.35	0.45
有效磷	21.93	28.25	34.22	44.09	11.86	15.28	9.01	11.61	0.60	0.77
速效钾	70.08	90.29	5.90	7.60	1.60	2.06	0.04	0.05	—	—
碱解氮	—	—	0.02	0.02	3.27	4.22	69.35	89.35	4.98	6.41

第四节 三等地耕地质量等级特征

一、三等地分布特征

（一）区域分布

昌吉州三等地面积总计为 88.48khm²，占昌吉州耕地总面积的 11.92%。其中，昌吉市三等地面积为 11.90khm²，占昌吉市耕地面积的 12.31%；阜康市三等地面积为 6.04khm²，占阜康市耕地面积的 10.68%；玛纳斯县三等地面积为 17.21khm²，占玛纳斯县耕地面积的 10.56%；呼图壁县三等地面积为 17.42khm²，占呼图壁县耕地面积的 11.83%；吉木萨尔县三等地面积为 7.72khm²，占吉木萨尔县耕地面积的 11.56%；奇台县三等地面积为 20.90khm²，占奇台县耕地面积的 13.12%；木垒哈萨克自治县三等地面积为 7.29khm²，占木垒哈萨克自治县耕地面积的 13.88%。详见表 4-22。

表 4-22 各县（市）三等地面积及占辖区耕地面积的比例

县市	面积/khm²	比例/%
昌吉市	11.90	12.31
阜康市	6.04	10.68
玛纳斯县	17.21	10.56
呼图壁县	17.42	11.83
吉木萨尔县	7.72	11.56
奇台县	20.90	13.12
木垒哈萨克自治县	7.29	13.88

三等地在县域的分布上差异很小。三等地面积占全县（市）耕地面积比例在10%~20%的有7个，分别为昌吉市、阜康市、玛纳斯县、呼图壁县、吉木萨尔县、奇台县和木垒哈萨克自治县。

（二）土壤类型

从土壤类型来看，昌吉州三等地分布面积和比例最大的土壤类型分别是灰漠土和潮土，分别占三等地总面积的25.95%和19.12%，其次是草甸土、棕钙土、草甸盐土等，其他土类分布面积较少。详见表4-23。

表4-23　三等地耕地主要土壤类型面积与比例

土壤类型	面积/khm²	比例/%
草甸土	14.36	16.23
潮土	16.92	19.12
风沙土	—	—
灌漠土	2.36	2.67
灌淤土	1.70	1.92
黑钙土	0.98	1.11
灰钙土	—	—
灰漠土	22.96	25.95
栗钙土	7.07	7.99
漠境盐土	0.76	0.86
石质土	0.02	0.02
水稻土	—	—
草甸盐土	11.89	13.43
沼泽土	1.32	1.50
棕钙土	8.14	9.20
合计	88.48	100.00

二、属性特征

（一）地形部位

三等地地形部位面积与比例如表4-24所示。三等地在平原高阶分布面积为11.04khm²，占三等地总面积的12.48%；三等地在平原中阶分布面积为32.27khm²，占三等地总面积的36.47%；三等地在平原低阶分布面积最大，为43.13khm²，占三等地总面积的48.74%；三等地在沙漠边缘分布面积为1.02khm²，占三等地总面积的1.15%；三等地在山地坡下分布面积为0.79khm²，占三等地总面积的0.90%；三等地在扇缘洼地分布面积为0.23khm², 占三等地总面积的0.26%。

表4-24 三等地地形部位面积与比例

地形部位	面积/khm²	比例/%
平原高阶	11.04	12.48
平原中阶	32.27	36.47
平原低阶	43.13	48.74
沙漠边缘	1.02	1.15
山地坡下	0.79	0.90
扇缘洼地	0.23	0.26

（二）灌溉能力

三等地中，灌溉能力为充分满足的耕地面积1.55khm²，占三等地总面积的1.75%；灌溉能力为满足的耕地面积37.95khm²，占三等地总面积的42.89%；灌溉能力为基本满足的耕地面积48.93khm²，占三等地总面积的55.30%；灌溉能力为不满足的耕地面积0.05khm²，占三等地总面积的0.06%（表4-25）。

表4-25 不同灌溉能力下三等地的面积与比例

灌溉能力	面积/khm²	比例/%
充分满足	1.55	1.75
满足	37.95	42.89
基本满足	48.93	55.30
不满足	0.05	0.06

（三）质地

耕层质地在昌吉回族自治州三等地中的面积及占比如表4-26所示。三等地中，耕层质地以中壤为主，面积达63.77khm²，占比为72.07%；其次是重壤，面积达17.04khm²，占比为19.26%；其他耕层质地所占比例较低。

表4-26 三等地与耕层质地

质地	面积/khm²	比例/%
砂土	0.03	0.04
砂壤	3.19	3.60
轻壤	1.64	1.85
中壤	63.77	72.07
重壤	17.04	19.26

第四章 耕地质量等级分析

(续表)

质地	面积/khm²	比例/%
黏土	2.81	3.18

(四) 盐渍化程度

三等地的盐渍化程度见表4-27。无盐渍化的耕地面积为87.34khm²，占三等地总面积的98.71%；轻度盐渍化的耕地面积为1.14khm²，占三等地总面积的1.29%；中度盐渍化的耕地面积为0.001khm²，占三等地总面积的0.001%。

表4-27 三等地的盐渍化程度

盐渍化程度	面积/khm²	比例/%
无	87.34	98.71
轻度	1.14	1.29
中度	0.001	0.001

三、养分状况

对昌吉回族自治州三等地耕层养分进行统计如表4-28所示。三等地的养分含量平均值分别为：有机质20.5g/kg、全氮1.17g/kg、碱解氮77.0mg/kg、有效磷26.3mg/kg、速效钾350mg/kg、缓效钾1199mg/kg、有效硼1.6mg/kg、有效锌0.32mg/kg、有效锰1.6mg/kg、有效铁1.5mg/kg、有效铜0.53mg/kg、有效钼0.09mg/kg、有效硫307.15mg/kg、有效硅436.00mg/kg、pH值7.85、盐分1.1g/kg。

对昌吉回族自治州三等地中各县（市）的土壤养分含量平均值比较见表4-28，可以发现有机质含量吉木萨尔县最高，为26.7g/kg，木垒哈萨克自治县最低，为14.7g/kg；全氮含量吉木萨尔县最高，为1.49g/kg，木垒哈萨克自治县最低，为0.87g/kg；碱解氮含量吉木萨尔县最高，为81.3mg/kg，木垒哈萨克自治县最低，为72.8mg/kg；有效磷含量玛纳斯县最高，为37.6mg/kg，木垒哈萨克自治县最低，为15.6mg/kg；速效钾含量昌吉市最高，为420mg/kg，木垒哈萨克自治县最低，为329mg/kg；缓效钾含量木垒哈萨克自治县最高，为1640mg/kg，呼图壁县最低，为770mg/kg；盐分含量玛纳斯县最高，为1.4g/kg，呼图壁县、吉木萨尔县最低，为0.9g/kg。微量元素硼、钼、铜、铁、锰、锌的有效含量各有高低。

表4-28 三等地中各县（市）土壤养分平均含量

养分	昌吉市	阜康市	玛纳斯县	呼图壁县	吉木萨尔县	奇台县	木垒哈萨克自治县	昌吉回族自治州
有机质/(g/kg)	16.7	19.2	19.9	15.7	26.7	23.5	14.7	20.5

（续表）

养分	昌吉市	阜康市	玛纳斯县	呼图壁县	吉木萨尔县	奇台县	木垒哈萨克自治县	昌吉回族自治州
全氮/(g/kg)	0.97	1.12	1.15	0.95	1.49	1.32	0.87	1.17
碱解氮/(mg/kg)	75.1	76.0	78.7	73.9	81.3	76.7	72.8	77.0
有效磷/(mg/kg)	17.4	19.1	37.6	29.6	27.1	25.0	15.6	26.3
速效钾/(mg/kg)	420	345	330	374	343	369	329	350
缓效钾/(mg/kg)	901	854	1 169	770	1 092	1 203	1 640	1 199
有效硼/(mg/kg)	1.5	1.8	1.5	1.8	1.4	1.5	2.2	1.6
有效锌/(mg/kg)	0.76	0.06	0.55	0.45	0.10	0.13	0.23	0.32
有效锰/(mg/kg)	3.2	0.4	2.8	4.2	0.7	0.8	0.6	1.6
有效铁/(mg/kg)	3.2	0.2	3.0	2.1	0.4	0.5	0.8	1.5
有效铜/(mg/kg)	1.18	0.10	1.05	0.69	0.15	0.16	0.29	0.53
有效钼/(mg/kg)	0.11	0.03	0.17	0.06	0.06	0.05	0.05	0.09
有效硫/(mg/kg)	438.87	359.01	288.29	272.70	307.13	293.88	273.36	307.15
有效硅/(mg/kg)	350.11	401.88	319.80	362.37	461.93	519.44	552.04	436.00
pH值	7.92	7.91	7.82	7.99	8.04	7.78	7.81	7.85
盐分/(g/kg)	1.0	1.3	1.4	0.9	0.9	1.0	1.2	1.1

三等地有机质含量为一级（>25.0g/kg）的面积为18.84khm²，占比21.29%；有机质含量为二级（20.0~25.0g/kg）的面积为17.53khm²，占比19.81%；有机质含量为三级（15.0~20.0g/kg）的面积为24.39khm²，占比27.57%；有机质含量为四级（10.0~15.0g/kg）的面积为25.63khm²，占比28.97%；有机质含量为五级（≤10.0g/kg）的面积为2.09khm²，占比2.36%。表明昌吉州三等地有机质含量以高等为主，五级占比相对较少。

三等地全氮含量为一级（>1.50g/kg）的面积为13.11khm²，占比14.82%；全氮含量为二级（1.00~1.50g/kg）的面积为36.82khm²，占比41.62%；全氮含量为三级（0.75~1.00g/kg）的面积为29.03khm²，占比32.80%；全氮含量为四级（0.50~0.75g/kg）的面积为8.78khm²，占比9.92%；全氮含量为五级（≤0.50g/kg）的面积为0.74khm²，占比0.84%。表明昌吉州三等地全氮含量以高等偏上为主，五级占比相对较少。

三等地有效磷含量为一级（>30.0mg/kg）的面积为30.46khm²，占比34.43%；有效磷含量为二级（20.0~30.0mg/kg）的面积为31.17khm²，占比35.23%；有效磷含量为三级（15.0~20.0mg/kg）的面积为12.16khm²，占比13.74%；有效磷含量为四级

（8.0~15.0mg/kg）的面积为 14.23khm²，占比 16.08%；有效磷含量为五级（≤8.0mg/kg）的面积为 0.46khm²，占比 0.52%。表明昌吉州三等地有效磷含量以高等为主，五级占比相对较少。

三等地速效钾含量为一级（>250mg/kg）的面积为 72.54khm²，占比 81.98%；速效钾含量为二级（200~250mg/kg）的面积为 11.87khm²，占比 13.41%；速效钾含量为三级（150~200mg/kg）的面积为 3.71khm²，占比 4.20%；速效钾含量为四级（100~150mg/kg）的面积为 0.36khm²，占比 0.41%；无速效钾含量为五级（≤100mg/kg）的耕地。表明昌吉州三等地速效钾含量以高等为主，偏下的面积和比例较少。

三等地碱解氮含量为一级（>150mg/kg）的耕地面积为 0.03khm²，占比为 0.03%；碱解氮含量为二级（120~150mg/kg）的耕地面积为 0.10khm²，占比为 0.12%；碱解氮含量为三级（90~120mg/kg）的面积为 5.03khm²，占比 5.69%；碱解氮含量为四级（60~90mg/kg）的面积为 76.62khm²，占比 86.59%；碱解氮含量为五级（≤60mg/kg）的面积为 6.70khm²，占比 7.57%。表明昌吉州三等地碱解氮含量以四级为主，五级占比相对较少。

表 4-29　三等地土壤养分各级别面积与比例　　　　　　　　单位：khm², %

养分	一级		二级		三级		四级		五级	
	面积	占比	面积	占比	面积	占比	面积	占比	面积	占比
有机质	18.84	21.29	17.53	19.81	24.39	27.57	25.63	28.97	2.09	2.36
全氮	13.11	14.82	36.82	41.62	29.03	32.80	8.78	9.92	0.74	0.84
有效磷	30.46	34.43	31.17	35.23	12.16	13.74	14.23	16.08	0.46	0.52
速效钾	72.54	81.98	11.87	13.41	3.71	4.20	0.36	0.41	—	—
碱解氮	0.03	0.03	0.10	0.12	5.03	5.69	76.62	86.59	6.70	7.57

第五节　四等地耕地质量等级特征

一、四等地分布特征

（一）区域分布

昌吉州四等地面积总计为 161.30khm²，占昌吉州耕地总面积的 21.73%。其中，昌吉市四等地面积为 12.14khm²，占昌吉市耕地面积的 12.56%；阜康市四等地面积为 11.68khm²，占阜康市耕地面积的 20.67%；玛纳斯县四等地面积为 39.30khm²，占玛纳斯县耕地面积的 24.11%；呼图壁县四等地面积为 31.66khm²，占呼图壁县耕地面积的 21.50%；吉木萨尔县四等地面积为 16.47khm²，占吉木萨尔县耕地面积的 24.66%；奇台县四等地面积为 35.21khm²，占奇台县耕地面积的 22.09%；木垒哈萨克自治县四等地面积为 14.84khm²，占木垒哈萨克自治县耕地面积的 28.22%。详见表 4-30。

表 4-30　各县（市）四等地面积及占辖区耕地面积的比例

县市	面积/khm²	比例/%
昌吉市	12.14	12.56
阜康市	11.68	20.67
玛纳斯县	39.30	24.11
呼图壁县	31.66	21.50
吉木萨尔县	16.47	24.66
奇台县	35.21	22.09
木垒哈萨克自治县	14.84	28.22

四等地在县域的分布上差异较小。四等地面积占全县（市）耕地面积比例在 20%~30%的有 6 个，分别为阜康市、玛纳斯县、呼图壁县、吉木萨尔县、奇台县和木垒哈萨克自治县；四等地面积占全县（市）耕地面积比例在 10%~20%的有 1 个，为昌吉市。

（二）土壤类型

从土壤类型来看，昌吉州四等地分布面积和比例最大的土壤类型分别是灰漠土和草甸盐土，分别占四等地总面积的 25.24% 和 16.95%，其次是潮土、棕钙土、栗钙土等，其他土类分布面积较少。详见表 4-31。

表 4-31　四等地耕地主要土壤类型面积与比例

土壤类型	面积/khm²	比例/%
草甸土	18.82	11.67
潮土	24.83	15.40
风沙土	0.004	0.002
灌漠土	5.41	3.35
灌淤土	3.84	2.38
黑钙土	2.14	1.33
灰钙土	0.01	0.01
灰漠土	40.71	25.24
栗钙土	12.74	7.90
漠境盐土	1.76	1.09
石质土	0.05	0.03
水稻土	0.06	0.04
草甸盐土	27.35	16.95

第四章 耕地质量等级分析

（续表）

土壤类型	面积/khm²	比例/%
沼泽土	3.21	1.99
棕钙土	20.36	12.62
合计	161.30	100.00

二、属性特征

（一）地形部位

四等地地形部位面积与比例如表4-32所示。四等地在平原高阶分布面积为36.30khm²，占四等地总面积的22.51%；四等地在平原中阶分布面积为53.03khm²，占四等地总面积的32.87%；四等地在平原低阶分布面积最大，为61.19khm²，占四等地总面积的37.94%；四等地在沙漠边缘分布面积为8.69khm²，占四等地总面积的5.39%；四等地在山地坡下分布面积为2.01khm²，占四等地总面积的1.24%；四等地在扇缘洼地分布面积为0.08khm²，占四等地总面积的0.05%。

表4-32 四等地地形部位面积与比例

地形部位	面积/khm²	比例/%
平原高阶	36.30	22.51
平原中阶	53.03	32.87
平原低阶	61.19	37.94
沙漠边缘	8.69	5.39
山地坡下	2.01	1.24
扇缘洼地	0.08	0.05

（二）灌溉能力

四等地中，灌溉能力为充分满足的耕地面积为2.08khm²，占四等地总面积的1.29%；灌溉能力为满足的耕地面积46.22khm²，占四等地总面积的28.65%；灌溉能力为基本满足的耕地面积110.56khm²，占四等地面积的68.54%；灌溉能力为不满足的耕地面积2.44khm²，占四等地总面积的1.52%（表4-33）。

表4-33 不同灌溉能力下四等地的面积与比例

灌溉能力	面积/khm²	比例/%
充分满足	2.08	1.29
满足	46.22	28.65

(续表)

灌溉能力	面积/khm²	比例/%
基本满足	110.56	68.54
不满足	2.44	1.52

(三) 质地

耕层质地在昌吉回族自治州四等地中的面积及占比如表4-34所示。四等地中，耕层质地以中壤为主，面积达103.86km²，占比为64.39%；其次是重壤，面积达30.58km²，占比为18.96%；其他耕层质地所占比例较低。

表4-34 四等地与耕层质地

质地	面积/khm²	比例/%
砂土	0.05	0.03
砂壤	11.89	7.37
轻壤	5.77	3.58
中壤	103.86	64.39
重壤	30.58	18.96
黏土	9.15	5.67

(四) 盐渍化程度

四等地的盐渍化程度见表4-35。无盐渍化的耕地面积为156.05km²，占四等地总面积的96.75%；轻度盐渍化的耕地面积为5.20km²，占四等地总面积的3.22%；中度盐渍化的耕地面积为0.05km²，占四等地总面积的0.03%。

表4-35 四等地的盐渍化程度

盐渍化程度	面积/khm²	比例/%
无	156.05	96.75
轻度	5.20	3.22
中度	0.05	0.03

三、养分状况

对昌吉回族自治州四等地耕层养分进行统计如表4-36所示。四等地的养分含量平均值分别为：有机质20.0g/kg、全氮1.15g/kg、碱解氮76.3mg/kg、有效磷25.1mg/kg、速效钾331mg/kg、缓效钾1207mg/kg、有效硼1.6mg/kg、有效锌

0.31mg/kg、有效锰 1.6mg/kg、有效铁 1.5mg/kg、有效铜 0.50mg/kg、有效钼 0.09mg/kg、有效硫 295.18mg/kg、有效硅 421.53mg/kg、pH 值 7.83、盐分 1.1g/kg。

对昌吉回族自治州四等地中各县（市）的土壤养分含量平均值比较见表 4-36，可以发现有机质含量吉木萨尔县最高，为 26.4g/kg，木垒哈萨克自治县最低，为 14.3g/kg；全氮含量吉木萨尔县最高，为 1.47g/kg，木垒哈萨克自治县最低，为 0.83g/kg；碱解氮含量吉木萨尔县最高，为 82.4mg/kg，木垒哈萨克自治县最低，为 70.8mg/kg；有效磷含量玛纳斯县最高，为 35.4mg/kg，木垒哈萨克自治县最低，为 13.5mg/kg；速效钾含量昌吉市最高，为 427mg/kg，木垒哈萨克自治县最低，为 296mg/kg；缓效钾含量木垒哈萨克自治县最高，为 1597mg/kg，呼图壁县最低，为 754mg/kg；盐分含量阜康市最高，为 1.6g/kg，吉木萨尔县最低，为 0.9g/kg。微量元素硼、钼、铜、铁、锰、锌的有效含量各有高低。

表 4-36 四等地中各县（市）土壤养分平均含量

养分	昌吉市	阜康市	玛纳斯县	呼图壁县	吉木萨尔县	奇台县	木垒哈萨克自治县	昌吉回族自治州
有机质/(g/kg)	16.8	18.4	20.1	14.4	26.4	23.0	14.3	20.0
全氮/(g/kg)	0.98	1.07	1.18	0.89	1.47	1.30	0.83	1.15
碱解氮/(mg/kg)	76.9	74.3	77.3	75.3	82.4	77.3	70.8	76.3
有效磷/(mg/kg)	17.8	19.1	35.4	26.3	26.8	23.1	13.5	25.1
速效钾/(mg/kg)	427	353	322	334	326	347	296	331
缓效钾/(mg/kg)	883	861	1 158	754	1 079	1 191	1 597	1 207
有效硼/(mg/kg)	1.5	1.8	1.6	1.8	1.4	1.4	1.9	1.6
有效锌/(mg/kg)	0.77	0.06	0.56	0.47	0.10	0.12	0.18	0.31
有效锰/(mg/kg)	3.4	0.4	2.9	4.6	0.7	0.8	0.6	1.6
有效铁/(mg/kg)	3.1	0.2	3.1	2.3	0.4	0.5	0.6	1.5
有效铜/(mg/kg)	1.23	0.09	0.99	0.72	0.14	0.15	0.23	0.50
有效钼/(mg/kg)	0.10	0.03	0.16	0.06	0.06	0.05	0.04	0.09
有效硫/(mg/kg)	431.17	349.73	274.92	268.76	304.08	270.23	300.60	295.18
有效硅/(mg/kg)	355.59	404.40	330.10	342.53	464.88	467.17	517.94	421.53
pH 值	7.91	7.89	7.80	7.99	8.02	7.79	7.75	7.83
盐分/(g/kg)	1.0	1.6	1.3	1.0	0.9	1.0	1.1	1.1

四等地有机质含量为一级（>25.0g/kg）的面积为 30.44km^2，占比 18.87%；有机质含量为二级（20.0~25.0g/kg）的面积为 35.23km^2，占比 21.84%；有机质含量为三级（15.0~20.0g/kg）的面积为 46.93km^2，占比 29.10%；有机质含量为四级

（10.0~15.0g/kg）的面积为42.24khm²，占比26.18%；有机质含量为五级（≤10.0g/kg）的面积为6.46khm²，占比4.01%。表明昌吉州四等地有机质含量以高等为主，五级占比相对较少。

四等地全氮含量为一级（>1.50g/kg）的面积为21.17khm²，占比13.13%；全氮含量为二级（1.00~1.50g/kg）的面积为71.92khm²，占比44.59%；全氮含量为三级（0.75~1.00g/kg）的面积为48.35khm²，占比29.97%；全氮含量为四级（0.50~0.75g/kg）的面积为17.55khm²，占比10.88%；全氮含量为五级（≤0.50g/kg）的面积为2.31khm²，占比1.43%。表明昌吉州四等地全氮含量以高等偏上为主，五级占比相对较少。

四等地有效磷含量为一级（>30.0mg/kg）的面积为45.43khm²，占比28.17%；有效磷含量为二级（20.0~30.0mg/kg）的面积为68.58khm²，占比42.52%；有效磷含量为三级（15.0~20.0mg/kg）的面积为21.97khm²，占比13.62%；有效磷含量为四级（8.0~15.0mg/kg）的面积为23.51khm²，占比14.57%；有效磷含量为五级（≤8.0mg/kg）的面积为1.81khm²，占比1.12%。表明昌吉州四等地有效磷含量以高等为主，五级占比相对较少。

四等地速效钾含量为一级（>250mg/kg）的面积为120.00khm²，占比74.39%；速效钾含量为二级（200~250mg/kg）的面积为22.70khm²，占比14.08%；速效钾含量为三级（150~200mg/kg）的面积为16.86khm²，占比10.45%；速效钾含量为四级（100~150mg/kg）的面积为1.74khm²，占比1.08%；无速效钾含量为五级（≤100mg/kg）的耕地。表明昌吉州四等地速效钾含量以高等为主，偏下的面积和比例较少。

四等地碱解氮含量为一级（>150mg/kg）的耕地面积为0.08khm²，占比为0.05%；碱解氮含量为二级（120~150mg/kg）的耕地面积为0.19khm²，占比为0.12%；碱解氮含量为三级（90~120mg/kg）的面积为8.11khm²，占比5.03%；碱解氮含量为四级（60~90mg/kg）的面积为141.71khm²，占比87.85%；碱解氮含量为五级（≤60mg/kg）的面积为141.71khm²，占比87.15%。表明昌吉州四等地碱解氮含量以四级为主，高等占比相对较少。详见表4-37。

表4-37 四等地土壤养分各级别面积与比例　　　　　　单位：khm²,%

养分	一级		二级		三级		四级		五级	
	面积	占比	面积	占比	面积	占比	面积	占比	面积	占比
有机质	30.44	18.87	35.23	21.84	46.93	29.10	42.24	26.18	6.46	4.01
全氮	21.17	13.13	71.92	44.59	48.35	29.97	17.55	10.88	2.31	1.43
有效磷	45.43	28.17	68.58	42.52	21.97	13.62	23.51	14.57	1.81	1.12
速效钾	120.00	74.39	22.70	14.08	16.86	10.45	1.74	1.08	—	—
碱解氮	0.08	0.05	0.19	0.12	8.11	5.03	141.71	87.85	11.21	6.95

第六节　五等地耕地质量等级特征

一、五等地分布特征

(一) 区域分布

昌吉州五等地面积总计为216.20km^2，占昌吉州耕地总面积的29.13%。其中，昌吉市五等地面积为24.50km^2，占昌吉市耕地面积的25.34%；阜康市五等地面积为17.39km^2，占阜康市耕地面积的30.77%；玛纳斯县五等地面积为59.87km^2，占玛纳斯县耕地面积的36.72%；呼图壁县五等地面积为36.62km^2，占呼图壁县耕地面积的24.87%；吉木萨尔县五等地面积为18.04km^2，占吉木萨尔县耕地面积的27.02%；奇台县五等地面积为45.23km^2，占奇台县耕地面积的28.38%；木垒哈萨克自治县五等地面积为14.55km^2，占木垒哈萨克自治县耕地面积的27.68%。详见表4-38。

表4-38　各县（市）五等地面积及占辖区耕地面积的比例

县市	面积/km^2	比例/%
昌吉市	24.50	25.34
阜康市	17.39	30.77
玛纳斯县	59.87	36.72
呼图壁县	36.62	24.87
吉木萨尔县	18.04	27.02
奇台县	45.23	28.38
木垒哈萨克自治县	14.55	27.68

(二) 五等地在县域的分布上差异很小

五等地面积占全县（市）耕地面积比例在20%~30%的有7个，分别为昌吉市、阜康市、玛纳斯县、呼图壁县、吉木萨尔县、奇台县和木垒哈萨克自治县。

(三) 土壤类型

从土壤类型来看，昌吉州五等地分布面积和比例最大的土壤类型分别是灰漠土和草甸土，分别占五等地总面积的22.33%和18.28%，其次是潮土、栗钙土、棕钙土等，其他土类分布面积较少。详见表4-39。

表4-39　五等地耕地主要土壤类型面积与比例

土壤类型	面积/km^2	比例/%
草甸土	39.53	18.28

(续表)

土壤类型	面积/khm²	比例/%
潮土	27.89	12.90
风沙土	1.11	0.51
灌漠土	4.30	1.99
灌淤土	10.01	4.63
黑钙土	3.12	1.44
灰钙土	—	—
灰漠土	48.28	22.33
栗钙土	21.59	9.99
漠境盐土	3.00	1.39
石质土	0.39	0.18
水稻土	0.13	0.06
草甸盐土	29.26	13.53
沼泽土	2.93	1.36
棕钙土	24.66	11.41
合计	216.20	100.00

二、属性特征

（一）地形部位

五等地的地形部位面积与比例如表 4-40 所示。五等地在平原高阶分布面积为 49.67khm²，占五等地总面积的 22.97%；五等地在平原中阶分布面积为 49.70khm²，占五等地总面积的 22.99%；五等地在平原低阶分布面积最大，为 56.93khm²，占五等地总面积的 26.34%；五等地在沙漠边缘分布面积为 52.04khm²，占五等地总面积的 24.07%；五等地在山地坡下分布面积为 7.82khm²，占五等地总面积的 3.61%；五等地在扇缘洼地分布面积为 0.04khm²，占五等地总面积的 0.02%。

表 4-40　五等地的地形部位面积与比例

地形部位	面积/khm²	比例/%
平原高阶	49.67	22.97
平原中阶	49.70	22.99
平原低阶	56.93	26.34
沙漠边缘	52.04	24.07

第四章 耕地质量等级分析

(续表)

地形部位	面积/km²	比例/%
山地坡下	7.82	3.61
扇缘洼地	0.04	0.02

(二) 灌溉能力

五等地中，灌溉能力为充分满足的耕地面积1.70km²，占五等地总面积的0.79%；灌溉能力为满足的耕地面积44.08km²，占五等地总面积的20.39%；灌溉能力为基本满足的耕地面积149.44km²，占五等地总面积的69.12%；灌溉能力为不满足的耕地面积20.98km²，占五等地总面积的9.70%。

表4-41 不同灌溉能力下五等地的面积与比例

灌溉能力	面积/km²	比例/%
充分满足	1.70	0.79
满足	44.08	20.39
基本满足	149.44	69.12
不满足	20.98	9.70

(三) 质地

耕层质地在昌吉回族自治州五等地中的面积及占比如表4-42所示。五等地中，耕层质地以中壤为主，面积达119.93km²，占比为55.48%；其次是重壤，面积达34.1km²，占比为15.77%；再次是砂壤、黏土，分别占五等地总面积的12.50%、12.93%；其他耕层质地所占比例较低。

表4-42 五等地与耕层质地

质地	面积/km²	比例/%
砂土	1.76	0.81
砂壤	27.04	12.50
轻壤	5.42	2.51
中壤	119.93	55.48
重壤	34.10	15.77
黏土	27.95	12.93

(四) 盐渍化程度

五等地的盐渍化程度见表4-43。无盐渍化的耕地面积为206.94km²，占五等地总面积的 95.71%；轻度盐渍化的耕地面积为 8.95khm²，占五等地总面积的 4.14%；中度盐渍化的耕地面积为 0.31khm²，占五等地总面积的 0.15%。

表 4-43　五等地的盐渍化程度

盐渍化程度	面积/khm²	比例/%
无	206.94	95.71
轻度	8.95	4.14
中度	0.31	0.15

三、养分状况

对昌吉回族自治州五等地耕层养分进行统计如表 4-44 所示。五等地的养分含量平均值分别为：有机质 19.7g/kg、全氮 1.13g/kg、碱解氮 77.5mg/kg、有效磷 24.7mg/kg、速效钾 313mg/kg、缓效钾 1160mg/kg、有效硼 1.5mg/kg、有效锌 0.29mg/kg、有效锰 1.5mg/kg、有效铁 1.4mg/kg、有效铜 0.48mg/kg、有效钼 0.08mg/kg、有效硫 290.44mg/kg、有效硅 396.10mg/kg、pH 值 7.84、盐分 1.2g/kg。

对昌吉回族自治州五等地中各县市的土壤养分含量平均值比较见表 4-44，可以发现有机质含量吉木萨尔县最高，为 25.3g/kg，呼图壁县最低，为 15.7g/kg；全氮含量吉木萨尔县最高，为 1.41g/kg，木垒哈萨克自治县最低，为 0.91g/kg；碱解氮含量吉木萨尔县最高，为 82.5mg/kg，阜康市最低，为 73.8mg/kg；有效磷含量玛纳斯县最高，为 34.9mg/kg，木垒哈萨克自治县最低，为 13.7mg/kg；速效钾含量昌吉市最高，为 413mg/kg，玛纳斯县最低，为 295mg/kg；缓效钾含量木垒哈萨克自治县最高，为 1497mg/kg，呼图壁县最低，为 776mg/kg；盐分含量玛纳斯县最高，为 1.5g/kg，奇台县和昌吉市最低，为 0.9g/kg。微量元素硼、钼、铜、铁、锰、锌的有效含量各有高低。

表 4-44　五等地中各县（市）土壤养分平均含量

养分	昌吉市	阜康市	玛纳斯县	呼图壁县	吉木萨尔县	奇台县	木垒哈萨克自治县	昌吉回族自治州
有机质/(g/kg)	16.8	17.9	18.0	15.7	25.3	22.8	15.8	19.7
全氮/(g/kg)	0.99	1.04	1.07	0.98	1.41	1.29	0.91	1.13
碱解氮/(mg/kg)	76.9	73.8	77.3	75.6	82.5	76.4	77.8	77.5
有效磷/(mg/kg)	16.2	18.3	34.9	30.0	26.3	22.3	13.7	24.7
速效钾/(mg/kg)	413	335	295	367	329	306	298	313
缓效钾/(mg/kg)	850	863	1 075	776	1 162	1 216	1 497	1 160
有效硼/(mg/kg)	1.5	1.8	1.6	1.8	1.4	1.4	1.7	1.5

（续表）

养分	昌吉市	阜康市	玛纳斯县	呼图壁县	吉木萨尔县	奇台县	木垒哈萨克自治县	昌吉回族自治州
有效锌/(mg/kg)	0.80	0.06	0.54	0.48	0.11	0.12	0.14	0.29
有效锰/(mg/kg)	3.6	0.4	2.6	4.7	0.8	0.9	0.6	1.5
有效铁/(mg/kg)	3.2	0.2	2.9	2.4	0.5	0.5	0.4	1.4
有效铜/(mg/kg)	1.30	0.10	0.97	0.79	0.15	0.15	0.19	0.48
有效钼/(mg/kg)	0.09	0.03	0.15	0.07	0.06	0.05	0.04	0.08
有效硫/(mg/kg)	438.43	375.54	266.93	290.10	301.39	261.29	278.09	290.44
有效硅/(mg/kg)	364.89	399.18	307.08	375.54	432.78	453.17	460.95	396.10
pH值	7.91	7.93	7.84	7.97	8.01	7.78	7.75	7.84
盐分/(g/kg)	0.9	1.4	1.5	1.0	1.0	0.9	1.1	1.2

五等地有机质含量为一级（>25.0g/kg）的面积为31.82khm², 占比14.71%; 有机质含量为二级（20.0~25.0g/kg）的面积为46.24khm², 占比21.39%; 有机质含量为三级（15.0~20.0g/kg）的面积为68.89khm², 占比31.87%; 有机质含量为四级（10.0~15.0g/kg）的面积为56.04khm², 占比25.92%; 有机质含量为五级（≤10.0g/kg）的面积为13.21khm², 占比6.11%。表明昌吉州五等地有机质含量以高等为主, 五级占比相对较少。

五等地全氮含量为一级（>1.50g/kg）的面积为21.19khm², 占比9.80%; 全氮含量为二级（1.00~1.50g/kg）的面积为102.77khm², 占比47.53%; 全氮含量为三级（0.75~1.00g/kg）的面积为67.27khm², 占比31.12%; 全氮含量为四级（0.50~0.75g/kg）的面积为18.94khm², 占比8.76%; 全氮含量为五级（≤0.50g/kg）的面积为6.03khm², 占比2.79%。表明昌吉州五等地全氮含量以高等偏上为主, 五级占比相对较少。

五等地有效磷含量为一级（>30.0mg/kg）的面积为62.64khm², 占比28.97%; 有效磷含量为二级（20.0~30.0mg/kg）的面积为73.68khm², 占比34.08%; 有效磷含量为三级（15.0~20.0mg/kg）的面积为36.79khm², 占比17.02%; 有效磷含量为四级（8.0~15.0mg/kg）的面积为40.46khm², 占比18.72%; 有效磷含量为五级（≤8.0mg/kg）的面积为2.63khm², 占比1.21%。表明昌吉州五等地有效磷含量以高等为主, 五级占比相对较少。

五等地速效钾含量为一级（>250mg/kg）的面积为147.51khm², 占比68.23%; 速效钾含量为二级（200~250mg/kg）的面积为36.67khm², 占比16.96%; 速效钾含量为三级（150~200mg/kg）的面积为20.08khm², 占比9.29%; 速效钾含量为四级（100~150mg/kg）的面积为11.80khm², 占比5.46%; 速效钾含量为五级（≤100mg/kg）的面积为0.14khm², 占比0.06%。表明昌吉州五等地速效钾含量以高等为主, 五级占比相对较少。

五等地碱解氮含量为一级（>150mg/kg）的耕地面积为 0.02khm²，占比为 0.01%；碱解氮含量为二级（120~150mg/kg）的耕地面积为 0.20khm²，占比为 0.09%；碱解氮含量为三级（90~120mg/kg）的面积为 15.89khm²，占比 7.35%；碱解氮含量为四级（60~90mg/kg）的面积为 184.10khm²，占比 85.15%；碱解氮含量为五级（≤60mg/kg）的面积为 15.99khm²，占比 7.40%。表明昌吉州五等地碱解氮含量以四级为主，高等占比相对较少。

表 4-45　五等地土壤养分各级别面积与比例　　单位：khm²,%

养分	一级		二级		三级		四级		五级	
	面积	占比	面积	占比	面积	占比	面积	占比	面积	占比
有机质	31.82	14.71	46.24	21.39	68.89	31.87	56.04	25.92	13.21	6.11
全氮	21.19	9.80	102.77	47.53	67.27	31.12	18.94	8.76	6.03	2.79
有效磷	62.64	28.97	73.68	34.08	36.79	17.02	40.46	18.72	2.63	1.21
速效钾	147.51	68.23	36.67	16.96	20.08	9.29	11.80	5.46	0.14	0.06
碱解氮	0.02	0.01	0.20	0.09	15.89	7.35	184.10	85.15	15.99	7.40

第七节　六等地耕地质量等级特征

一、六等地分布特征

（一）区域分布

昌吉回族自治州六等地耕地面积共 59.25khm²，占昌吉回族自治州耕地面积的 7.99%，六等地在昌吉回族自治州各县（市）均有分布。其中，昌吉市六等地耕地面积为 4.72khm²，占昌吉市耕地面积的 4.88%；阜康市 5.43khm²，占阜康市耕地面积的 9.61%；玛纳斯县 11.99khm²，占玛纳斯县耕地面积的 7.35%；呼图壁县 15.89khm²，占呼图壁县耕地面积的 10.79%；吉木萨尔县 4.84khm²，占吉木萨尔县耕地面积的 7.26%；奇台县 8.15khm²，占奇台县耕地面积的 5.12%；木垒哈萨克自治县 8.23khm²，占木垒哈萨克自治县耕地面积的 15.65%。

表 4-46　各县（市）六等地面积及占辖区耕地面积的比例

县市	面积/khm²	占比/%
昌吉市	4.72	4.88
阜康市	5.43	9.61
玛纳斯县	11.99	7.35

(续表)

县市	面积/khm²	占比/%
呼图壁县	15.89	10.79
吉木萨尔县	4.84	7.26
奇台县	8.15	5.12
木垒哈萨克自治县	8.23	15.65

六等地面积占全县耕地面积的比例在10%~20%的有2个，为呼图壁县和木垒哈萨克自治县。六等地面积占全县耕地面积的比例在10%以下的有5个，分别是昌吉市、阜康市、玛纳斯、吉木萨尔县和奇台县。

（二）土壤类型

从土壤类型来看，昌吉回族自治州六等地灰漠土所占面积最大，为12.47km²，占比达21.04%。其次为栗钙土、草甸土、草甸盐土、潮土、棕钙土、灌淤土，所占六等地面积比例分别为16.49%、16.09%、13.67%、11.13%、7.09%、5.63%，而黑钙土、灌漠土、漠境盐土、沼泽土、风沙土、石质土、水稻土有少量分布（表4-47）。

表4-47 六等地的地形部位面积与比例

土壤类型	面积/khm²	占比/%
草甸土	9.53	16.09
潮土	6.60	11.13
风沙土	0.28	0.47
灌漠土	1.64	2.79
灌淤土	3.34	5.63
黑钙土	1.79	3.03
灰钙土	—	—
灰漠土	12.47	21.04
栗钙土	9.77	16.49
漠境盐土	1.04	1.75
石质土	0.19	0.32
水稻土	0.01	0.02
盐土	8.10	13.67
沼泽土	0.29	0.48
棕钙土	4.20	7.09
合计	59.25	100.00

二、属性特征

(一) 地形部位

六等地的地形部位面积与比例如表 4-48 所示。六等地在平原高阶分布面积为 13.06khm², 占六等地总面积的 22.04%；六等地在平原中阶分布面积为 12.17khm², 占六等地总面积的 20.54%；六等地在平原低阶分布面积 11.56khm², 占六等地总面积的 19.51；六等地在沙漠边缘分布面积最大, 为 20.65khm², 占六等地总面积的 34.85%；六等地在山地坡下分布面积为 1.78khm², 占六等地总面积的 3.01%；六等地在扇缘洼地分布面积为 0.03khm², 占六等地总面积的 0.05%。

表 4-48 六等地的地形部位面积与比例

地形部位	面积/khm²	比例/%
平原高阶	13.06	22.04
平原中阶	12.17	20.54
平原低阶	11.56	19.51
沙漠边缘	20.65	34.85
山地坡下	1.78	3.01
扇缘洼地	0.03	0.05

(二) 灌溉能力

六等地中, 灌溉能力为充分满足的耕地面积 0.05khm², 占六等地总面积的 0.08%；灌溉能力为满足的耕地面积 4.60khm², 占六等地总面积的 7.77%；灌溉能力为基本满足的耕地面积 35.91khm², 占六等地总面积的 60.60%；灌溉能力为不满足的耕地面积 18.69khm², 占六等地总面积的 31.55% (表 4-49)。

表 4-49 不同灌溉能力下六等地的面积与比例

灌溉能力	面积/khm²	比例/%
充分满足	0.05	0.08
满足	4.60	7.77
基本满足	35.91	60.60
不满足	18.69	31.55

(三) 质地

耕层质地在昌吉回族自治州六等地中的面积及占比如表 4-50 所示。六等地中, 耕层质地以中壤为主, 面积为 35.61khm², 占比为 60.09%；其次是砂壤和重壤, 面积为 8.70khm²、6.79khm², 占比为 14.68%、11.46%；其他耕层质地所占比例较低。

第四章　耕地质量等级分析

表4-50　六等地与耕层质地

质地	面积/khm²	比例/%
砂土	0.66	1.12
砂壤	8.70	14.68
轻壤	1.74	2.93
中壤	35.61	60.09
重壤	6.78	11.46
黏土	5.76	9.72

（四）盐渍化程度

六等地的盐渍化程度见表4-51。无盐渍化的耕地面积为54.35khm²，占六等地总面积的91.72%；轻度盐渍化的耕地面积为4.72khm²，占六等地总面积的7.97%；中度盐渍化的耕地面积为0.18khm²，占六等地总面积的0.31%。

表4-51　六等地的盐渍化程度

盐渍化程度	面积/khm²	比例/%
无	54.35	91.72
轻度	4.72	7.97
中度	0.18	0.31

三、养分状况

对昌吉回族自治州六等地耕层养分进行统计如表4-52所示。六等地的养分含量平均值分别为：有机质18.4g/kg、全氮1.07g/kg、碱解氮75.7mg/kg、有效磷21.7mg/kg、速效钾307mg/kg、缓效钾1203mg/kg、有效硼1.6mg/kg、有效锌0.25mg/kg、有效锰1.4mg/kg、有效铁1.1mg/kg、有效铜0.40mg/kg、有效钼0.07mg/kg、有效硫267.79mg/kg、有效硅413.95mg/kg、pH值7.85、盐分1.2g/kg。

对昌吉回族自治州六等地中各县（市）的土壤养分含量平均值比较见表4-52，可以发现有机质含量吉木萨尔县最高，为23.2g/kg，木垒哈萨克自治县最低，为14.2g/kg；全氮含量吉木萨尔县最高，为1.29g/kg，木垒哈萨克自治县最低，为0.85g/kg；碱解氮含量吉木萨尔县最高，为82.7mg/kg，木垒哈萨克自治县最低，为72.1mg/kg；有效磷含量呼图壁县最高，为35.5mg/kg，木垒哈萨克自治县最低，为11.5mg/kg；速效钾含量昌吉市最高，为425mg/kg，吉木萨尔县最低，为291mg/kg；缓效钾含量木垒哈萨克自治县最高，为1526mg/kg，阜康市最低，为828mg/kg；盐分含量玛纳斯县最高，为1.7g/kg，奇台县最低，为0.9g/kg。微量元素硼、钼、铜、铁、锰、锌的有效含量各有高低。

表 4-52 六等地中各县（市）土壤养分平均含量

养分	昌吉市	阜康市	玛纳斯县	呼图壁县	吉木萨尔县	奇台县	木垒哈萨克自治县	昌吉回族自治州
有机质/(g/kg)	17.5	17.3	17.4	15.3	23.2	22.4	14.2	18.4
全氮/(g/kg)	1.02	1.01	1.03	0.90	1.29	1.27	0.85	1.07
碱解氮/(mg/kg)	76.7	73.1	77.1	76.1	82.7	75.4	72.1	75.7
有效磷/(mg/kg)	16.6	16.0	32.8	35.5	23.6	22.6	11.5	21.7
速效钾/(mg/kg)	425	316	295	406	291	298	298	307
缓效钾/(mg/kg)	880	828	1 077	846	1 198	1 214	1 526	1 203
有效硼/(mg/kg)	1.5	1.7	1.6	2.1	1.3	1.2	1.9	1.6
有效锌/(mg/kg)	0.80	0.05	0.55	0.37	0.11	0.11	0.15	0.25
有效锰/(mg/kg)	3.2	0.4	2.6	3.2	0.8	1.0	0.7	1.4
有效铁/(mg/kg)	3.2	0.2	2.9	1.7	0.5	0.5	0.4	1.1
有效铜/(mg/kg)	1.20	0.08	0.97	0.57	0.15	0.15	0.20	0.40
有效钼/(mg/kg)	0.10	0.02	0.15	0.07	0.05	0.04	0.04	0.07
有效硫/(mg/kg)	481.05	297.18	269.40	329.93	273.45	244.73	234.19	267.79
有效硅/(mg/kg)	363.08	396.70	306.71	451.94	399.47	425.60	515.06	413.95
pH 值	7.89	7.91	7.85	8.08	7.97	7.80	7.80	7.85
盐分/(g/kg)	1.0	1.3	1.7	1.2	1.0	0.9	1.2	1.2

六等地有机质含量为一级（>25.0g/kg）的面积为 6.44khm²，占比 10.87%；有机质含量为二级（20.0~25.0g/kg）的面积为 9.63khm²，占比 16.24%；有机质含量为三级（15.0~20.0g/kg）的面积为 18.72khm²，占比 31.61%；有机质含量为四级（10.0~15.0g/kg）的面积为 20.08khm²，占比 33.89%；有机质含量为五级（≤10.0g/kg）的面积为 4.38khm²，占比 7.39%。表明昌吉州六等地有机质含量以三级和四级为主，偏低的面积和比例较少。

六等地全氮含量为一级（>1.50g/kg）的面积为 4.63khm²，占比 7.82%；全氮含量为二级（1.00~1.50g/kg）的面积为 19.91khm²，占比 33.60%；全氮含量为三级（0.75~1.00g/kg）的面积为 23.76khm²，占比 40.10%；全氮含量为四级（0.50~0.75g/kg）的面积为 9.60khm²，占比 16.20%；全氮含量为五级（≤0.50g/kg）的面积为 1.35khm²，占比 2.28%。表明昌吉州六等地全氮含量以二级和三级为主，偏高的面积和比例较少。

六等地碱解氮含量为一级（>150mg/kg）的耕地面积无分布；碱解氮含量为二级（120~150mg/kg）的耕地面积无分布；碱解氮含量为三级（90~120mg/kg）的面积为 6.00khm²，占比 10.12%；碱解氮含量为四级（60~90mg/kg）的面积为 48.47khm²，占比81.81%；碱解氮含量为五级（≤60mg/kg）的面积为4.78khm²，占比8.07%。表明昌吉州六等地碱解氮含量以四级为主，极高的面积和比例较少。

六等地有效磷含量为一级（>30.0mg/kg）的面积为13.67khm²，占比23.06%；有效磷含量为二级（20.0～30.0mg/kg）的面积为21.15khm²，占比35.70%；有效磷含量为三级（15.0～20.0mg/kg）的面积为7.95khm²，占比13.41%；有效磷含量为四级（8.0～15.0mg/kg）的面积为15.23khm²，占比25.71%；有效磷含量为五级（≤8.0mg/kg）的面积为1.25khm²，占比2.12%。表明昌吉州六等地有效磷含量以一级和二级为主，偏低的面积和比例较少。

六等地速效钾含量为一级（>250mg/kg）的面积为42.64khm²，占比71.96%；速效钾含量为二级（200～250mg/kg）的面积为8.62khm²，占比14.55%；速效钾含量为三级（150～200mg/kg）的面积为6.06khm²，占比10.24%；速效钾含量为四级（100～150mg/kg）的面积为1.68khm²，占比2.83%；速效钾含量为五级（≤100mg/kg）的面积为0.25khm²，占比0.42%。表明昌吉州六等地速效钾含量以一级为主，偏低的面积和比例较少。详见表4-53。

表4-53 六等地土壤养分各级别面积与比例　　　　单位：khm²，%

养分	一级		二级		三级		四级		五级	
	面积	占比	面积	占比	面积	占比	面积	占比	面积	占比
有机质	6.44	10.87	9.63	16.24	18.72	31.61	20.08	33.89	4.38	7.39
全氮	4.63	7.82	19.91	33.60	23.76	40.10	9.60	16.20	1.35	2.28
碱解氮	—	—	—	—	6.00	10.12	48.47	81.81	4.78	8.07
有效磷	13.67	23.06	21.15	35.70	7.95	13.41	15.23	25.71	1.25	2.12
速效钾	42.64	71.96	8.62	14.55	6.06	10.24	1.68	2.83	0.25	0.42

第八节 七等地耕地质量等级特征

一、七等地分布特征

（一）空间分布

昌吉回族自治州七等地耕地面积共61.52khm²，占昌吉回族自治州耕地面积的8.29%，七等地在昌吉回族自治州各县（市）均有分布。其中，昌吉市七等地耕地面积为6.43khm²，占昌吉市耕地面积的6.65%；阜康市4.16khm²，占阜康市耕地面积的7.36%；玛纳斯县15.45khm²，占玛纳斯县耕地面积的9.48%；呼图壁县16.67khm²，占呼图壁县耕地面积的11.32%；吉木萨尔县5.50khm²，占吉木萨尔县耕地面积的8.32%；奇台县8.86khm²，占奇台县耕地面积的5.56%；木垒哈萨克自治县4.45khm²，占木垒哈萨克自治县耕地面积的8.47%（表4-54）。

表4-54 各县（市）七等地面积及占辖区耕地面积的比例

县市	面积/khm²	占比/%
昌吉市	6.43	6.65
阜康市	4.16	7.36
玛纳斯县	15.45	9.48
呼图壁县	16.67	11.32
吉木萨尔县	5.50	8.32
奇台县	8.86	5.56
木垒哈萨克自治县	4.45	8.47

七等地面积占全县耕地面积的比例在10%～20%的有1个，为呼图壁县。

七等地面积占全县耕地面积的比例在10%以下的有6个，分别是昌吉市、阜康市、玛纳斯县、吉木萨尔县、奇台县和木垒哈萨克自治县。

（二）土壤类型

七等地中，灰漠土所占面积最大，为15.49khm²，占比达25.18%。其次为栗钙土、潮土、草甸土、灌淤土、棕钙土、草甸盐土，所占七等地面积比例分别为19.96%、17.04%、12.87%、7.00%、6.41%、5.02%，而漠境盐土、黑钙土、灌漠土、石质土、风沙土、沼泽土有少量分布（表4-55）。

表4-55 七等地的土壤类型面积与比例

土类	面积/khm²	占比/%
草甸土	7.92	12.87
潮土	10.48	17.04
风沙土	0.31	0.49
灌漠土	0.67	1.07
灌淤土	4.30	7.00
黑钙土	1.11	1.81
灰钙土	—	—
灰漠土	15.49	25.18
栗钙土	12.28	19.96
漠境盐土	1.47	2.40
石质土	0.43	0.70
水稻土	—	—
盐土	3.09	5.02

(续表)

土类	面积/khm²	占比/%
沼泽土	0.03	0.05
棕钙土	3.94	6.41
总计	61.52	100.00

二、属性特征

（一）地形部位

七等地的地形部位面积与比例如表4-56所示。七等地在平原高阶分布面积为14.62km²，占七等地总面积的23.76%；七等地在平原中阶分布面积为13.39km²，占七等地总面积的21.76%；七等地在平原低阶分布面积为4.12km²，占七等地总面积的6.70%；七等地在沙漠边缘分布面积最大，为28.69km²，占七等地总面积的46.64%；七等地在山地坡下分布面积为0.69km²，占七等地总面积的1.13%；七等地在扇缘洼地分布面积为0.01km²，占七等地总面积的0.01%。

表4-56 七等地的地形部位面积与比例

地形部位	面积/khm²	比例/%
平原高阶	14.62	23.76
平原中阶	13.39	21.76
平原低阶	4.12	6.70
沙漠边缘	28.69	46.64
山地坡下	0.69	1.13
扇缘洼地	0.01	0.01

（二）灌溉能力

七等地中，灌溉能力为满足的耕地面积1.64km²，占七等地总面积的2.67%；灌溉能力为基本满足的耕地面积37.94km²，占七等地总面积的61.67%；灌溉能力为不满足的耕地面积21.94km²，占七等地总面积的35.66%（表4-57）。

表4-57 不同灌溉能力下七等地的面积与比例

灌溉能力	面积/khm²	比例/%
满足	1.64	2.67
基本满足	37.94	61.67

（续表）

灌溉能力	面积/khm²	比例/%
不满足	21.94	35.66

（三）质地

耕层质地在昌吉回族自治州七等地中的面积及占比如表4-58所示。七等地中，耕层质地以中壤、黏土、重壤为主，面积分别为36.5khm²、9.53khm²和8.17khm²，占比分别为59.33%、15.48%、13.29%，其他耕层质地所占比例较低。

表4-58　七等地与耕层质地

质地	面积/khm²	比例/%
砂土	0.68	1.11
砂壤	5.08	8.26
轻壤	1.56	2.53
中壤	36.5	59.33
重壤	8.17	13.29
黏土	9.53	15.48

（四）盐渍化程度

七等地的盐渍化程度见表4-59。无盐渍化的耕地面积为54.37khm²，占七等地总面积的88.37%；轻度盐渍化的耕地面积为7.07khm²，占七等地总面积的11.50%；中度盐渍化的耕地面积为0.08khm²，占七等地总面积的0.13%。

表4-59　七等地的盐渍化程度

盐渍化程度	面积/khm²	比例/%
无	54.37	88.37
轻度	7.07	11.50
中度	0.08	0.13

三、养分状况

对昌吉回族自治州七等地耕层养分进行统计如表4-60所示。七等地的养分含量平均值分别为：有机质17.8g/kg、全氮1.04g/kg、碱解氮74.4mg/kg、有效磷22.9mg/kg、速效钾298mg/kg、缓效钾1164mg/kg、有效硼1.6mg/kg、有效锌0.31mg/kg、有效锰1.6mg/kg、有效铁1.4mg/kg、有效铜0.49mg/kg、有效钼0.08mg/kg、有效硫273.09mg/kg、有效硅418.65mg/kg、pH值7.87、盐分1.3g/kg。

第四章 耕地质量等级分析

对昌吉回族自治州七等地中各县（市）的土壤养分含量平均值比较见表4-60，可以发现有机质含量吉木萨尔县最高，为23.0g/kg，木垒哈萨克自治县最低，为12.3g/kg；全氮含量吉木萨尔县最高，为1.28g/kg，木垒哈萨克自治县最低，为0.76g/kg；碱解氮含量吉木萨尔县最高，为83.0mg/kg，木垒哈萨克自治县最低，为64.4mg/kg；有效磷含量呼图壁县最高，为35.4mg/kg，木垒哈萨克自治县最低，为9.9mg/kg；速效钾含量呼图壁县最高，为404mg/kg，木垒哈萨克自治县最低，为247mg/kg；缓效钾含量木垒哈萨克自治县最高，为1589mg/kg，昌吉市最低，为799mg/kg；盐分含量玛纳斯县最高，为2.0g/kg，奇台县最低，为0.9g/kg。微量元素硼、钼、铜、铁、锰、锌的有效含量各有高低。

表4-60 七等地中各县（市）土壤养分平均含量

养分	昌吉市	阜康市	玛纳斯县	呼图壁县	吉木萨尔县	奇台县	木垒哈萨克自治县	昌吉回族自治州
有机质/(g/kg)	14.9	16.3	17.0	15.1	23.0	21.3	12.3	17.8
全氮/(g/kg)	0.89	0.95	1.01	0.86	1.28	1.23	0.76	1.04
碱解氮/(mg/kg)	75.4	70.1	76.2	75.1	83.0	76.0	64.4	74.4
有效磷/(mg/kg)	14.6	15.1	33.0	35.4	23.3	20.4	9.9	22.9
速效钾/(mg/kg)	354	306	309	404	292	289	247	298
缓效钾/(mg/kg)	799	848	1 071	855	1 189	1 203	1 589	1 164
有效硼/(mg/kg)	1.4	1.7	1.6	2.3	1.3	1.2	2.2	1.6
有效锌/(mg/kg)	0.84	0.06	0.62	0.32	0.11	0.12	0.18	0.31
有效锰/(mg/kg)	3.5	0.4	2.8	2.3	0.8	1.1	0.6	1.6
有效铁/(mg/kg)	3.5	0.2	3.1	1.5	0.5	0.5	0.4	1.4
有效铜/(mg/kg)	1.22	0.10	1.07	0.49	0.15	0.15	0.22	0.49
有效钼/(mg/kg)	0.08	0.02	0.16	0.07	0.06	0.04	0.03	0.08
有效硫/(mg/kg)	371.98	354.71	272.44	333.74	259.28	239.39	257.89	273.09
有效硅/(mg/kg)	361.14	380.64	308.24	480.85	406.30	423.18	641.90	418.65
pH值	7.93	7.93	7.84	8.12	7.97	7.82	7.83	7.87
盐分/(g/kg)	1.3	1.4	2.0	1.2	1.0	0.9	1.1	1.3

七等地有机质含量为一级（>25.0g/kg）的面积为5.44khm²，占比8.84%；有机质含量为二级（20.0~25.0g/kg）的面积为9.33khm²，占比15.16%；有机质含量为三级（15.0~20.0g/kg）的面积为21.19khm²，占比34.45%；有机质含量为四级（10.0~

15.0g/kg) 的面积为 20.1khm², 占比 32.67%; 有机质含量为五级 (≤10.0g/kg) 的面积为 5.46khm², 占比 8.88%。表明昌吉州七等地有机质含量以三级和四级为主, 偏低的面积和比例较少。

七等地全氮含量为一级 (>1.50g/kg) 的面积为 3.84khm², 占比 6.25%; 全氮含量为二级 (1.00~1.50g/kg) 的面积为 20.19khm², 占比 32.82%; 全氮含量为三级 (0.75~1.00g/kg) 的面积为 26.37khm², 占比 42.86%; 全氮含量为四级 (0.50~0.75g/kg) 的面积为 8.94khm², 占比 14.54%; 全氮含量为五级 (≤0.50g/kg) 的面积为 2.18khm², 占比 3.53%。表明昌吉州七等地全氮含量以二级和三级为主, 偏高的面积和比例较少。

七等地碱解氮含量为一级 (>150mg/kg) 的耕地面积无分布; 碱解氮含量为二级 (120~150mg/kg) 的耕地面积无分布; 碱解氮含量为三级 (90~120mg/kg) 的面积为 2.48khm², 占比 4.03%; 碱解氮含量为四级 (60~90mg/kg) 的面积为 53.18khm², 占比为 86.44%; 碱解氮含量为五级 (≤60mg/kg) 的面积为 5.86khm², 占比为 9.53%。表明昌吉州七等地碱解氮含量以四级为主, 极高的面积和比例较少。

七等地有效磷含量为一级 (>30.0mg/kg) 的面积为 18.87khm², 占比 30.67%; 有效磷含量为二级 (20.0~30.0mg/kg) 的面积为 22.86khm², 占比 37.16%; 有效磷含量为三级 (15.0~20.0mg/kg) 的面积为 6.45khm², 占比 10.49%; 有效磷含量为四级 (8.0~15.0mg/kg) 的面积为 12.15khm², 占比 19.75%; 有效磷含量为五级 (≤8.0mg/kg) 的面积为 1.19khm², 占比 1.93%。表明昌吉州七等地有效磷含量以一级和二级为主, 偏低的面积和比例较少。

七等地速效钾含量为一级 (>250mg/kg) 的面积为 39.02khm², 占比 63.41%; 速效钾含量为二级 (200~250mg/kg) 的面积为 13.59khm², 占比 22.09%; 速效钾含量为三级 (150~200mg/kg) 的面积为 6.78khm², 占比 11.03%; 速效钾含量为四级 (100~150mg/kg) 的面积为 2.05khm², 占比 3.34%; 速效钾含量为五级 (≤100mg/kg) 的面积为 0.08khm², 占比 0.13%。表明昌吉州七等地速效钾含量以一级为主, 偏低的面积和比例较少。详见表 4-61

表 4-61 七等地土壤养分各级别面积与比例 单位: khm², %

养分	一级		二级		三级		四级		五级	
	面积	占比	面积	占比	面积	占比	面积	占比	面积	占比
有机质	5.44	8.84	9.33	15.16	21.19	34.45	20.1	32.67	5.46	8.88
全氮	3.84	6.25	20.19	32.82	26.37	42.86	8.94	14.54	2.18	3.53
碱解氮	—	—	—	—	2.48	4.03	53.18	86.44	5.86	9.53
有效磷	18.87	30.67	22.85	37.15	6.45	10.49	12.15	19.75	1.19	1.93
速效钾	39.02	63.41	13.59	22.09	6.78	11.03	2.05	3.34	0.08	0.13

第九节 八等地耕地质量等级特征

一、八等地分布特征

（一）空间分布

昌吉回族自治州八等地耕地面积共 23.92km^2，占昌吉回族自治州耕地面积的 3.22%，八等地在昌吉回族自治州各县（市）均有分布。其中，昌吉市耕地面积为 3.66km^2，占昌吉市耕地面积的 3.79%。其中，阜康市 1.09km^2，占阜康市耕地面积的 1.93%；玛纳斯县 5.96km^2，占玛纳斯县耕地面积的 3.66%；呼图壁县 8.18km^2，占呼图壁县耕地面积的 5.56%；吉木萨尔县 1.52km^2，占吉木萨尔县耕地面积的 2.28%；奇台县 3.35 km^2，占奇台县耕地面积的 2.10%；木垒哈萨克自治县 0.16km^2，占木垒哈萨克自治县耕地面积的 0.30%。详见表 4-62。

表 4-62 各县（市）八等地面积及占辖区耕地面积的比例

县市	面积/khm^2	占比/%
昌吉市	3.66	3.79
阜康市	1.09	1.93
玛纳斯县	5.96	3.66
呼图壁县	8.18	5.56
吉木萨尔县	1.52	2.28
奇台县	3.35	2.10
木垒哈萨克自治县	0.16	0.30

八等地面积占全县耕地面积的比例在 10% 以下的有 7 个，分别是昌吉市、阜康市、玛纳斯县、呼图壁县、吉木萨尔县、奇台县和木垒哈萨克自治县。

（二）土壤类型

八等地中，灰漠土所占面积最大，为 11.76km^2，占比达 49.17%。其次为潮土、草甸盐土、风沙土、草甸土、棕钙土、栗钙土，所占八等地面积比例分别为 10.00%、7.42%、6.45%、6.29%、5.83%、4.59%，而灌淤土、石质土、漠境盐土、黑钙土、灌漠土、沼泽土有少量分布（表 4-63）。

表 4-63 八等地的土壤类型面积与比例

土壤类型	面积/khm^2	占比/%
草甸土	1.50	6.29
潮土	2.39	10.00

(续表)

土壤类型	面积/khm²	占比/%
风沙土	1.54	6.45
灌漠土	0.07	0.28
灌淤土	0.86	3.60
黑钙土	0.10	0.43
灰钙土	—	—
灰漠土	11.76	49.17
栗钙土	1.10	4.59
漠境盐土	0.62	2.59
石质土	0.77	3.20
水稻土	—	—
盐土	1.78	7.42
沼泽土	0.04	0.15
棕钙土	1.39	5.83
总计	23.92	100.00

二、属性特征

（一）地形部位

八等地的地形部位面积与比例如表4-64所示。八等地在平原高阶分布面积为10.45khm²，占八等地总面积的43.69%；八等地在平原中阶分布面积为1.67khm²，占八等地总面积的7.02%；八等地在平原低阶分布面积为0.82khm²，占八等地总面积的3.43%；八等地在沙漠边缘分布面积最大，为10.55khm²，占八等地总面积的44.08%；八等地在山地坡下分布面积为0.41khm²，占八等地总面积的1.71%；八等地在扇缘洼地分布面积为0.02khm²，占八等地总面积的0.06%。

表4-64 八等地的地形部位面积与比例

地形部位	面积/khm²	比例/%
平原高阶	10.45	43.69
平原中阶	1.67	7.02
平原低阶	0.82	3.43
沙漠边缘	10.55	44.08
山地坡下	0.41	1.71

第四章 耕地质量等级分析

(续表)

地形部位	面积/khm²	比例/%
扇缘洼地	0.02	0.06

(二) 灌溉能力

八等地中,灌溉能力为满足的耕地面积 0.05khm²,占八等地总面积的 0.22%;灌溉能力为基本满足的耕地面积 12.72khm²,占八等地总面积的 53.18%;灌溉能力为不满足的耕地面积 11.15khm²,占八等地总面积的 46.60%(表 4-65)。

表 4-65　不同灌溉能力下八等地的面积与比例

灌溉能力	面积/khm²	比例/%
满足	0.05	0.22
基本满足	12.72	53.18
不满足	11.15	46.60

(三) 质地

耕层质地在昌吉回族自治州八等地中的面积及占比如表 4-66 所示。八等地中,耕层质地以中壤、黏土、砂壤、重壤为主,面积分别为 12.2km²、3.63km²、2.59km²、2.42km²,占比分别为 50.98%、15.17%、10.82%、10.12%,其他耕层质地所占比例较低。

表 4-66　八等地与耕层质地

质地	面积/khm²	比例/%
砂土	1.88	7.88
砂壤	2.59	10.82
轻壤	1.20	5.03
中壤	12.2	50.98
重壤	2.42	10.12
黏土	3.63	15.17

(四) 盐渍化程度

八等地的盐渍化程度见表 4-67。无盐渍化的耕地面积为 20.51km²,占八等地总面积的 85.73%;轻度盐渍化的耕地面积为 3.32km²,占八等地总面积的 13.90%;中度盐渍化的耕地面积为 0.09km²,占八等地总面积的 0.37%。

表 4-67　八等地的盐渍化程度

盐渍化程度	面积/khm²	比例/%
无	20.51	85.73
轻度	3.32	13.90
中度	0.09	0.37

三、养分状况

对昌吉回族自治州八等地耕层养分进行统计如表 4-68 所示。八等地的养分含量平均值分别为：有机质 17.4g/kg、全氮 1.01g/kg、碱解氮 76.3mg/kg、有效磷 25.9mg/kg、速效钾 308mg/kg、缓效钾 1068mg/kg、有效硼 1.6mg/kg、有效锌 0.37mg/kg、有效锰 1.9mg/kg、有效铁 1.7mg/kg、有效铜 0.63mg/kg、有效钼 0.09mg/kg、有效硫 313.04mg/kg、有效硅 393.15mg/kg、pH 值 7.89、盐分 1.5g/kg。

对昌吉回族自治州八等地中各县（市）的土壤养分含量平均值比较见表 4-68，可以发现有机质含量吉木萨尔县最高，为 23.6g/kg，木垒哈萨克自治县最低，为 13.4g/kg；全氮含量吉木萨尔县最高，为 1.31g/kg，木垒哈萨克自治县最低，为 0.78g/kg；碱解氮含量吉木萨尔县最高，为 83.2mg/kg，木垒哈萨克自治县最低，为 64.6mg/kg；有效磷含量呼图壁县最高，为 39.4mg/kg，木垒哈萨克自治县最低，为 11.7mg/kg；速效钾含量昌吉市最高，为 416mg/kg，木垒哈萨克自治县最低，为 224mg/kg；缓效钾含量木垒哈萨克自治县最高，为 1555mg/kg，阜康市最低，为 863mg/kg；盐分含量玛纳斯县最高，为 2.5g/kg，奇台县最低，为 0.8g/kg。微量元素硼、钼、铜、铁、锰、锌的有效含量各有高低。

表 4-68　八等地中各县（市）土壤养分平均含量

养分	昌吉市	阜康市	玛纳斯县	呼图壁县	吉木萨尔县	奇台县	木垒哈萨克自治县	昌吉回族自治州
有机质/(g/kg)	16.9	16.0	13.8	16.2	23.6	20.9	13.4	17.4
全氮/(g/kg)	1.00	0.94	0.83	0.92	1.31	1.20	0.78	1.01
碱解氮/(mg/kg)	75.4	70.3	76.2	79.2	83.2	75.6	64.6	76.3
有效磷/(mg/kg)	21.0	16.2	34.3	39.4	23.5	17.0	11.7	25.9
速效钾/(mg/kg)	416	292	278	413	282	279	224	308
缓效钾/(mg/kg)	867	863	1 038	923	1 182	1 200	1 555	1 068
有效硼/(mg/kg)	1.7	1.7	1.6	2.4	1.3	1.2	1.9	1.6
有效锌/(mg/kg)	0.62	0.06	0.69	0.24	0.11	0.13	0.14	0.37
有效锰/(mg/kg)	3.0	0.4	3.0	1.5	0.8	1.0	0.5	1.9

第四章　耕地质量等级分析

（续表）

养分	昌吉市	阜康市	玛纳斯县	呼图壁县	吉木萨尔县	奇台县	木垒哈萨克自治县	昌吉回族自治州
有效铁/(mg/kg)	2.5	0.2	3.5	1.0	0.5	0.5	0.3	1.7
有效铜/(mg/kg)	0.96	0.10	1.29	0.37	0.15	0.15	0.18	0.63
有效钼/(mg/kg)	0.09	0.02	0.17	0.07	0.06	0.04	0.03	0.09
有效硫/(mg/kg)	397.27	389.69	280.27	398.68	253.02	287.79	314.58	313.04
有效硅/(mg/kg)	401.86	386.29	295.40	546.98	405.29	425.74	553.82	393.15
pH值	7.89	7.98	7.85	8.12	7.95	7.82	7.71	7.89
盐分/(g/kg)	1.3	1.3	2.5	1.7	1.0	0.8	0.9	1.5

八等地有机质含量为一级（>25.0g/kg）的面积为1.67khm², 占比6.99%；有机质含量为二级（20.0~25.0g/kg）的面积为3.44khm², 占比14.36%；有机质含量为三级（15.0~20.0g/kg）的面积为10.88khm², 占比45.47%；有机质含量为四级（10.0~15.0g/kg）的面积为4.90khm², 占比20.49%；有机质含量为五级（≤10.0g/kg）的面积为3.04khm², 占比12.69%。表明八等地有机质含量以三级为主，偏高的面积和比例较少。

八等地全氮含量为一级（>1.50g/kg）的面积为1.08khm², 占比4.53%；全氮含量为二级（1.00~1.50g/kg）的面积为7.61khm², 占比31.82%；全氮含量为三级（0.75~1.00g/kg）的面积为10.93khm², 占比45.67%；全氮含量为四级（0.50~0.75g/kg）的面积为2.95khm², 占比12.35%；全氮含量为五级（≤0.50g/kg）的面积为1.35khm², 占比5.63%。表明八等地全氮含量以三级为主，偏高的面积和比例较少。

八等地碱解氮含量为一级（>150mg/kg）的耕地面积无分布；碱解氮含量为二级（120~150mg/kg）的耕地面积无分布；碱解氮含量为三级（90~120mg/kg）的面积为0.69khm², 占比2.90%；碱解氮含量为四级（60~90mg/kg）的面积为22.33khm², 占比为93.33%；碱解氮含量为五级（≤60mg/kg）的面积为0.90khm², 占比为3.77%。表明八等地碱解氮含量以四级为主，极高的面积和比例较少。

八等地有效磷含量为一级（>30.0mg/kg）的面积为10.56khm², 占比44.15%；有效磷含量为二级（20.0~30.0mg/kg）的面积为6.64khm², 占比27.77%；有效磷含量为三级（15.0~20.0mg/kg）的面积为2.59khm², 占比10.82%；有效磷含量为四级（8.0~15.0mg/kg）的面积为3.57khm², 占比14.94%；有效磷含量为五级（≤8.0mg/kg）的面积为0.56khm², 占比2.32%。表明八等地有效磷含量以一级和二级为主，偏低的面积和比例较少。

八等地速效钾含量为一级（>250mg/kg）的面积为17.18khm², 占比71.82%；速效钾含量为二级（200~250mg/kg）的面积为3.92khm², 占比16.41%；速效钾含量为三级（150~200mg/kg）的面积为1.95khm², 占比8.14%；速效钾含量为四级（100~

150mg/kg）的面积为 0.56khm²，占比 2.33%；速效钾含量为五级（≤100mg/kg）的面积为 0.31khm²，占比 1.30%。表明八等地速效钾含量以一级为主，偏低的面积和比例较少。详见表 4-69。

表 4-69　八等地土壤养分各级别面积与比例　　　　单位：khm²,%

养分	一级		二级		三级		四级		五级	
	面积	占比	面积	占比	面积	占比	面积	占比	面积	占比
有机质	1.67	6.99	3.44	14.36	10.88	45.47	4.90	20.49	3.03	12.69
全氮	1.08	4.53	7.61	31.82	10.93	45.67	2.95	12.35	1.35	5.63
碱解氮	—	—	—	—	0.69	2.90	22.33	93.33	0.90	3.77
有效磷	10.56	44.15	6.64	27.77	2.59	10.82	3.57	14.94	0.56	2.32
速效钾	17.18	71.82	3.92	16.41	1.95	8.14	0.56	2.33	0.31	1.30

第十节　九等地耕地质量等级特征

一、九等地分布特征

（一）空间分布

昌吉回族自治州九等地耕地面积共 9.94khm²，占昌吉回族自治州耕地面积的 1.34%，九等地在昌吉回族自治州各县（市）均有分布。其中，昌吉市耕地面积为 6.73khm²，占昌吉市耕地面积的 6.96%；阜康市 1.35khm²，占阜康市耕地面积的 2.38%；玛纳斯县 0.49khm²，占玛纳斯县耕地面积的 0.30%；呼图壁县 0.55khm²，占呼图壁县耕地面积的 0.38%；吉木萨尔县 0.32khm²，占吉木萨尔县耕地面积的 0.47%；奇台县 0.46khm²，占奇台县耕地面积的 0.29%；木垒哈萨克自治县 0.04khm²，占木垒哈萨克自治县耕地面积的 0.08%。详见表 4-70。

表 4-70　各县（市）九等地面积及占辖区耕地面积的比例

县市	面积/khm²	占比/%
昌吉市	6.73	6.96
阜康市	1.35	2.38
玛纳斯县	0.49	0.30
呼图壁县	0.55	0.38
吉木萨尔县	0.32	0.47
奇台县	0.46	0.29

县市	面积/khm²	占比/%
木垒哈萨克自治县	0.04	0.08

（续表）

九等地面积占全县耕地面积的比例在10%以下的有7个，分别是昌吉市、阜康市、玛纳斯县、呼图壁县、吉木萨尔县、奇台县和木垒哈萨克自治县。

（二）土壤类型

九等地中，风沙土所占面积最大，为5.33khm²，占比达53.58%。其次为灰漠土、灌淤土、棕钙土、潮土、石质土，所占九等地面积比例分别为17.27%、9.24%、8.96%、4.27%、4.05%，而草甸土、黑钙土、漠境盐土、栗钙土、草甸盐土有少量分布（表4-71）。

表4-71 九等地的土壤类型面积与比例

土类	面积/khm²	占比/%
草甸土	0.17	1.72
潮土	0.42	4.27
风沙土	5.33	53.58
灌漠土	—	—
灌淤土	0.92	9.24
黑钙土	0.08	0.78
灰钙土	—	—
灰漠土	1.72	17.27
栗钙土	0.004	0.04
漠境盐土	0.01	0.08
石质土	0.40	4.05
水稻土	—	—
盐土	0.001	0.01
沼泽土	—	—
棕钙土	0.89	8.96
总计	9.94	100.00

二、属性特征

（一）地形部位

九等地的地形部位面积与比例如表4-72所示。九等地在平原高阶分布面积为

2.05km², 占九等地总面积的 20.58%; 九等地在平原中阶分布面积为 0.71km², 占九等地总面积的 7.10%; 九等地在平原低阶分布面积为 0.07km², 占九等地总面积的 0.69%; 九等地在沙漠边缘分布面积为 6.88km², 占九等地总面积的 69.36%; 九等地在山地坡下分布面积为 0.15km², 占九等地总面积的 1.48%; 九等地在扇缘洼地分布面积为 0.08km², 占九等地总面积的 0.79%。

表 4-72　九等地的地形部位面积与比例

地形部位	面积/khm²	比例/%
平原高阶	2.05	20.58
平原中阶	0.71	7.10
平原低阶	0.07	0.69
沙漠边缘	6.88	69.36
山地坡下	0.15	1.48
扇缘洼地	0.08	0.79

（二）灌溉能力

九等地中, 灌溉能力为基本满足的耕地面积 7.15km², 占九等地总面积的 71.94%; 灌溉能力为不满足的耕地面积 2.79km², 占九等地总面积的 28.06%（表 4-73）。

表 4-73　不同灌溉能力下九等地的面积与比例

灌溉能力	面积/khm²	比例/%
基本满足	7.15	71.94
不满足	2.79	28.06

（三）质地

耕层质地在昌吉回族自治州九等地中的面积及占比如表 4-74 所示。九等地中, 耕层质地以砂土、中壤、黏土为主, 面积分别为 5.59km²、1.94km²、1.34km², 占比分别为 56.26%、19.52%、13.48%, 其他耕层质地所占比例较低。

表 4-74　九等地与耕层质地

质地	面积/khm²	比例/%
砂土	5.59	56.26
砂壤	0.46	4.66
轻壤	0.25	2.49

(续表)

质地	面积/khm²	比例/%
中壤	1.94	19.52
重壤	0.36	3.59
黏土	1.34	13.48

(四) 盐渍化程度

九等地的盐渍化程度见表4-75。无盐渍化的耕地面积为9.51km²,占九等地总面积的95.64%;轻度盐渍化的耕地面积为0.43km²,占九等地总面积的4.33%;中度盐渍化的耕地面积为0.003km²,占九等地总面积的0.03%。

表4-75 九等地的盐渍化程度

盐渍化程度	面积/khm²	比例/%
无	9.51	95.64
轻度	0.43	4.33
中度	0.003	0.03

三、养分状况

对昌吉回族自治州九等地耕层养分进行统计如表4-76所示。九等地的养分含量平均值分别为:有机质17.9g/kg、全氮1.04g/kg、碱解氮77.0mg/kg、有效磷20.1mg/kg、速效钾334mg/kg、缓效钾955mg/kg、有效硼1.5mg/kg、有效锌0.46mg/kg、有效锰2.4mg/kg、有效铁2.0mg/kg、有效铜0.75mg/kg、有效钼0.07mg/kg、有效硫326.53mg/kg、有效硅388.15mg/kg、pH值7.90、盐分1.2g/kg。

对昌吉回族自治州九等地中各县(市)的土壤养分含量平均值比较见表4-76,可以发现有机质含量吉木萨尔县最高,为24.0g/kg,玛纳斯县最低,为14.0g/kg;全氮含量吉木萨尔县最高,为1.33g/kg,玛纳斯县最低,为0.82g/kg;碱解氮含量最吉木萨尔县高,为80.8mg/kg,木垒哈萨克自治县最低,为71.3mg/kg;有效磷含量呼图壁县最高,为42.1mg/kg,木垒哈萨克自治县最低,为12.9mg/kg;速效钾含量呼图壁县最高,为428mg/kg,木垒哈萨克自治县最低,为232mg/kg;缓效钾含量木垒哈萨克自治县最高,为1495mg/kg,昌吉市最低,为805mg/kg;盐分含量玛纳斯县最高,为2.8g/kg,木垒哈萨克自治县最低,为0.7g/kg。微量元素硼、钼、铜、铁、锰、锌的有效含量各有高低。

表4-76 九等地中各县（市）土壤养分平均含量

养分	昌吉市	阜康市	玛纳斯县	呼图壁县	吉木萨尔县	奇台县	木垒哈萨克自治县	昌吉回族自治州
有机质/(g/kg)	16.1	18.4	14.0	16.9	24.0	20.7	15.1	17.9
全氮/(g/kg)	0.96	1.08	0.82	0.96	1.33	1.19	0.85	1.04
碱解氮/(mg/kg)	76.1	74.6	77.8	80.8	80.8	77.5	71.3	77.0
有效磷/(mg/kg)	16.1	19.5	32.0	42.1	24.4	19.6	12.9	20.1
速效钾/(mg/kg)	364	369	271	428	310	282	232	334
缓效钾/(mg/kg)	805	870	1 001	945	1 188	1 183	1 495	955
有效硼/(mg/kg)	1.5	1.7	1.6	2.4	1.4	1.2	1.6	1.5
有效锌/(mg/kg)	0.75	0.06	0.69	0.26	0.11	0.11	0.11	0.46
有效锰/(mg/kg)	3.6	0.5	2.9	1.5	0.8	1.3	0.5	2.4
有效铁/(mg/kg)	3.1	0.2	3.5	1.0	0.5	0.5	0.4	2.0
有效铜/(mg/kg)	1.19	0.10	1.27	0.37	0.16	0.15	0.15	0.75
有效钼/(mg/kg)	0.08	0.02	0.16	0.08	0.06	0.04	0.03	0.07
有效硫/(mg/kg)	369.64	428.44	262.87	411.06	264.97	216.48	316.55	326.53
有效硅/(mg/kg)	377.64	390.91	295.49	566.22	445.17	410.67	438.67	388.15
pH值	7.90	7.95	7.78	8.12	8.02	7.82	7.67	7.90
盐分/(g/kg)	1.0	1.4	2.8	1.9	1.0	0.8	0.7	1.2

九等地有机质含量为一级（>25.0g/kg）的面积为0.55khm^2，占比5.53%；有机质含量为二级（20.0~25.0g/kg）的面积为1.06khm^2，占比10.64%；有机质含量为三级（15.0~20.0g/kg）的面积为4.99khm^2，占比50.19%；有机质含量为四级（10.0~15.0g/kg）的面积为3.00khm^2，占比30.22%；有机质含量为五级（≤10.0g/kg）的面积为0.34khm^2，占比3.42%。表明昌吉州九等地有机质含量以三级为主，偏高的面积和比例较少。

九等地全氮含量为一级（>1.50g/kg）的面积为0.45khm^2，占比4.54%；全氮含量为二级（1.00~1.50g/kg）的面积为3.93khm^2，占比39.52%；全氮含量为三级（0.75~1.00g/kg）的面积为4.87khm^2，占比49.03%；全氮含量为四级（0.50~0.75g/kg）的面积为0.48khm^2，占比4.83%；全氮含量为五级（≤0.50g/kg）的面积为0.21khm^2，占比2.08%。表明昌吉州九等地全氮含量以二级和三级为主，偏高的面积和比例较少。

九等地碱解氮含量为一级（>150mg/kg）的耕地面积无分布；碱解氮含量为二级（120~150mg/kg）的耕地面积无分布；碱解氮含量为三级（90~120mg/kg）的面积为0.87khm^2，占比8.79%；碱解氮含量为四级（60~90mg/kg）的面积为8.65khm^2，占比87.02%；碱解氮含量为五级（≤60mg/kg）的面积为0.42khm²，占比4.19%。表明昌吉州九等地碱解氮含量以四级为主。

九等地有效磷含量为一级（>30.0mg/kg）的面积为0.96khm²，占比9.66%；有效磷含量为二级（20.0~30.0mg/kg）的面积为2.57khm²，占比25.84%；有效磷含量为三级（15.0~20.0mg/kg）的面积为2.78khm²，占比28.01%；有效磷含量为四级（8.0~15.0mg/kg）的面积为3.45khm²，占比34.70%；有效磷含量为五级（≤8.0mg/kg）的面积为0.18khm²，占比1.79%。表明昌吉州九等地有效磷含量以四级为主，偏高的面积和比例较少。

九等地速效钾含量为一级（>250mg/kg）的面积为7.71khm²，占比77.52%；速效钾含量为二级（200~250mg/kg）的面积为1.62khm²，占比16.38%；速效钾含量为三级（150~200mg/kg）的面积为0.42khm²，占比4.23%；速效钾含量为四级（100~150mg/kg）的面积为0.16khm²，占比1.59%；速效钾含量为五级（≤100mg/kg）的面积为0.03khm²，占比0.28%。表明昌吉州九等地速效钾含量以一级为主，偏低的面积和比例较少。详见表4-77。

表4-77 九等地土壤养分各级别面积与比例　　　　　　　　单位：khm²，%

养分	一级		二级		三级		四级		五级	
	面积	占比	面积	占比	面积	占比	面积	占比	面积	占比
有机质	0.55	5.53	1.06	10.64	4.99	50.19	3.00	30.22	0.34	3.42
全氮	0.45	4.54	3.93	39.52	4.87	49.03	0.48	4.83	0.21	2.08
碱解氮	—	—	—	—	0.87	8.79	8.65	87.02	0.42	4.19
有效磷	0.96	9.66	2.57	25.84	2.78	28.01	3.45	34.70	0.18	1.79
速效钾	7.71	77.52	1.62	16.38	0.42	4.23	0.16	1.59	0.03	0.28

第十一节　十等地耕地质量等级特征

一、十等地分布特征

（一）空间分布

昌吉回族自治州十等地耕地面积共8.78khm²，占昌吉回族自治州耕地面积的1.18%，十等地在昌吉回族自治州各县（市）均有分布。其中，昌吉市十等地耕地面积为5.32khm²，占昌吉市耕地面积的5.50%；阜康市1.71khm²，占阜康市耕地面积的3.03%；玛纳斯县0.06khm²，占玛纳斯县耕地面积的0.03%；呼图壁县0.88khm²，占呼图壁县耕地面积的0.59%；吉木萨尔县0.16khm²，占吉木萨尔县耕地面积的0.25%；奇台县0.62khm²，占奇台县耕地面积的0.39%；木垒哈萨克自治县0.03khm²，占木垒哈萨克自治县耕地面积的0.06%。详见表4-78。

表 4-78 各县（市）十等地面积及占辖区耕地面积的比例

县市	面积/khm²	占比/%
昌吉市	5.32	5.50
阜康市	1.71	3.03
玛纳斯县	0.06	0.03
呼图壁县	0.88	0.59
吉木萨尔县	0.16	0.25
奇台县	0.62	0.39
木垒哈萨克自治县	0.03	0.06

十等地面积占全县耕地面积的比例在 10% 以下的有 7 个，分别是昌吉市、阜康市、玛纳斯县、呼图壁县、吉木萨尔县、奇台县和木垒哈萨克自治县。

（二）土壤类型

十等地中，棕钙土所占面积最大，为 3.86km²，占比达 43.99%。其次为风沙土、灰漠土、石质土、灌淤土，所占十等地面积比例分别为 43.64%、5.59%、3.51%、2.79%，而潮土、草甸土有少量分布（表 4-79）。

表 4-79 十等地的土壤类型面积与比例

土类	面积/khm²	占比/%
草甸土	0.02	0.21
潮土	0.02	0.27
风沙土	3.83	43.64
灌淤土	0.25	2.79
灰漠土	0.49	5.59
石质土	0.31	3.51
棕钙土	3.86	43.99
总计	8.78	100.00

二、属性特征

（一）地形部位

十等地的地形部位面积与比例如表 4-80 所示。十等地在平原高阶分布面积为 3.71km²，占十等地总面积的 42.33%；十等地在平原中阶分布面积为 0.41km²，占十等地总面积的 4.62%；十等地在沙漠边缘分布面积最大，为 4.13km²，占十等地总面积的 47.06%；十等地在山地坡下分布面积为 0.53km²，占十等地总面积的 5.98%；十等地在扇缘洼地分布面积为1hm², 占十等地总面积的0.01%。

表 4-80　十等地的地形部位面积与比例

地形部位	面积/khm²	比例/%
平原高阶	3.71	42.33
平原中阶	0.41	4.62
沙漠边缘	4.13	47.06
山地坡下	0.53	5.98
扇缘洼地	0.001	0.01

(二) 灌溉能力

十等地中,灌溉能力为基本满足的耕地面积4.13khm², 占十等地总面积的47.04%; 灌溉能力为不满足的耕地面积4.65khm², 占十等地总面积的52.96% (表4-81)。

表 4-81　不同灌溉能力下十等地的面积与比例

灌溉能力	面积/khm²	比例/%
基本满足	4.13	47.04
不满足	4.65	52.96

(三) 质地

耕层质地在昌吉回族自治州十等地中的面积及占比如表4-82所示。十等地中,耕层质地以砂土、砂壤为主,面积分别为3.85khm²、3.47khm², 占比分别为43.79%、39.49%, 其他耕层质地所占比例较低。

表 4-82　十等地与耕层质地

质地	面积/khm²	比例/%
砂土	3.85	43.79
砂壤	3.47	39.49
轻壤	0.49	5.60
中壤	0.33	3.75
重壤	0.36	4.05
黏土	0.28	3.32

(四) 盐渍化程度

十等地的盐渍化程度见表4-83。无盐渍化的耕地面积为8.56khm², 占十等地总面积的 97.44%；轻度盐渍化的耕地面积为 0.21khm²，占十等地总面积的 2.43%；中度盐渍化的耕地面积为 0.01khm²，占十等地总面积的 0.13%。

表 4-83 十等地的盐渍化程度

盐渍化程度	面积/khm²	比例/%
无	8.56	97.44
轻度	0.21	2.43
中度	0.01	0.13

三、养分状况

对昌吉回族自治州十等地耕层养分进行统计如表 4-84 所示。十等地的养分含量平均值分别为：有机质 17.1g/kg、全氮 1.03g/kg、碱解氮 77.5mg/kg、有效磷 17.6mg/kg、速效钾 279mg/kg、缓效钾 888mg/kg、有效硼 1.4mg/kg、有效锌 0.43mg/kg、有效锰 2.4mg/kg、有效铁 2.1mg/kg、有效铜 0.67mg/kg、有效钼 0.05mg/kg、有效硫 303.95mg/kg、有效硅 363.24mg/kg、pH 值 7.93、盐分 1.0g/kg。

对昌吉回族自治州十等地中各县（市）的土壤养分含量平均值比较见表 4-84，可以发现有机质含量奇台县最高，为 20.8g/kg，玛纳斯县最低，为 10.2g/kg；全氮含量奇台县最高，为 1.22g/kg，玛纳斯县最低，为 0.61g/kg；碱解氮含量吉木萨尔县最高，为 85.2mg/kg，木垒哈萨克自治县最低，为 70.0mg/kg；有效磷含量呼图壁县最高，为 41.9mg/kg，木垒哈萨克自治县最低，为 12.0mg/kg；速效钾含量呼图壁县最高，为 424mg/kg，玛纳斯县最低，为 192mg/kg；缓效钾含量木垒哈萨克自治县最高，为 1425mg/kg，昌吉市最低，为 729mg/kg；盐分含量玛纳斯县最高，为 3.9g/kg，奇台县最低，为 0.7g/kg。微量元素硼、钼、铜、铁、锰、锌的有效含量各有高低。

表 4-84 十等地中各县市土壤养分平均含量

养分	昌吉市	阜康市	玛纳斯县	呼图壁县	吉木萨尔县	奇台县	木垒哈萨克自治县	昌吉回族自治州
有机质/(g/kg)	15.5	17.3	10.2	16.9	19.9	20.8	14.4	17.1
全氮/(g/kg)	0.98	1.00	0.61	0.97	1.13	1.22	0.83	1.03
碱解氮/(mg/kg)	78.7	71.6	75.2	80.7	85.2	77.1	70.0	77.5
有效磷/(mg/kg)	16.3	14.6	26.3	41.9	19.1	17.5	12.0	17.6
速效钾/(mg/kg)	269	293	192	424	262	271	231	279
缓效钾/(mg/kg)	729	835	858	949	1 185	1 200	1 425	888
有效硼/(mg/kg)	1.3	1.7	1.6	2.4	1.5	1.3	1.6	1.4
有效锌/(mg/kg)	0.75	0.06	0.68	0.25	0.10	0.12	0.12	0.43

第四章 耕地质量等级分析

（续表）

养分	昌吉市	阜康市	玛纳斯县	呼图壁县	吉木萨尔县	奇台县	木垒哈萨克自治县	昌吉回族自治州
有效锰/(mg/kg)	4.1	0.4	3.2	1.5	0.7	1.1	0.6	2.4
有效铁/(mg/kg)	3.8	0.2	3.5	0.9	0.5	0.5	0.4	2.1
有效铜/(mg/kg)	1.19	0.09	1.48	0.37	0.15	0.15	0.16	0.67
有效钼/(mg/kg)	0.05	0.02	0.16	0.08	0.06	0.04	0.03	0.05
有效硫/(mg/kg)	296.78	329.27	273.64	407.39	300.52	274.64	266.72	303.95
有效硅/(mg/kg)	309.76	383.21	272.57	567.09	413.04	415.92	410.85	363.24
pH值	7.92	7.96	7.79	8.12	8.07	7.84	7.72	7.93
盐分/(g/kg)	0.9	1.1	3.9	1.9	1.1	0.7	0.9	1.0

十等地有机质含量为一级（>25.0g/kg）的面积为0.08khm²，占比0.88%；有机质含量为二级（20.0~25.0g/kg）的面积为1.22khm²，占比13.98%；有机质含量为三级（15.0~20.0g/kg）的面积为4.50khm²，占比51.28%；有机质含量为四级（10.0~15.0g/kg）的面积为2.83khm²，占比32.19%；有机质含量为五级（≤10.0g/kg）的面积为0.15khm²，占比1.67%。表明昌吉州十等地有机质含量以三级为主，一级和五级的面积和比例较少。

十等地全氮含量为一级（>1.50g/kg）的面积为0.06khm²，占比0.68%；全氮含量为二级（1.00~1.50g/kg）的面积为3.92khm²，占比44.59%；全氮含量为三级（0.75~1.00g/kg）的面积为2.96khm²，占比33.74%；全氮含量为四级（0.50~0.75g/kg）的面积为1.81khm²，占比20.64%；全氮含量为五级（≤0.50g/kg）的面积为0.03khm²，占比0.35%。表明昌吉州十等地全氮含量以二级和三级为主，一级和五级的面积和比例较少。

十等地碱解氮含量为一级（>150mg/kg）的耕地面积无分布；碱解氮含量为二级（120~150mg/kg）的耕地面积无分布；碱解氮含量为三级（90~120mg/kg）的面积为0.59khm²，占比6.74%；碱解氮含量为四级（60~90mg/kg）的面积为7.59khm²，占比为86.47%；碱解氮含量为五级（≤60mg/kg）的面积为0.60khm²，占比为6.79%。表明昌吉州十等地碱解氮含量以四级为主，极高的面积和比例较少。

十等地有效磷含量为一级（>30.0mg/kg）的面积为0.89khm²，占比10.11%；有效磷含量为二级（20.0~30.0mg/kg）的面积为1.47khm²，占比16.79%；有效磷含量为三级（15.0~20.0mg/kg）的面积为1.93khm²，占比21.94%；有效磷含量为四级（8.0~15.0mg/kg）的面积为3.77khm²，占比42.91%；有效磷含量为五级（≤8.0mg/kg）的面积为0.72khm²，占比8.25%。表明昌吉州十等地有效磷含量以四级为主，偏低的面积和比例较少。

十等地速效钾含量为一级（>250mg/kg）的面积为5.96khm²，占比67.86%；速效钾含量为二级（200~250mg/kg）的面积为 1.84khm²，占比 20.97%；速效钾含量为三级（150~200mg/kg）的面积为 0.88khm²，占比 10.06%；速效钾含量为四级（100~150mg/kg）的面积为 0.09khm²，占比 0.98%；速效钾含量为五级（≤100mg/kg）的面积为 0.01khm²，占比 0.13%。表明昌吉州十等地速效钾含量以一级为主，偏低的面积和比例较少。详见表 4-85。

表 4-85　十等地土壤养分各级别面积与比例　　　　　　单位：khm²,%

养分	一级		二级		三级		四级		五级	
	面积	占比	面积	占比	面积	占比	面积	占比	面积	占比
有机质	0.08	0.88	1.23	13.98	4.50	51.28	2.83	32.19	0.15	1.67
全氮	0.06	0.67	3.92	44.59	2.96	33.74	1.81	20.64	0.03	0.35
碱解氮	—	—	—	—	0.59	6.74	7.59	86.47	0.60	6.79
有效磷	0.89	10.11	1.47	16.79	1.93	21.94	3.77	42.91	0.72	8.25
速效钾	5.96	67.86	1.84	20.97	0.88	10.06	0.09	0.98	0.01	0.13

第十二节　耕地质量提升与改良利用

耕地质量评价的目的是依据评价结果对昌吉回族自治州的耕地质量进行保护提升，以逐步提高昌吉回族自治州农作物产量，改良中低产田。昌吉回族自治州气候条件有差异、地形地貌较为复杂，因此对于本次评价出的不同等级耕地在耕地质量提升与改良措施上应分别对待，依据各等级及其主要障碍因素，分别采取不同的地力提升与改良措施。本次评价出的一至三等地限制因素相对较少，归为高等地；四至六等地限制因素中等，归为中等地；七至十等耕地肥力低，具有较多的限制因素，因此归为低等地。针对昌吉回族自治州高、中、低不同质量等级的耕地，要因地制宜地确定改良利用方案，科学规划，合理配置，并制定相应的政策法规，以地力培肥、土壤改良、养分平衡、质量修复为主要出发点，做到因土用地，在保证耕地质量不下降的基础上，实现经济、社会、生态环境的同步发展，着力提升耕地内在质量，为农业生产夯实长远基础。

一、高等地的地力保持途径

昌吉回族自治州高等地主要分布在具有灌溉条件的平原上，质地壤土，较少障碍因素，熟化程度高，有机质及养分含量高，机械化耕作与收割方便，适种范围广，是昌吉回族自治州重要的农作物产地。但由于昌吉回族自治州地力基础较低，因此地力保持途径关键在于以下几点。

一是增施有机肥，以不断培肥地力。通过政府引导、部门示范等途径，逐渐改变农户重化学肥料轻有机肥料的习惯，提高农户秸秆还田和农家肥的施用量，以保持和提高地力。

二是完善灌溉配套设施。充分利用昌吉回族自治州现有的河流、水库等水利条件，改造陈旧灌溉沟渠，推进高效、节水灌溉方式的推广。

三是用地养地相结合。尽管昌吉回族自治州的高等地目前而言具有一定程度的优势，但毕竟处于干旱、半干旱地区，易受到多重因素的威胁，因此在利用上除尽可能让高等地发挥作用之外，还应注重耕地的养护。可采取轮作、套种复种绿肥及豆类等形式，以达到培肥地力、维持土壤养分平衡的目的。

二、中等地的地力提升措施

昌吉回族自治州中等地主要分布在具有一定灌溉条件的平原，这些耕地分布范围广、面积较大，质地中等，土壤质量差别较大，有机质及养分含量中等，灌溉能力多在满足或基本满足，生产潜力巨大。应从以下五个方面提升地力。

第一，大力促进秸秆还田及有机肥的施用，以培肥地力。土壤有机质和养分含量较低是昌吉回族自治州中等地质量低下的重要原因之一，一方面可以通过发展昌吉回族自治州具有优势的畜牧业，多积农家肥，另一方面将作物秸秆制肥施入农地，同时也要保证化学肥料的合理投入。

第二，加大农、林、路、渠的配套建设。昌吉回族自治州中等地所处区域一般较为干旱，生态环境脆弱，易受干旱、大风等危害影响，因此需要尽快建立健全农、林、路、渠相配套的高标准农田，同时充分利用现有的河流、水库等水资源，大力发展节水农业，提高中等地的灌溉水平和能力，努力改善农田环境，增强农业抵抗和防御自然灾害的能力。

第三，可以实行耕地休耕制度。昌吉回族自治州中等地尽管具有较高的潜力，但也不能过度地利用，可以在一些地方试点耕地轮休制度，特别是果粮果经间套作作物休耕，通过深翻之后让耕地休息1~2年后，种植绿肥、油菜等实现用地养地相结合，保护和提升地力，增强农业发展后劲。

第四，积极推广应用农业新技术，大力推广测土配方施肥、有机肥积造、化肥农药减施等技术，在增施农肥的基础上，精细整地，隔年轮翻加深耕等活化土壤。

三、低等地的培肥改良途径

昌吉回族自治州低等地部分是由于养分贫瘠造成的，其他因素，如盐渍化、荒漠化、水资源短缺等均可能是限制耕地质量的因素，因此可以将昌吉回族自治州低等地按照限制因素的不同划分成不同的类型，并针对不同的类型提出相应的改良措施。

1. 肥力贫瘠型

此类耕地主要分布在土壤发育微弱，植被覆盖度较低，养分积累困难，有机质及养分含量低地带，因此在改良上应以增施有机肥和补充作物所需氮磷钾肥为主，同时注重秸秆还田，使地力逐渐提高。

2. 水、热限制型

此类耕地主要指由于耕地所处海拔较高，水热成为农作物生长的限制因素，从土壤本身的肥力来看，其有机质及各种养分含量并不算低，但由于全年仅有夏季才会有较高的热量，受到积温的限制，不利于作物的生长。对于此类耕地，应通过抢抓农时，充分利用热量最为丰富的夏季，合理规划农作物种植时间，其次也可以通过引进适宜于热量限制区域的农作物品种进行种植。

3. 盐碱障碍型

这类耕地在昌吉回族自治州分布面积较广，除部分由于土壤本身盐碱含量较高引起的，还有一部分是由于不合理的灌溉引起的次生盐渍化。对于此类耕地的改良，一方面可以通过建立完善的排灌系统，做到灌、排分开，加强用水管理，严格控制地下水水位，通过灌水冲洗、引洪放淤等，不断淋洗和排除土壤中的盐分。另一方面通过深耕、平整土地、加填客土、盖草、翻淤、盖沙、增施有机肥等改善土壤成分和结构，增强土壤渗透性能，加速盐分淋洗。第三可以种植和翻压绿肥牧草、秸秆还田、施用菌肥、种植耐盐植物、植树造林等，提高土壤肥力，改良土壤结构，并改善农田小气候，减少地表水分蒸发，抑制返盐。第四通过施用土壤改良剂改变土壤胶体吸附性阳离子的组成，促进团粒结构的形成，改善土壤的通透性，加速土体脱盐，防止返盐；施用腐植酸类改良剂、酸碱平衡剂等调节土壤的酸碱度，改变土壤溶液反应，改善营养状况，防止碱害。

4. 沙化威胁型

这类耕地主要分布在距离沙漠较近的绿洲、农牧交错区域，由于人为过度放牧或翻耕因此受到沙化威胁，土壤表现出过分疏松，漏水漏肥，有机质缺乏，蒸发量大，保温性能低，肥劲短，后期易脱肥等特点。对于这类耕地，一是大量施用有机肥料。这是改良砂质土壤的最有效方法，即把各种厩肥，堆肥在春耕或秋耕时翻入土中，由于有机质的缓冲作用，可以适当多施可溶性化学肥料，尤其是铵态氮肥和磷肥能够保存在缝中不至流失。二是施用河泥，塘泥。施用河泥不但可以增加土壤养分的补给，亦可以使过度疏松，漏水，漏肥的现象大有改善。三是在两季作物间隔的空余季节，种植豆科蔬菜间作、轮作，以增加土壤中的腐殖质和氮素肥料。同时为了阻止土壤的进一步沙化，在受到沙化威胁的耕地周围建立必要的防护林体系。

5. 水源短缺型

这类耕地主要是由于距离水源地较远，常年缺水，作物收成很低。对于这类耕地，应大力加强排水灌溉设施建设，改善灌溉条件；还可通过改变耕作方式，应用高效节水技术，加强田间水肥管理，通过覆盖地膜等提高水分利用效率，并通过秸秆覆盖减少地面蒸发，这些途径在一定程度上可以提高作物产量。

第五章　耕地土壤有机质及主要营养元素

土壤有机质及主要营养元素是作物生长发育所必需的物质基础，其含量的高低直接影响作物的生长发育及产量与品质。土壤有机质及主要营养元素状况是土壤肥力的核心内容，是土壤生产力的物质基础，农业生产通常以土壤耕层养分含量作为衡量土壤肥力高低的主要依据。通过对昌吉回族自治州耕地土壤有机质及主要营养元素状况的测定评价，以其为该区域作物科学施肥制度的建立、高产高效及环境安全的可持续发展提供技术支撑。

根据昌吉回族自治州土壤有机质及养分含量状况，参照《全国九大农区及省级耕地质量监测指标分级标准（试行）》，将土壤有机质、全氮、碱解氮、有效磷、速效钾、缓效钾、有效铁、有效锰、有效铜、有效锌、有效硫、有效硅、有效钼和有效硼等土壤主要营养元素指标分为 5 个级别（表 5-1）。

表 5-1　昌吉回族自治州土壤有机质及主要营养元素分级标准

项目	分级标准				
	一级（高）	二级（较高）	三级（中）	四级（较低）	五级（低）
有机质/(g/kg)	>25.0	20.0~25.0	15.0~20.0	10.0~15.0	≤10.0
全氮/(g/kg)	>1.50	1.00~1.50	0.75~1.00	0.50~0.75	≤0.50
碱解氮/(mg/kg)	>150	120~150	90~120	60~90	≤60
有效磷/(mg/kg)	>30.0	20.0~30.0	15.0~20.0	8.0~15.0	≤8.0
速效钾/(mg/kg)	>250	200~250	150~200	100~150	≤100
缓效钾/(mg/kg)	>1 200	1 000~1 200	800~1 000	600~800	≤600
有效铁/(mg/kg)	>20.0	15.0~20.0	10.0~15.0	5.0~10.0	≤5.0
有效锰/(mg/kg)	>15.0	10.0~15.0	5.0~10.0	3.0~5.0	≤3.0
有效铜/(mg/kg)	>2.00	1.50~2.00	1.00~1.50	0.50~1.00	≤0.50
有效锌/(mg/kg)	>2.00	1.50~2.00	1.00~1.50	0.50~1.00	≤0.50
有效硫/(mg/kg)	>50.0	30.0~50.0	15.0~30.0	10.0~15.0	≤10.0
有效硅/(mg/kg)	>250	150~250	100~150	50~100	≤50
有效钼/(mg/kg)	>0.20	0.15~0.20	0.10~0.15	0.05~0.10	≤0.05
有效硼/(mg/kg)	>2.00	1.50~2.00	1.00~1.50	0.50~1.00	≤0.50

第一节　土壤有机质

土壤有机质是指存在于土壤中的所有含碳的有机化合物，它主要包括土壤中各种动物、植物残体，微生物体及其分解和合成的各种有机化合物，其中经过微生物作用形成的腐殖质，主要为腐殖酸及其盐类物质，是土壤有机质的主体。土壤有机质基本成分是纤维素、木质素、淀粉、糖类、油脂、蛋白质等，土壤有机质的主要元素组成是碳、氧、氢、氮，分别占52%~58%、9%~34%、3.3%~4.8%和3.7%~4.1%，其次还有硫、磷、铁、镁等。

土壤有机质是衡量土壤肥力的重要指标之一，它是土壤的重要组成部分，它不仅是植物营养的重要来源，也是微生物生活和活动的能源。土壤有机质与土壤的发生演变、肥力水平和诸多属性密切相关，而且对于土壤结构的形成、熟化，改善土壤物理性质，调节水肥气热状况也起着重要作用。土壤有机质不仅含有作物生长所需的各种养分，可以直接或间接地为作物生长提供氮、磷、钾、钙、镁、硫和各种微量元素，还影响和制约土壤结构的形成及通气性、渗透性、缓冲性、交换性能和保水保肥性能，是评价耕地质量的重要指标。

一、土壤有机质含量及其空间差异

通过对昌吉回族自治州1 102个耕层土壤样品有机质含量测定结果分析，昌吉回族自治州耕层土壤有机质含量平均值为18.9g/kg。平均含量以吉木萨尔县含量最高，为26.0g/kg，木垒哈萨克自治县含量最低，为14.7g/kg。

昌吉回族自治州土壤有机质含量平均变异系数为44.66%，最大值出现在玛纳斯县，为47.83%；最小值出现在吉木萨尔县，为25.38%（表5-2）。

表5-2　昌吉回族自治州土壤有机质含量及其空间差异

名称	点位数/个	平均值/(g/kg)	标准差/(g/kg)	变异系数/%
昌吉市	192	16.4	6.19	37.74
阜康市	81	18.1	7.11	39.28
呼图壁县	167	15.8	7.49	47.41
玛纳斯县	191	18.4	8.80	47.83
奇台县	286	21.7	9.05	41.71
吉木萨尔县	102	26.0	6.60	25.38
木垒哈萨克自治县	83	14.7	5.64	38.37
昌吉回族自治州	1102	18.9	8.44	44.66

二、土壤有机质的分级与分布

从昌吉回族自治州耕层土壤有机质含量分级面积统计数据看，昌吉回族自治州耕地土壤有机质含量多数在二、三和四级之间，其中，一级占17.15%，二级占20.49%，三级占30.88%，四级占26.20%，五级占5.28%（图5-1，表5-3）。

（一）一级

昌吉回族自治州有机质含量为一级的耕地面积127.31km^2，其中奇台县面积最大，为47.51km^2，占有机质含量为一级耕地面积的37.32%，其次为吉木萨尔县和玛纳斯县，分别占30.99%和20.76%。

（二）二级

昌吉回族自治州有机质含量为二级的耕地面积152.04km^2，其中奇台县面积最大，为56.20km^2，占有机质含量为二级耕地面积的36.96%，其次为玛纳斯县和吉木萨尔县，分别占23.06%和14.83%。

（三）三级

昌吉回族自治州有机质含量为三级的耕地面积229.18km^2，其中呼图壁县面积最大，为60.88km^2，占有机质含量为三级耕地面积的26.56%，其次为玛纳斯县和昌吉市，分别占22.91%和15.99%。

（四）四级

昌吉回族自治州有机质含量为四级的耕地面积194.46km^2，其中呼图壁县面积最大，为62.48km^2，占有机质含量为四级耕地面积的32.13%，其次为昌吉市和木垒哈萨克自治县，分别占21.56%和16.27%。

（五）五级

昌吉回族自治州有机质含量为五级的耕地面积39.17km^2，其中玛纳斯县面积最大，为17.86km^2，占有机质含量为五级耕地面积的45.60%，其次为呼图壁县和阜康市，分别占27.02%和10.42%。吉木萨尔县没有有机质含量为五级的耕地。

三、土壤有机质调控

土壤有机质在微生物的作用下，不断进行着矿质化过程和腐殖化过程，在增加有机质的前提下，使土壤的腐殖化过程大于矿化过程，土壤有机质含量出现增长，满足作物在连续生产中对土壤肥力的要求，实现了农业可持续发展。秸秆还田、种植绿肥、增施有机肥与合理的养分配比是昌吉回族自治州土壤有机质提升的有效途径。

（一）大力推广秸秆直接还田

秸秆中含有大量的有机质、氮磷钾和微量元素，将其归还于土壤中，不但可以提高土壤有机质含量，还可改善土壤的孔隙度和团聚体含量，改善土壤物理性质，达到蓄水保墒、培肥地力，改善农业生态环境，提高农业综合生产能力的目的。由于秸秆的C/N大多在（60~100）:1，碳多氮少，因此在实施秸秆还田时，应配施适量的氮、磷肥料。

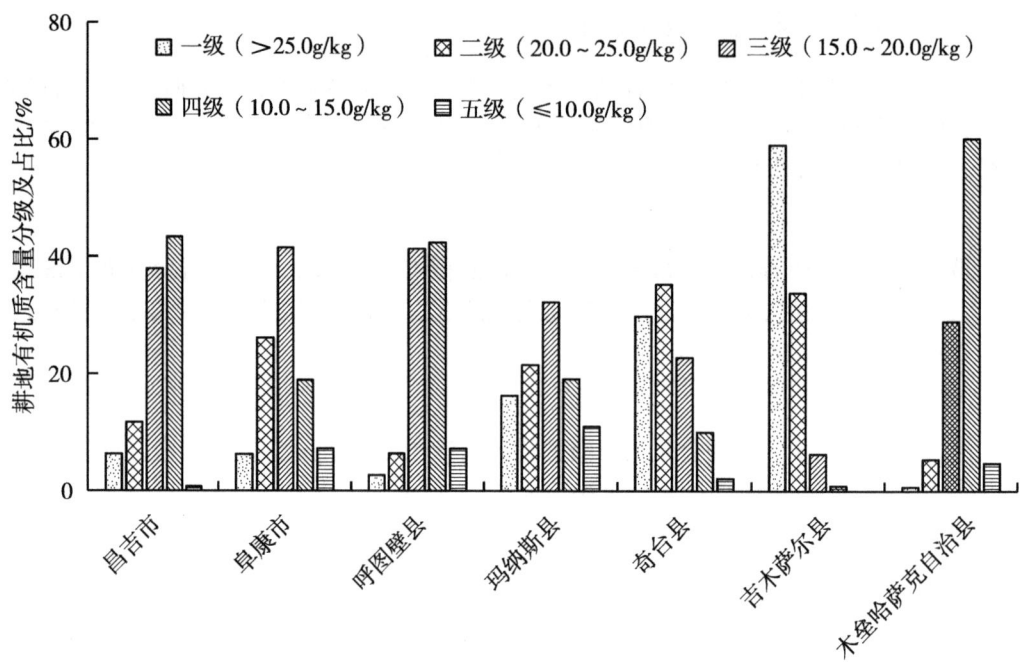

图 5-1 有机质含量在各县（市）的分级及占比

还田量一般 200~400kg/亩为宜。还田时配合使用秸秆腐熟剂，使秸秆快速腐熟分解，不仅可以增加土壤有机质和养分，还可改善土壤结构，使孔隙度增加，土壤疏松，容重减轻，提高微生物活力和促进作物根系的发育。提倡机械化粉碎深翻秸秆还田，玉米每亩地秸秆还田量控制在 600kg 以内，同时配合施用秸秆腐熟剂 3~5kg+尿素 5~10kg，改善土壤结构，抑制土壤盐碱化。

（二）种植绿肥

绿肥含有丰富的有机质及氮素，种植绿肥可显著改善土壤理化性状，是提升耕地质量、减少化肥使用量的措施之一，是现代绿色增产的关键所在。昌吉回族自治州可间套作和复播种植绿肥，常用的豆科绿肥（如草木樨、毛叶苕子、苜蓿、豌豆等）可以固定空气中的氮素，增加土壤氮素的有效供给。非豆科绿肥（如油菜等）由于生物产量高，柔嫩多汁，翻压到土壤中，能快速腐解，也能快速增加土壤有机质含量。

（三）增施农家肥及商品有机肥

农家肥与商品有机肥有机质含量高，两者制造原理基本相同，只不过商品有机肥是在工厂发酵，条件可控，发酵彻底。要充分利用各种废弃物制造有机肥料，提升土壤有机质含量，促进农业资源的循环利用。结合饲养业和沼气业的发展，拓宽有机肥来源。改进有机肥制造方法和技术，提高工效，减少损失，增进肥效。充分利用各种渣肥（糖渣、酒渣、菇渣、酱渣），饼肥（棉饼、豆饼）制造有机肥。使有机肥含量高浓度化，形状颗粒化。同时重视商品有机肥和无机复混肥的施用。让农民在施用有机肥时像施用化肥一样省工、省力，当年见效，以提高农民施用有机肥的积极性。

第五章 耕地土壤有机质及主要营养元素

表5-3 土壤有机质含量各等级在昌吉回族自治州的分布

地区	一级 (>25.0g/kg)		二级 (20.0~25.0g/kg)		三级 (15.0~20.0g/kg)		四级 (10.0~15.0g/kg)		五级 (≤10.0g/kg)		合计	
	面积/khm²	占比/%	面积/khm²	占比/%	面积/khm²	占比/%	面积/khm²	占比/%	面积/khm²	占比/%	面积/khm²	占比/%
昌吉市	6.08	4.78	11.28	7.42	36.66	15.99	41.93	21.56	0.72	1.83	96.67	13.02
阜康市	3.52	2.76	14.76	9.71	23.48	10.24	10.69	5.50	4.08	10.42	56.53	7.62
呼图壁县	3.95	3.10	9.36	6.15	60.88	26.56	62.48	32.13	10.58	27.02	147.25	19.84
玛纳斯县	26.43	20.76	35.06	23.06	52.49	22.91	31.19	16.04	17.86	45.60	163.03	21.97
奇台县	47.51	37.32	56.20	36.96	36.27	15.83	15.94	8.20	3.43	8.74	159.35	21.47
吉木萨尔县	39.45	30.99	22.55	14.83	4.18	1.83	0.58	0.30	—	—	66.76	9.00
木垒哈萨克自治县	0.37	0.29	2.83	1.87	15.22	6.64	31.65	16.27	2.50	6.39	52.57	7.08
昌吉回族自治州	127.31	17.15	152.04	20.49	229.18	30.88	194.46	26.20	39.17	5.28	742.16	100.00

(四) 开展测土配方施肥

测土配方施肥是一种科学施肥方法。它是在施用有机肥的基础上，通过土壤测试、植株营养诊断、田间试验提出合理的养分配比，满足作物均衡吸收各种养分，达到有机与无机养分平衡。有机、无机肥料相结合，一直是科学施肥所倡导的施肥原则，可以对种植的作物生长起到缓急相济、互补长短、缓解氮磷钾比例失调，提高肥料利用率，培肥地力。

第二节　土壤全氮

氮是作物生长发育所必需的营养元素之一，也是农业生产中影响作物产量的最主要的养分限制因子。土壤中的全氮含量代表着土壤氮素的总储量和供氮潜力。因此，土壤全氮是土壤肥力的主要指标之一。

土壤中的氮元素可分为有机氮和无机氮，两者之和称为全氮。土壤中的氮素绝大部分以有机态的氮存在，无机氮主要是铵态氮、硝态氮和亚硝态氮，它们容易被作物吸收利用。耕作土壤氮素的来源主要为生物固氮、降水、灌水和地下水、施入土壤中的含氮肥料。全氮的含量与有机质含量呈正相关，是影响土壤有机质的因素，包括水热条件、土壤质地、微生物种类与数量等，都会对土壤氮素含量产生显著影响。另外，土壤中氮素的含量还受耕作、施肥、灌溉及利用方式的影响，变异性很大。

一、土壤全氮含量及其空间差异

通过对昌吉回族自治州 1 102 个耕层土壤样品全氮含量测定结果分析，昌吉回族自治州耕层土壤全氮含量平均值为 1.10g/kg。平均含量以吉木萨尔县最高，为 1.46g/kg，木垒哈萨克自治县含量最低，为 0.87g/kg。

昌吉回族自治州土壤全氮含量平均变异系数为 40.91%，最大值出现在玛纳斯县，为 43.12%；最小值出现在吉木萨尔县，为 25.34%（表 5-4）。

表 5-4　昌吉回族自治州土壤全氮含量及其空间差异

名称	点位数/个	平均值/(g/kg)	标准差/(g/kg)	变异系数/%
昌吉市	192	0.96	0.33	34.38
阜康市	81	1.05	0.39	37.14
呼图壁县	167	0.95	0.36	37.89
玛纳斯县	191	1.09	0.47	43.12
奇台县	286	1.22	0.50	40.98
吉木萨尔县	102	1.46	0.37	25.34
木垒哈萨克自治县	83	0.87	0.31	35.63
昌吉回族自治州	1102	1.10	0.45	40.91

二、土壤全氮的分级与分布

从昌吉回族自治州耕层土壤全氮含量分级面积统计数据看,昌吉回族自治州耕地土壤全氮含量多数在二、三级之间。按等级分,一级占11.97%,二级占43.38%,三级占32.15%,四级占10.53%,五级占1.97%(图5-2,表5-5)。

(一)一级

昌吉回族自治州全氮含量为一级的耕地面积88.87km^2,其中奇台县面积最大,为36.10km^2,占全氮含量为一级耕地面积的40.62%,其次为吉木萨尔县和玛纳斯县,分别占32.27%和19.51%。

(二)二级

昌吉回族自治州全氮含量为二级的耕地面积321.91km^2,其中奇台县面积最大,为90.70km^2,占全氮含量为二级耕地面积的28.18%,其次为玛纳斯县和呼图壁县,分别占24.74%和13.45%。

(三)三级

昌吉回族自治州全氮含量为三级的耕地面积238.60km^2,其中呼图壁县面积最大,为88.35km^2,占全氮含量为三级耕地面积的37.03%,其次为昌吉市和玛纳斯县,分别占19.74%和14.67%。

(四)四级

昌吉回族自治州全氮含量为四级的耕地面积78.17km^2,其中玛纳斯县面积最大,为20.21km^2,占全氮含量为四级耕地面积的25.85%,其次为昌吉市和木垒哈萨克自治县,分别占18.28%和16.84%。

(五)五级

昌吉回族自治州全氮含量为五级的耕地面积14.61km^2,其中玛纳斯县面积最大,为10.86km^2,占全氮含量为五级耕地面积的74.29%,其次为奇台县和呼图壁县,分别占11.35%和7.19%。吉木萨尔县没有全氮含量为五级的耕地。

三、土壤全氮调控

土壤全氮含量反映土壤氮素的总储量和供氮潜力,土壤速效氮反映近期土壤的氮素供应能力。土壤氮的有效化过程(包括氨化作用和硝化作用)和无效化过程(包括反硝化作用、化学脱氮作用和矿物晶格固定)是土壤氮素的调控关键。合理施肥、耕作、灌溉等,控制土壤氮素的有机矿化速率以尽量减少氮素损失的数量,又能达到提高土壤氮素利用率的效果。

(一)调节土壤C/N

土壤全氮含量与施入的氮肥呈正相关,施入的氮肥越高,土壤全氮的含量也会随之增加。利用有机物质C/N比值与土壤有效氮的相互关系,来调节土壤氮素状况。在有机物质开始分解时,其C/N>30,矿化作用所释放的有效氮量远少于微生物吸收同化的

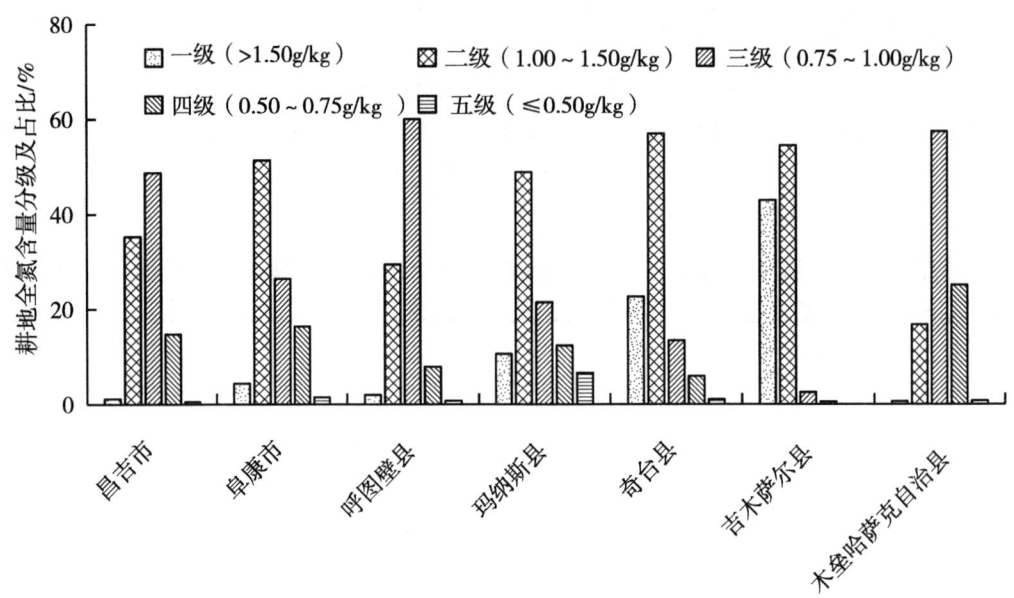

图 5-2　全氮含量在各县（市）的分级及占比

数量，此时微生物要从土壤中吸收一部分原有的氮，转为微生物体中的有机氮。随着有机物的不断分解，其中碳被用作微生物活动的能源所消耗，剩余物质的 C/N 迅速下降。当 C/N 达到 15~30 时，矿化释放的氮量和同化的固氮量基本相等，此时土壤中的氮素无亏损。全氮进一步分解，微生物种类更迭，有机质的 C/N 继续不断下降，当下降到 C/N<15 时，氮的矿化量超过了同化量，土壤的有效氮有了盈余，作物的氮营养条件也开始得到改善。

（二）合理施用氮肥

合理施用氮肥的目的在于减少氮素的损失，提高氮肥利用率，充分发挥氮肥增产效益。要做到合理施用，必须根据下列因素来考虑氮肥的分配和施用。

1. 土壤条件

一般石灰性土或碱性土，可以施酸性或生理酸性的氮肥，如硫铵、氯化铵等，这些肥料除了它们能中和土壤碱性外，在碱性条件下铵态氮比较容易被作物吸收；在盐碱土中不宜施用含氯的氯化铵，以免增加盐分，影响作物生长。肥沃的土壤，施氮量宜少，保肥能力强的土壤施肥次数可少些；反之，则施氮量适当增加，分次施用。

2. 作物营养特性

不同作物不同时期对氮的需求也是不一样的，如玉米、小麦等作物需要较多氮肥，而豆科作物有根瘤固定空气中的氮素，因而对氮肥需要较少。不同作物对氮肥品种的反应也不同，忌氯作物如淀粉类作物等应少施或不施氯化铵。多数蔬菜施用硝态氮肥效果好，如萝卜施用铵态氮肥会抑制其生长。甜菜用硝酸钠效果好。作物不同生育期施氮肥的效果也不一样。在作物施肥的关键时期如营养临界期或最高效率期进行施肥，增产作用显著。如玉米在抽穗开花前后需要养分最多，重施穗肥都能获得显著增产。所以考虑

第五章 耕地土壤有机质及主要营养元素

表 5-5 土壤全氮含量各等级在昌吉回族自治州的分布

地区	一级 (>1.50g/kg)		二级 (1.00~1.50g/kg)		三级 (0.75~1.00g/kg)		四级 (0.50~0.75g/kg)		五级 (≤0.50g/kg)		合计	
	面积/khm²	占比/%	面积/khm²	占比/%	面积/khm²	占比/%	面积/khm²	占比/%	面积/khm²	占比/%	面积/khm²	占比/%
昌吉市	1.07	1.20	34.14	10.60	47.10	19.74	14.29	18.28	0.07	0.51	96.67	13.02
阜康市	2.49	2.80	29.01	9.01	14.92	6.25	9.28	11.87	0.83	5.66	56.53	7.62
呼图壁县	2.89	3.25	43.30	13.45	88.35	37.03	11.66	14.92	1.05	7.19	147.25	19.84
玛纳斯县	17.34	19.51	79.63	24.74	35.00	14.67	20.20	25.85	10.86	74.29	163.03	21.97
奇台县	36.10	40.62	90.70	28.18	21.39	8.97	9.50	12.15	1.66	11.35	159.35	21.47
吉木萨尔县	28.67	32.27	36.34	11.29	1.68	0.70	0.07	0.09	—	—	66.76	9.00
木垒哈萨克自治县	0.31	0.35	8.79	2.73	30.16	12.64	13.17	16.84	0.14	1.00	52.57	7.08
昌吉回族自治州	88.87	11.97	321.91	43.38	238.6	32.15	78.17	10.53	14.61	1.97	742.16	100.00

作物不同生育期对养分的要求，掌握适宜的施肥时期和施肥量，是经济有效施用氮肥的关键。

3. 氮肥本身的性质

凡是铵态氮肥（特别是碳铵、氨水）都要深施覆土，防止挥发，由于它们都是速效肥料，在土壤中又不易流失，故可作基肥和追肥，适宜水田、旱地施用；硝态氮肥在土中移动性大，肥效快，适宜作旱地追肥；酰胺态氮肥（如尿素）作为基肥、追肥都可以。总之，要根据氮肥的特性来考虑其施用方法。

4. 氮肥与其他肥料配施

在缺乏有效磷和有效钾的土壤上，单施氮肥效果很差，增施氮肥还有可能减产。因为在缺磷、钾的情况下，蛋白质和许多重要含氮化合物很难形成，严重地影响了作物的生长。各地试验已经证明，氮肥与适量磷钾肥配合，增产效果显著。

（三）其他措施

1. 采用氮肥抑制剂

工厂生产肥料时，在肥料表面包一层薄膜，以减缓释放速度，起到缓效之作用，提高氮肥的利用率，如缓释肥料。

2. 控制氮肥的施用量

采取配方施肥技术，确定氮肥用量，以达到发挥氮肥最佳经济效益的效果。

3. 合理施肥与灌水

在石灰性土壤上，施用铵态氮肥时，应采取深施覆土、随施随灌水或分次施肥方法。总之，应用耕作、灌溉措施，采取合理的施肥方法做到尽量减少氮的损失，达到提高氮肥利用率的目的。

第三节　土壤碱解氮

碱解氮包括无机态氮和结构简单能为作物直接吸收利用的有机态氮，它可供作物近期吸收利用，故又称速效氮。碱解氮含量的高低，取决于有机质含量的高低和质量的好坏以及施入氮素化肥数量的多少。碱解氮在土壤中的含量不够稳定，易受土壤水热条件和生物活动的影响而发生变化，但它能反映近期土壤的氮素供应能力。

一、土壤碱解氮含量及其空间差异

通过对昌吉回族自治州1 102个耕层土壤样品碱解氮含量测定结果分析，昌吉回族自治州耕层土壤碱解氮含量平均值为76.1mg/kg。平均含量以吉木萨尔县最高，为81.7mg/kg，阜康市含量最低，为74.3mg/kg。

昌吉回族自治州土壤碱解氮含量平均变异系数为22.21%，最大值出现在木垒哈萨克自治县，为36.24%；最小值出现在吉木萨尔县，为12.73%（表5-6）。

第五章 耕地土壤有机质及主要营养元素

表 5-6 昌吉回族自治州土壤碱解氮含量及其空间差异

名称	点位数/个	平均值/(mg/kg)	标准差/(mg/kg)	变异系数/%
昌吉市	192	75.9	17.4	22.92
阜康市	81	74.3	15.6	21.00
呼图壁县	167	76.9	16.1	20.94
玛纳斯县	191	76.3	16.5	21.63
奇台县	286	74.7	15.4	20.62
吉木萨尔县	102	81.7	10.4	12.73
木垒哈萨克自治县	83	74.5	27.0	36.24
昌吉回族自治州	1102	76.1	16.9	22.21

二、土壤碱解氮的分级与分布

从昌吉回族自治州耕层土壤碱解氮含量分级面积统计数据看，昌吉回族自治州耕地土壤碱解氮含量多数在四级。按等级分，一级占 0.02%，二级占 0.07%，三级占 6.02%，四级占 86.79%，五级占 7.10%。提升空间很大（图 5-3，表 5-7）。

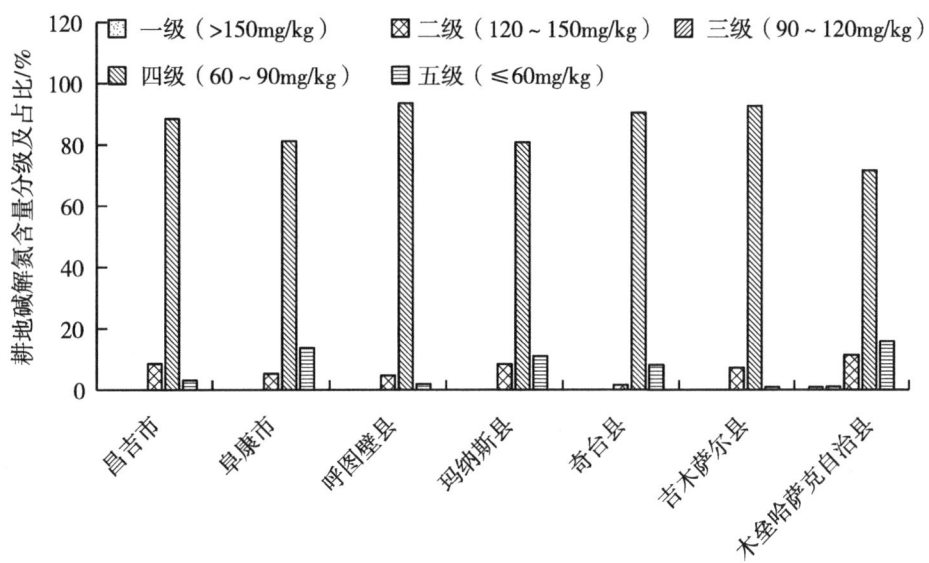

图 5-3 碱解氮含量在各县（市）的分级及占比

（一）一级

昌吉回族自治州碱解氮含量为一级的耕地面积 0.13khm²，全部分布在木垒哈萨克自治县。

表5-7 土壤碱解氮含量各等级在昌吉回族自治州的分布

地区	一级 (>150mg/kg)		二级 (120~150mg/kg)		三级 (90~120mg/kg)		四级 (60~90mg/kg)		五级 (≤60mg/kg)		合计	
	面积/khm²	占比/%	面积/khm²	占比/%	面积/khm²	占比/%	面积/khm²	占比/%	面积/khm²	占比/%	面积/khm²	占比/%
昌吉市	—	—	—	—	8.19	18.32	85.50	13.27	2.98	5.66	96.67	13.02
阜康市	—	—	—	—	2.97	6.64	45.88	7.12	7.68	14.58	56.53	7.62
呼图壁县	—	—	—	—	6.82	15.26	137.64	21.37	2.79	5.28	147.25	19.84
玛纳斯县	—	—	—	—	13.51	30.20	131.70	20.45	17.82	33.84	163.03	21.97
奇台县	—	—	—	—	2.49	5.57	143.94	22.35	12.92	24.53	159.35	21.47
吉木萨尔县	—	—	—	—	4.78	10.69	61.82	9.60	0.16	0.31	66.76	9.00
木垒哈萨克自治县	0.13	100.00	0.52	100.00	5.95	13.32	37.65	5.84	8.32	15.80	52.57	7.08
昌吉回族自治州	0.13	0.02	0.52	0.07	44.71	6.02	644.13	86.79	52.67	7.10	742.16	100.00

(二) 二级

昌吉回族自治州碱解氮含量为二级的耕地面积 0.52km²，全部分布在木垒哈萨克自治县。

(三) 三级

昌吉回族自治州碱解氮含量为三级的耕地面积 44.71km²，其中玛纳斯县面积最大，为 13.51km²，占碱解氮含量为三级耕地面积的 30.20%，其次为昌吉市和呼图壁县，分别占 18.32% 和 15.26%。

(四) 四级

昌吉回族自治州碱解氮含量为四级的耕地面积 644.13km²，其中奇台县面积最大，为 143.94km²，占碱解氮含量为四级耕地面积的 22.35%，其次为呼图壁县和玛纳斯县，分别占 21.37% 和 20.45%。

(五) 五级

昌吉回族自治州碱解氮含量为五级的耕地面积 52.67km²，其中面积最大为玛纳斯县 17.82km²，占碱解氮含量为五级耕地面积的 33.84%，其次为奇台县和木垒哈萨克自治县，分别占 24.53% 和 15.80%。

三、土壤碱解氮调控

(一) 合理控制氮肥用量

氮肥是用量最高的肥料品种之一，氮肥的使用在一定程度上提高了作物产量。但与此同时，大面积过量施用氮肥也造成了局部地区的环境污染。因此控制氮肥用量一直是环境保护的重大问题，控制氮肥用量一方面要与磷肥、钾肥等配合使用，另一方面要少量多次施用，避免一炮轰，造成浪费，同时还可与其他的控氮措施一起使用，如硝化抑制剂、尿素增效剂等。

(二) 选择适宜的氮肥品种

尿素、硫酸铵、硝酸铵、碳酸氢铵都是较好的速效氮肥，不同的氮肥肥效差异很大，其用法与用量也需掌握恰当。基本上所有的氮肥水溶性都较好，要减少氮素的挥发与淋失。在作物出现缺氮症状时，叶面喷施含氮肥料能迅速缓解症状。

(三) 确定合理的施肥时期

氮肥的施用时间也直接影响着肥效的发挥。在干旱少雨地区，施完氮肥一般要先覆土，避免挥发，其次要及时浇水，以提高肥效，俗语道：肥随水来肥随水去。氮肥一般可以用作基肥，于播种或移栽前耕地时施入，通过耕耙使之与土壤混合。此外氮肥还可作为追肥使用，也可作为叶面肥喷施使用。

第四节 土壤有效磷

土壤有效磷是土壤中可被植物吸收的磷组分，包括全部水溶性磷、部分吸附态磷及有机态磷，有的土壤中还包括某些沉淀态磷。土壤有效磷是土壤磷素养分供应水平高低的指标，土壤磷素含量高低在一定程度反映了土壤中磷素的储量和供应能力。土壤中有效磷含量低于 3.0mg/kg 时，作物往往表现出缺磷症状。土壤中的磷主要来源于含磷矿物质，在长期的风化和成土过程中，经过生物的积累而逐渐聚积到土壤的上层。开垦后，则主要来源于施用磷肥。

一、土壤有效磷含量及其空间差异

通过对昌吉回族自治州 1 102 个耕层土壤样品有效磷含量测定结果分析，昌吉回族自治州耕层土壤有效磷含量平均值为 24.5mg/kg。平均含量以玛纳斯县最高，为 34.0mg/kg，木垒哈萨克自治县含量最低，为 12.8mg/kg。

昌吉回族自治州土壤有效磷含量平均变异系数为 64.49%，最大值出现在奇台县，为 64.98%；最小值出现在玛纳斯县，为 49.12%（表5-8）。

表 5-8 昌吉回族自治州土壤有效磷含量及其空间差异

名称	点位数/个	平均值/(mg/kg)	标准差/(mg/kg)	变异系数/%
昌吉市	192	18.0	10.4	57.78
阜康市	81	18.5	10.0	54.05
呼图壁县	167	30.5	19.0	62.30
玛纳斯县	191	34.0	16.7	49.12
奇台县	286	23.7	15.4	64.98
吉木萨尔县	102	25.7	13.3	51.75
木垒哈萨克自治县	83	12.8	6.3	49.22
昌吉回族自治州	1 102	24.5	15.8	64.49

二、土壤有效磷含量的分级与分布

从昌吉回族自治州耕层土壤有效磷含量分级面积统计数据看，昌吉回族自治州耕地土壤有效磷含量多数在一级和二级。按等级分，一级占 30.02%，二级占 37.06%，三级占 14.56%，四级占 17.07%，五级占 1.29%（图5-4，表5-9）。

（一）一级

昌吉回族自治州有效磷含量为一级的耕地面积 222.81khm^2，其中玛纳斯县面积最大，为 98.17khm^2，占有效磷含量为一级耕地面积的 44.06%，其次为呼图壁县和奇台县，分别占 29.33% 和 15.24%。

（二）二级

昌吉回族自治州有效磷含量为二级的耕地面积 275.03khm^2，其中呼图壁县面积最大，为 67.24khm^2，占有效磷含量为二级耕地面积的 24.45%，其次为奇台县和玛纳斯县，分别占 21.73% 和 18.02%。

（三）三级

昌吉回族自治州有效磷含量为三级的耕地面积 108.09km²，其中奇台县面积最大，为 30.46km²，占有效磷含量为三级耕地面积的 28.18%，其次为昌吉市和阜康市，分别占 26.82% 和 13.69%。

（四）四级

昌吉回族自治州有效磷含量为四级的耕地面积 126.68km²，其中木垒哈萨克自治县面积最大，为 34.37km²，占有效磷含量为四级耕地面积的 27.13%，其次为昌吉市和奇台县，分别占 26.35% 和 26.17%。

（五）五级

昌吉回族自治州有效磷含量为五级的耕地面积 9.55km²，其中木垒哈萨克自治县面积最大，为 3.40km²，占有效磷含量为五级耕地面积的 35.62%，其次为昌吉市和奇台县，分别占 32.83% 和 20.90%。吉木萨尔县无有效磷含量为五级的耕地。

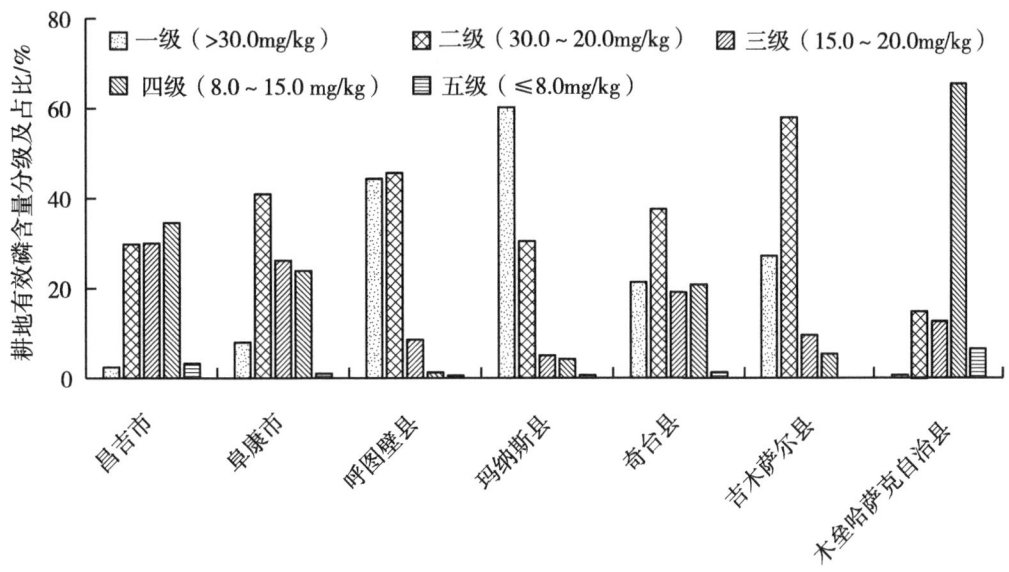

图 5-4 有效磷含量在各县（市）的分级及占比

三、土壤有效磷调控

一般磷肥都有后效，提高土壤中磷的有效性，一般要从以下三方面调控：一是采取增施速效态磷肥来增加土壤中有效磷的含量，以保证供给当季作物对磷的吸收利用。二是调节土壤环境条件，如在酸性土壤上施石灰，在碱性土壤上施石膏，尽量减少土壤中磷的固定。三是要促进土壤中难溶性磷的溶解，提高磷的活性，使难溶性磷逐渐转化为有效态磷。

根据土壤条件和固磷机制的不同，一般可采取以下农业措施。

表5-9 土壤有效磷含量各等级在昌吉回族自治州的分布

地区	一级 (>30.0mg/kg)		二级 (20.0~30.0mg/kg)		三级 (15.0~20.0mg/kg)		四级 (8.0~15.0mg/kg)		五级 (≤8.0mg/kg)		合计	
	面积/khm²	占比/%	面积/khm²	占比/%	面积/khm²	占比/%	面积/khm²	占比/%	面积/khm²	占比/%	面积/khm²	占比/%
昌吉市	2.36	1.06	28.80	10.47	28.99	26.82	33.38	26.35	3.14	32.83	96.67	13.02
阜康市	4.49	2.02	23.16	8.42	14.80	13.69	13.50	10.66	0.58	6.00	56.53	7.62
呼图壁县	65.36	29.33	67.24	24.45	12.64	11.69	1.86	1.47	0.15	1.61	147.25	19.84
玛纳斯县	98.17	44.06	49.56	18.02	8.16	7.55	6.86	5.41	0.28	3.04	163.03	21.97
奇台县	33.96	15.24	59.77	21.73	30.46	28.18	33.16	26.17	2.00	20.90	159.35	21.47
吉木萨尔县	18.14	8.14	38.67	14.06	6.40	5.92	3.55	2.81	—	—	66.76	9.00
木垒哈萨克自治县	0.33	0.15	7.83	2.85	6.64	6.15	34.37	27.13	3.40	35.62	52.57	7.08
昌吉回族自治州	222.81	30.02	275.03	37.06	108.09	14.56	126.68	17.07	9.55	1.29	742.16	100.00

（一）调节土壤pH值

在施肥中应多施用酸性肥料，以中和土壤中的碱性，如有机肥、过磷酸钙等。由于土壤酸度适中，有利于微生物的活动，从而增强了磷的活化过程。

（二）因土、因作物施磷肥

在施用磷肥时要考虑不同的土壤条件和作物不同种类选择适宜的磷肥品种。如在碱性土壤上施用过磷酸钙，有利于提高磷肥的有效性。磷矿粉适合在豆科作物和油菜作物上施用，因为这些作物吸收利用磷的能力比一般作物强得多。

（三）磷肥与有机肥混施

磷肥与有机肥混合堆沤后一起施用，效果较好。因为有机肥在分解过程中所产生的中间产物（有机酸类），对铁、铝、钙能够起到一定的络合作用，因而降低了Fe^{3+}、Al^{3+}、Ca^{2+}的离子浓度，可减弱磷的化学固定作用。另外，形成的腐殖质还可在土壤固体表面形成胶膜，可减弱磷的表面固定作用。在石灰性土壤上结合施用大量的有机肥也可降低磷的固定作用，从而提高磷的有效性。

（四）集中施磷肥

采取集中施用磷肥的方法，尽量减少或避免与土壤的接触面，把磷肥施在根系附近效果较好。因为磷的移动性很小，穴施、条施或把磷肥制成颗粒肥，或采取叶面喷肥等，均可提高磷肥的有效性。在碱性土壤上施用酸性磷肥，如过磷酸钙等，应采用撒施效果较好。磷肥剂型以粉状为好，其细度越细，效果越好，尽量多与土壤接触才能提高其有效性。

第五节 土壤速效钾

钾是作物生长发育过程中所必需的营养元素之一，与作物的生理代谢、抗逆及品质的改善密切相关，被认为是品质元素。钾还可以提高肥料的利用率，改善环境质量。钾是土壤中含量最高的矿质营养元素。土壤中的钾素基本以无机形态存在，根据钾的存在形态和作物吸收能力，可把土壤中的钾素分为4个部分：土壤矿物态钾（难溶性钾）、非交换态钾（缓效钾）、吸附性钾（交换性钾）、水溶性钾。后两种合称为速效性钾（速效钾），一般占全钾的1%~2%，可以被当季作物吸收利用，是反映土壤肥力高低的指标之一。

一、土壤速效钾含量及其空间差异

通过对昌吉回族自治州1 102个耕层土壤样品速效钾含量测定结果分析，昌吉回族自治州耕层土壤速效钾含量平均值为349mg/kg。平均含量以昌吉市最高，为435mg/kg，木垒哈萨克自治县含量最低，为313mg/kg。

昌吉回族自治州土壤速效钾含量平均变异系数为59.03%，最大值出现在奇台县，为77.40%；最小值出现在昌吉市，为44.14%（表5-10）。

表 5-10　昌吉回族自治州土壤速效钾含量及其空间差异

名称	点位数/个	平均值/(mg/kg)	标准差/(mg/kg)	变异系数/%
昌吉市	192	435	192	44.14
阜康市	81	361	233	64.54
呼图壁县	167	356	191	53.65
玛纳斯县	191	317	152	47.95
奇台县	286	323	250	77.40
吉木萨尔县	102	329	174	52.89
木垒哈萨克自治县	83	313	159	50.80
昌吉回族自治州	1102	349	206	59.03

二、土壤速效钾含量的分级与分布

从昌吉回族自治州耕层土壤速效钾含量分级面积统计数据看，昌吉回族自治州耕地土壤速效钾含量多数在一级。按等级分，一级占 74.68%，二级占 14.83%，三级占 7.89%，四级占 2.49%，五级占 0.11%（图 5-5，表 5-11）。

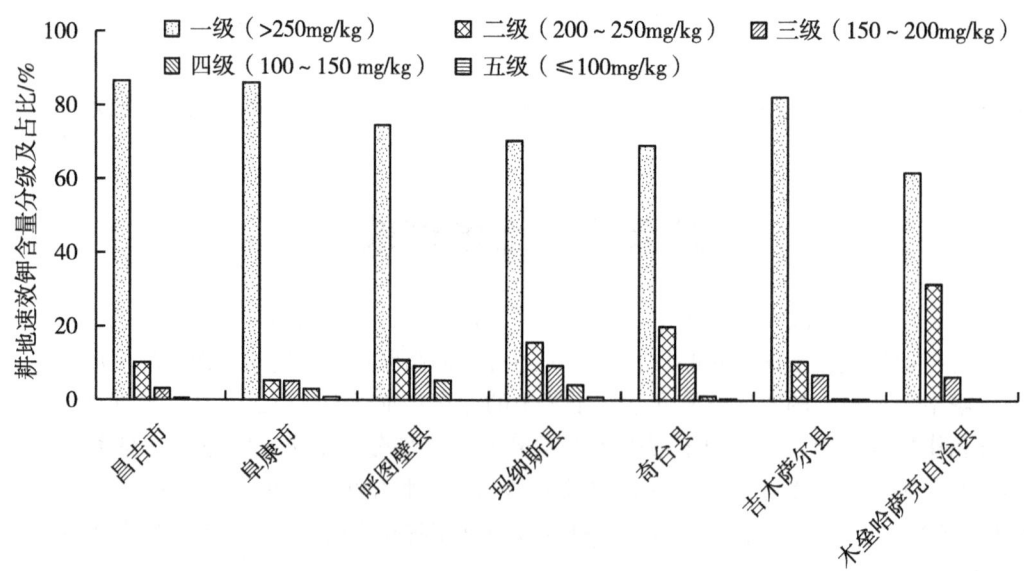

图 5-5　速效钾含量在各县（市）的分级及占比

（一）一级

昌吉回族自治州速效钾含量为一级的耕地面积 554.22khm²，其中玛纳斯县面积最大，为 114.67khm²，占速效钾含量为一级耕地面积的 20.69%，其次为奇台县和呼图壁县，分别占 19.85% 和 19.80%。

第五章 耕地土壤有机质及主要营养元素

表5-11 土壤速效钾含量各等级在昌吉回族自治州的分布

地区	一级 (>250mg/kg)		二级 (200~250mg/kg)		三级 (150~200mg/kg)		四级 (100~150mg/kg)		五级 (≤100mg/kg)		合计	
	面积/khm²	占比/%	面积/khm²	占比/%	面积/khm²	占比/%	面积/khm²	占比/%	面积/khm²	占比/%	面积/khm²	占比/%
昌吉市	83.70	15.10	9.90	9.00	3.06	5.20	0.01	0.06	—	—	96.67	13.02
阜康市	48.64	8.77	3.05	2.77	2.93	5.00	1.72	9.33	0.19	23.25	56.53	7.62
呼图壁县	109.72	19.80	16.00	14.53	13.63	23.29	7.90	42.70	—	—	147.25	19.84
玛纳斯县	114.67	20.69	25.60	23.26	15.31	26.14	6.84	36.99	0.61	75.05	163.03	21.97
奇台县	110.01	19.85	31.81	28.90	15.56	26.57	1.96	10.59	0.01	1.59	159.35	21.47
吉木萨尔县	54.96	9.92	7.09	6.45	4.67	7.97	0.03	0.16	0.01	0.11	66.76	9.00
木垒哈萨克自治县	32.52	5.87	16.61	15.09	3.41	5.83	0.03	0.17	—	—	52.57	7.08
昌吉回族自治州	554.22	74.68	110.06	14.83	58.57	7.89	18.49	2.49	0.82	0.11	742.16	100.00

(二) 二级

昌吉回族自治州速效钾含量为二级的耕地面积110.06km^2，其中奇台县面积最大，为31.81km^2，占速效钾含量为二级耕地面积的28.90%，其次为玛纳斯县和木垒哈萨克自治县，分别占23.26%和15.09%。

(三) 三级

昌吉回族自治州速效钾含量为三级的耕地面积58.57km^2，其中奇台县面积最大，为15.56km^2，占速效钾含量为三级耕地面积的26.57%，其次为玛纳斯县和呼图壁县，分别占26.14%和23.29%。

(四) 四级

昌吉回族自治州速效钾含量为四级的耕地面积18.49km^2，其中呼图壁县面积最大，为7.90km^2，占速效钾含量为四级耕地面积的42.70%，其次为玛纳斯县和奇台县，分别占36.99%和10.59%。

(五) 五级

昌吉回族自治州速效钾含量为五级的耕地面积0.82km^2，其中玛纳斯县面积最大，为0.61km^2，占速效钾含量为五级耕地面积的75.05%，其次为阜康市和奇台县，分别占23.25%和1.59%。昌吉市、呼图壁县和木垒哈萨克自治县无速效钾含量为五级的耕地。

三、土壤速效钾调控

提高土壤中钾的有效性，一般要从以下三方面调控：一是采取增施速效态钾肥来增加土壤中钾的含量，以保证供给当季作物对钾的吸收利用。二是调节土壤环境条件，使土壤中的缓效钾快速转化为速效钾。三是要促使土壤中难溶性钾的溶解，提高钾的活性，使难溶性钾逐渐转化为速效钾。

根据土壤条件和作物对钾的吸收，一般可采取以下农业措施。

(一) 调节土壤pH值

在酸性土壤上施用碱性肥料，降低土壤的酸性，以减少土壤中速效性钾的淋溶，增强土壤对钾的吸附固定。在碱性土壤上使用酸性肥料，减少土壤对钾的吸附固定，提高钾的活性。

(二) 因土、因作物施钾肥

在施用钾肥时要考虑不同的土壤条件和作物不同种类，选择适宜的钾肥品种。由于钾肥多数水溶性较强，作物后期对钾的吸收较强，提倡钾肥后移，提高钾肥的利用率。

(三) 使用有机肥料

在缺钾的土壤上，增施有机肥能起到一定的补钾作用。因为有机肥的钾含量较高，有机肥在腐熟后，能将有机态的钾肥转化为无机钾，供植物吸收利用。

(四) 集中施钾肥

采取集中施用钾肥的方法，尽量减少或避免与土壤的接触面，把钾肥施在根系附近效果较好。或采取叶面喷施磷酸二氢钾等，均可提高钾肥的有效性，达到迅速补充钾肥的目的。

第六节 土壤缓效钾

缓效钾主要指 2∶1 型层状硅酸盐矿物层间和颗粒边缘的一部分钾，通常占全钾量的 1%～10%。缓效钾是速效钾的贮备库，当速效钾因作物吸收和淋失而导致浓度降低时，部分缓效钾可以释放出来转化为交换性钾和溶液钾，成为速效钾。因此，判断土壤供钾能力应综合考虑土壤速效钾和土壤缓效钾两项指标。如果土壤速效钾含量低，而缓效钾含量较高时，土壤的供钾能力并不一定很低，施用钾肥往往效果不明显。只有土壤速效钾和缓效钾含量都低的情况下，施用钾肥的效果才十分显著。

一、土壤缓效钾含量及其空间差异

通过对昌吉回族自治州耕层土壤样品缓效钾含量测定结果分析，昌吉回族自治州耕层土壤缓效钾含量平均值为 923mg/kg。平均含量以木垒哈萨克自治县最高，为 1323mg/kg，呼图壁县含量最低，为 718mg/kg。

昌吉回族自治州土壤缓效钾含量平均变异系数为 36.26%，最大值出现在呼图壁县，为 39.00%；最小值出现在木垒哈萨克自治县，为 21.72%（表 5-12）。

表 5-12 昌吉回族自治州土壤缓效钾含量及其空间差异

名称	平均值/(mg/kg)	标准差/(mg/kg)	变异系数/%
昌吉市	931	301	32.29
阜康市	844	288	34.16
呼图壁县	718	280	39.00
玛纳斯县	984	382	38.83
奇台县	940	333	35.42
吉木萨尔县	902	286	31.70
木垒哈萨克自治县	1323	287	21.72
昌吉回族自治州	923	335	36.26

二、土壤缓效钾的分级与分布

从昌吉回族自治州耕层土壤缓效钾含量分级面积统计数据看，昌吉回族自治州耕地土壤缓效钾含量多数在一级至四级。按等级分，一级占 9.68%，二级占 24.43%，三级占 35.86%，四级占 25.11%，五级占 4.92%（图 5-6，表 5-13）。

（一）一级

昌吉回族自治州缓效钾含量为一级的耕地面积 71.82khm^2，其中玛纳斯县面积最大，为27.97km²，占缓效钾含量为一级耕地面积的38.95%，其次为木垒哈萨克自治县和奇台县，分别占31.03%和15.71%。

(二) 二级

昌吉回族自治州缓效钾含量为二级的耕地面积181.29km²，其中奇台县面积最大，为62.47km²，占缓效钾含量为二级耕地面积的34.46%，其次为玛纳斯县和昌吉市，分别占20.66%和15.18%。

(三) 三级

昌吉回族自治州缓效钾含量为三级的耕地面积266.16km²，其中玛纳斯县面积最大，为61.81km²，占缓效钾含量为三级耕地面积的23.22%，其次为奇台县和呼图壁县，分别占22.95%和16.67%。

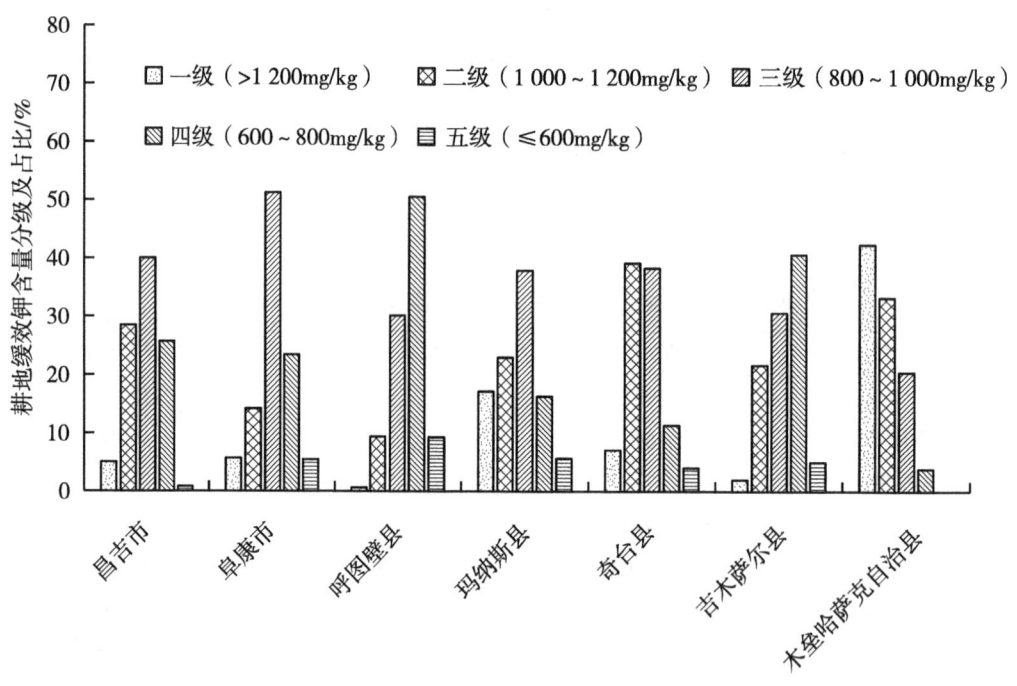

图5-6 缓效钾含量在各县（市）的分级及占比

(四) 四级

昌吉回族自治州缓效钾含量为四级的耕地面积186.36km²，其中呼图壁县面积最大，为74.38km²，占缓效钾含量为四级耕地面积的39.92%，其次为吉木萨尔县和玛纳斯县，分别占14.56%和14.28%。

(五) 五级

昌吉回族自治州缓效钾含量为五级的耕地面积36.53km²，其中呼图壁县面积最大，为13.71km²，占缓效钾含量为五级耕地面积的37.52%，其次为玛纳斯县和奇台

第五章 耕地土壤有机质及主要营养元素

表5-13 土壤缓效钾含量各等级在昌吉回族自治州的分布

地区	一级 (>1 200mg/kg)		二级 (1 000~1 200mg/kg)		三级 (800~1 000mg/kg)		四级 (600~800mg/kg)		五级 (≤600mg/kg)		合计	
	面积/khm²	占比/%	面积/khm²	占比/%	面积/khm²	占比/%	面积/khm²	占比/%	面积/khm²	占比/%	面积/khm²	占比/%
昌吉市	4.83	6.72	27.52	15.18	38.69	14.54	24.83	13.32	0.80	2.20	96.67	13.02
阜康市	3.20	4.45	8.02	4.42	28.97	10.88	13.26	7.11	3.08	8.43	56.53	7.62
呼图壁县	0.93	1.30	13.85	7.64	44.38	16.67	74.38	39.92	13.71	37.52	147.25	19.84
玛纳斯县	27.97	38.95	37.45	20.66	61.81	23.22	26.62	14.28	9.18	25.13	163.03	21.97
奇台县	11.28	15.71	62.47	34.46	61.07	22.95	18.11	9.72	6.42	17.56	159.35	21.47
吉木萨尔县	1.33	1.84	14.48	7.99	20.47	7.69	27.14	14.56	3.34	9.16	66.76	9.00
木垒哈萨克自治县	22.28	31.03	17.50	9.65	10.77	4.05	2.02	1.09	—	—	52.57	7.08
昌吉回族自治州	71.82	9.68	181.29	24.43	266.16	35.86	186.36	25.11	36.53	4.92	742.16	100.00

县，分别占 25.13% 和 17.56%。

三、土壤缓效钾调控

（一）土壤缓效钾含量变化及影响因素

土壤钾素含量变化的影响因素很多，主要是施肥和种植制度。昌吉回族自治州一般土壤不缺乏钾素，但施用钾肥往往能起到一定增产效果，究其原因大概有以下几方面。

1. 有机肥投入不足

虽然土壤速效钾、缓效钾含量不低，但容易被土壤固定，不如施入的钾肥水溶性高，容易被作物吸收。有机肥不仅富含作物生长发育所需的多种营养元素，还含有丰富的钾素，不但能改良培肥土壤，还可提高土壤钾素供应能力，对土壤钾素的循环十分重要。但有机肥料肥效缓慢，周期长、见效慢，不如化肥养分含量高，施用方便，见效快，因此投入相对不足。

2. 土壤钾素含量出现下滑

人们对钾肥的认识不足，生产上一直存在着"重氮磷肥，轻钾肥"的施肥现象。施用化学钾肥，水溶性好，因而能够被作物迅速吸收，从而达到增产目的。

3. 作物产量和复种指数提高

随着农业的迅猛发展，高产品种的引进和科学栽培技术的应用，复种指数和产量不断提高，从土壤中带走的钾越来越多，加剧了土壤钾素的消耗。

（二）土壤钾素调控

合理施用钾肥应以土壤钾素丰缺状况为依据。因为在土壤缺钾的情况下，钾肥的增产效果极为显著，一般可增产 10%~25%。当土壤速效钾含量达到高或极高时，一般就没有必要施钾肥了，因为土壤中的钾已能满足作物的需要。总的来说，昌吉回族自治州大部分地区的缺钾现象并不十分严重，但某些地区也存在着钾肥施用不合理、钾肥利用率低的现象，造成了钾素资源的大量浪费。因此，科学合理的评价土壤供钾特性、充分发挥土壤的供钾潜力，有效施用和分配钾肥显得尤为重要。针对土壤钾素状况，可以通过以下几种途径进行调控。

1. 提高对钾肥投入的认识

利用一切形式广泛深入地宣传增施钾肥的重要性，以增强农户的施用钾肥意识，增加钾肥投入的自觉性。另外，还应当认识到：（1）钾肥的肥效一定要在满足作物对氮、磷营养需求的基础上才能显现出来。（2）土壤速效钾的丰缺指标会随着作物产量的提高和氮、磷化肥用量的增加而变化，例如，原来不缺钾的土壤，这几年施钾也有效了。（3）我国钾肥资源紧缺，多年来依靠进口，因此有限的钾肥应优先分配在缺钾土壤和喜钾作物上。

2. 深翻晒垡

这一措施可改良土壤结构，协调土壤水、肥、气、热状况，有利于土壤钾素释放。

3. 增施有机肥

作物秸秆还田对增加土壤钾素含量尤为明显，秸秆可通过过腹、堆沤和直接覆盖 3

种形式还田。另外，发展绿肥生产也是提高土壤钾素含量的有效途径，可利用秋收后剩余光热资源、种植一季绿肥进行肥田。

4. 施用生物钾肥

土壤中钾素含量比较丰富，但90%~98%是一般作物难以吸收的形态。施用生物钾肥可将难溶性钾转变为有效钾，挖掘土壤钾素潜力，从而增加土壤有效钾含量，达到补钾目的。

5. 优化配方施肥，增施化学钾肥

改变多氮、磷肥，少钾肥的施肥现状，充分利用各地地力监测和试验示范结果，因土壤因作物制定施肥方案，协调氮、磷、钾，有机肥与无机肥之间的比例。根据不同土壤及作物，在增施有机肥的基础上，适量增加钾肥用量，逐步扭转钾素亏缺局面。

第七节 土壤有效铁

铁（Fe）是地壳中较丰富的元素。铁在土壤中广泛存在，是土壤的染色剂，和土壤的颜色有直接相关性。土壤中铁的含量主要与土壤pH值、氧化还原条件、土壤全氮、碳酸钙含量和成土母质等有关。容易发生缺铁的土壤一般有盐碱土、施用大量磷肥土壤、风沙土和砂土等。由于铁的有效性差，植物容易出现缺铁症状，其土壤本身可能不缺铁。在酸性和淹水还原条件下，铁以亚铁形式出现，易使植物亚铁中毒。

土壤铁的有效性受到很多因素的影响，如土壤pH值、$CaCO_3$含量、水分、孔隙度等。铁的有效性与pH值呈负相关。pH值高的土壤易生成难溶的氢氧化铁，降低土壤中铁的有效性。长期处于还原条件的酸性土壤，铁被还原成溶解度大的亚铁，铁的有效性增加。干旱少雨地区土壤中氧化环境占优势，降低了铁的溶解度。土壤中有效铁含量与全氮成正比。碱性土壤中，铁能与碳酸根生成难溶的碳酸盐，降低铁的有效性。而在酸性土壤上很难观察到缺铁现象。成土母质影响全铁含量。土壤母质含铁高，土壤表层含铁量也高。

铁作为含量相对较大的微量元素，其在植物生长过程中具有重要的生理意义，因此，明确土壤有效铁含量变化及其分布，对于合理调控土壤肥力，促进作物高产具有重要意义。

一、土壤有效铁含量及其空间差异

通过对昌吉回族自治州耕层土壤样品有效铁含量测定结果分析，昌吉回族自治州耕层土壤有效铁含量平均值为5.0mg/kg。平均含量以阜康市最高，为7.1mg/kg，呼图壁县最低，为3.2mg/kg。

昌吉回族自治州土壤有效铁含量平均变异系数为75.31%，最小值出现在昌吉市，为65.45%；最大值出现在玛纳斯县，为88.79%（表5-14）。

表 5-14 昌吉回族自治州土壤有效铁含量及其空间差异

名称	平均值/(mg/kg)	标准差/(mg/kg)	变异系数/%
昌吉市	5.7	3.7	65.45
阜康市	7.1	4.8	67.89
呼图壁县	3.2	2.2	67.70
玛纳斯县	4.8	4.2	88.79
奇台县	4.7	3.5	73.86
吉木萨尔县	5.4	3.6	65.85
木垒哈萨克自治县	3.7	2.9	78.03
昌吉回族自治州	5.0	3.8	75.31

二、土壤有效铁的分级与分布

从昌吉回族自治州耕层土壤有效铁含量分级面积统计数据看，昌吉回族自治州耕地土壤有效铁含量多数在四级和五级。按等级分，一级占 0.10%，二级占 0.19%，三级占 3.09%，四级占 43.07%，五级占 53.55%。提升空间很大（图 5-7，表 5-15）。

（一）一级

昌吉回族自治州有效铁含量为一级的耕地面积 0.72khm²，均分布在玛纳斯县。

（二）二级

昌吉回族自治州有效铁含量为二级的耕地面积 1.38khm²，其中玛纳斯县面积最大，为 0.63khm²，占有效铁含量为二级耕地面积的 46.01%，其次为昌吉市和阜康市，分别占 34.55% 和 19.44%。

（三）三级

昌吉回族自治州有效铁含量为三级的耕地面积 22.94khm²，其中玛纳斯县面积最大，为 10.69khm²，占有效铁含量为三级耕地面积的 46.61%，其次为阜康市和昌吉市，分别占 30.08% 和 20.40%。

（四）四级

昌吉回族自治州有效铁含量为四级的耕地面积 319.68khm²，其中玛纳斯县面积最大，为 84.44khm²，占有效铁含量为四级耕地面积的 26.41%，其次为昌吉市和奇台县，分别占 15.28% 和 14.26%。

（五）五级

昌吉回族自治州有效铁含量为五级的耕地面积 397.44khm²，其中奇台县面积最大，为 113.39khm²，占有效铁含量为五级耕地面积的 28.53%，其次为呼图壁县和玛纳斯县，分别占 27.89% 和 16.74%。

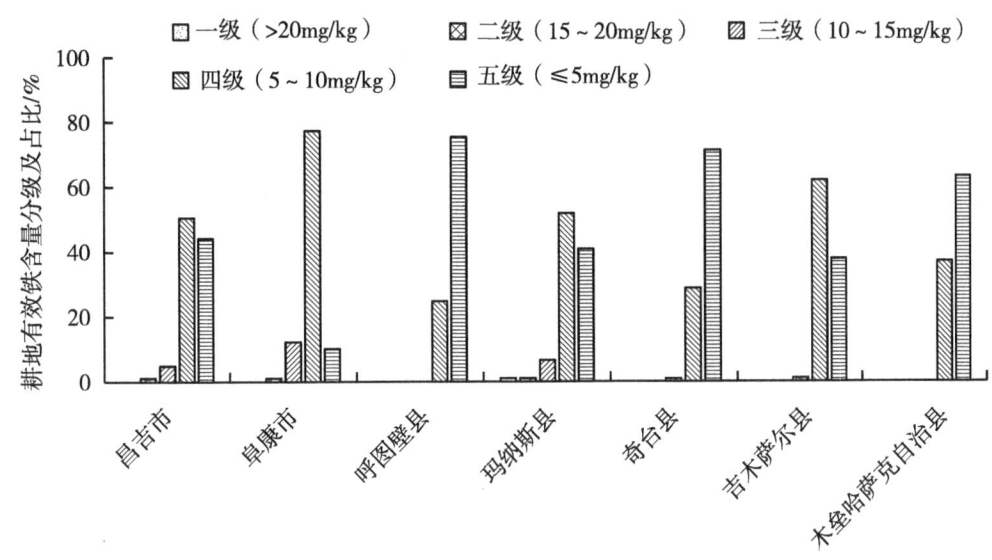

图 5-7 有效铁含量在各县（市）的分级及占比

三、土壤有效铁调控

（一）作物缺铁状况

由于作物产量大幅提高、微肥投入不足以及石灰性土壤自身碱性反应及氧化作用，使铁形成难溶性化合物而降低其有效性，致使植物缺铁现象连年发生，涉及的植物品种较为广泛。植物缺铁病害，不但影响作物的生长发育、产量及品质，更重要的是影响人体健康，如缺铁营养病、缺铁性贫血病等。而合理施用铁肥有助于提高植物性产品的铁含量，改善人类的铁营养。另外高位泥炭土、砂质土、通气性不良的土壤、富含磷或大量施用磷肥的土壤、全氮含量低的酸性土壤、过酸的土壤上也易发生缺铁。通过合理施铁肥调控改善土壤缺铁状况。

作物缺铁常出现在游离碳酸钙含量高的碱性土壤上，一些落叶果树（桃、苹果等）在高温多雨季节叶片缺铁失绿现象十分明显。对缺铁敏感的有花生、大豆、草莓、苹果、梨和桃等。单子叶植物如玉米、小麦等很少缺铁，其原因是它们的根可分泌一种能螯合铁的有机物——麦根酸，活化土壤中的铁，增加对铁的吸收利用。由于铁在植物体内很难移动，又是叶绿素形成的必需元素，所以缺铁常见的症状是幼叶的失绿症。开始时叶色变淡，进而叶脉间失绿黄化，叶脉仍保持绿色。缺铁严重时整个叶片变白，并出现坏死的斑点。

（二）铁肥类型及合理施用技术

1. 铁肥类型

铁肥可分为无机铁肥、有机铁肥两大类。硫酸亚铁和硫酸铁是常用的无机铁肥。有机铁肥包括络合、螯合、复合有机铁肥，如乙二胺四乙酸（EDTA）、二乙烯三胺五乙酸铁（DTPA）、羟乙基乙二胺三乙酸铁（HEEDTA）等，这类铁肥可适用的 pH 值、土

表5-15 土壤有效铁含量各等级在昌吉回族自治州的分布

地区	一级 (>20mg/kg)		二级 (15~20mg/kg)		三级 (10~15mg/kg)		四级 (5~10mg/kg)		五级 (≤5mg/kg)		合计	
	面积/khm²	占比/%	面积/khm²	占比/%	面积/khm²	占比/%	面积/khm²	占比/%	面积/khm²	占比/%	面积/khm²	占比/%
昌吉市	—	—	0.48	34.55	4.68	20.40	48.84	15.28	42.67	10.74	96.67	13.02
阜康市	—	—	0.27	19.44	6.90	30.08	43.67	13.66	5.69	1.43	56.53	7.62
呼图壁县	—	—	—	—	—	—	36.42	11.39	110.83	27.89	147.25	19.84
玛纳斯县	0.72	100.00	0.63	46.01	10.69	46.61	84.44	26.41	66.55	16.74	163.03	21.97
奇台县	—	—	—	—	0.37	1.60	45.59	14.26	113.39	28.53	159.35	21.47
吉木萨尔县	—	—	—	—	0.30	1.31	41.33	12.93	25.13	6.32	66.76	9.00
木垒哈萨克自治县	—	—	—	—	—	—	19.39	6.07	33.18	8.35	52.57	7.08
昌吉回族自治州	0.72	0.10	1.38	0.19	22.94	3.09	319.68	43.07	397.44	53.55	742.16	100.00

壤类型范围广，肥效高，可混性强。但其成本昂贵、售价极高，多用作叶面喷施。柠檬酸铁、葡萄糖酸铁十分有效。柠檬酸铁土施可提高土壤铁的溶解吸收，可促进土壤钙、磷、铁、锰、锌的释放，提高铁的有效性。

2. 铁肥施用方法及注意事项

（1）铁肥在土壤中易转化为无效铁、其后效弱。因此，每年都应向缺铁土壤施用铁肥，土施铁肥应以无机铁肥为主，如七水硫酸亚铁。施铁量一般为 15~30kg/hm²。

（2）根外施铁肥，以有机铁肥为主，其用量小，效果好。螯合铁肥、柠檬酸铁类有机铁肥价格极为昂贵，土壤施用成本非常高，其主要用于根外施肥，即叶面喷施或茎秆钻孔施用。果树类可采用叶片喷施，吊针输液，及树干钉铁钉或钻孔置药法。

（3）叶面喷施是最常用的校正植物缺铁黄化病的高效方法，也就是采用均匀喷雾的方法将含铁营养液喷到叶面上，其可与酸性农药混合喷施。叶面喷施铁肥的时间一般选在晴朗无风的 16:00 以后，喷施后遇雨应在天晴后再补喷 1 次。无机铁肥随喷随配，肥液不宜久置，以防止氧化失效。叶面喷施铁肥的浓度一般为 5~30g/kg，可与酸性农药混合喷施。单独喷施铁肥时，可在肥液中加入尿素或表面活性剂（非离子型洗衣粉），以促进肥液在叶面的附着及铁素的吸收。由于叶面喷施肥料持效期短，因此，果树或长生育期作物缺铁矫正时，一般每半月左右喷施 1 次，连喷 2~3 次，可起到良好的效果。

（4）土施铁肥与生理酸性肥料混合施用能起到较好的效果，如硫酸亚铁和硫酸钾造粒合施的肥效明显高于各自单独施用的肥效之和。

（5）浸种和种子包衣。对于易缺铁作物种子或缺铁土壤上播种，用铁肥浸或包衣可矫正缺铁症。浸种溶液浓度为 1g/kg 硫酸亚铁，包衣剂铁含量为 100g/kg。

（6）肥灌铁肥。对于具有喷灌或滴灌设备的农田缺铁防治或矫正，可将铁肥加入灌溉水中，效果良好。

第八节　土壤有效锰

锰（Mn）在地壳中是一个分布很广的元素，能在大多数岩石中，特别是铁镁物质中找到微量锰的存在。土壤中全锰含量比较丰富，一般在 100~5 000mg/kg。土壤中锰的含量因母质的种类、质地、成土过程以及土壤的酸度、全氮的积累程度等而异，其中母质的影响尤为明显。锰在植株中的正常浓度一般是 20~500mg/kg。土壤中的有效锰主要包括水溶态锰、交换态锰和一部分易还原态锰。土壤 pH 值越低，锰有效性越高，在碱性或石灰性土壤中锰易形成 MnO 沉淀，有效性降低。大多数中性或碱性土壤有可能缺锰。石灰性土壤，尤其是排水不良和全氮含量高的土壤易缺锰。

对锰较敏感的作物有麦类、玉米、马铃薯、甘薯、甜菜、豆类、花生、棉花、油菜和果树等。作物施用锰肥对种子发芽、苗期生长及生殖器官的形成、促进根、茎的发育等都有良好作用。

一、土壤有效锰含量及其空间差异

通过对昌吉回族自治州耕层土壤样品有效锰含量测定结果分析，昌吉回族自治州耕层土壤有效锰含量平均值为 4.9mg/kg。平均含量以木垒哈萨克自治县含量最高，为 9.1mg/kg，呼图壁县含量最低，为 3.1mg/kg。

昌吉回族自治州土壤有效锰含量平均变异系数为 86.00%，最小值出现在奇台县，为 55.65%；最大值出现在呼图壁县，为 133.54%（表5-16）。

表5-16　昌吉回族自治州土壤有效锰含量及其空间差异

名称	平均值/(mg/kg)	标准差/(mg/kg)	变异系数/%
昌吉市	5.4	3.6	66.74
阜康市	8.0	5.9	73.65
呼图壁县	3.1	4.1	133.54
玛纳斯县	3.6	3.6	98.42
奇台县	3.8	2.1	55.65
吉木萨尔县	6.4	3.8	60.25
木垒哈萨克自治县	9.1	8.4	92.76
昌吉回族自治州	4.9	4.2	86.00

二、土壤有效锰含量的分级与分布

从昌吉回族自治州耕层土壤有效锰含量分级面积统计数据看，昌吉回族自治州耕地土壤有效锰含量多数在三级和四级。按等级分，一级占 0.37%，二级占 4.01%，三级占 33.43%，四级占 39.55%，五级占 22.64%。提升空间较大（图5-8，表5-17）。

（一）一级

昌吉回族自治州有效锰含量为一级的耕地面积 2.78km^2，其中阜康市面积最大，为 1.51km^2，占有效锰含量为一级耕地面积的 54.55%，其次为木垒哈萨克自治县和昌吉市，分别占 42.05% 和 3.40%。

（二）二级

昌吉回族自治州有效锰含量为二级的耕地面积 29.75km^2，其中木垒哈萨克自治县面积最大，为 14.72km^2，占有效锰含量为二级耕地面积的 49.46%，其次为阜康市，占 34.19%。

（三）三级

昌吉回族自治州有效锰含量为三级的耕地面积 248.09km^2，其中吉木萨尔县面积最大，为 50.37km^2，占有效锰含量为三级耕地面积的 20.31%，其次为昌吉市和阜康市，分别占 19.39% 和 16.34%。

(四) 四级

昌吉回族自治州有效锰含量为四级的耕地面积293.55km², 其中奇台县面积最大, 为91.75km², 占有效锰含量为四级耕地面积的31.25%, 其次为玛纳斯县和呼图壁县, 分别占27.12%和21.52%。

(五) 五级

昌吉回族自治州有效锰含量为五级的耕地面积167.99km², 其中呼图壁县面积最大, 为60.54km², 占有效锰含量为五级耕地面积的36.04%, 其次为玛纳斯县和奇台县, 分别占29.55%和24.96%。

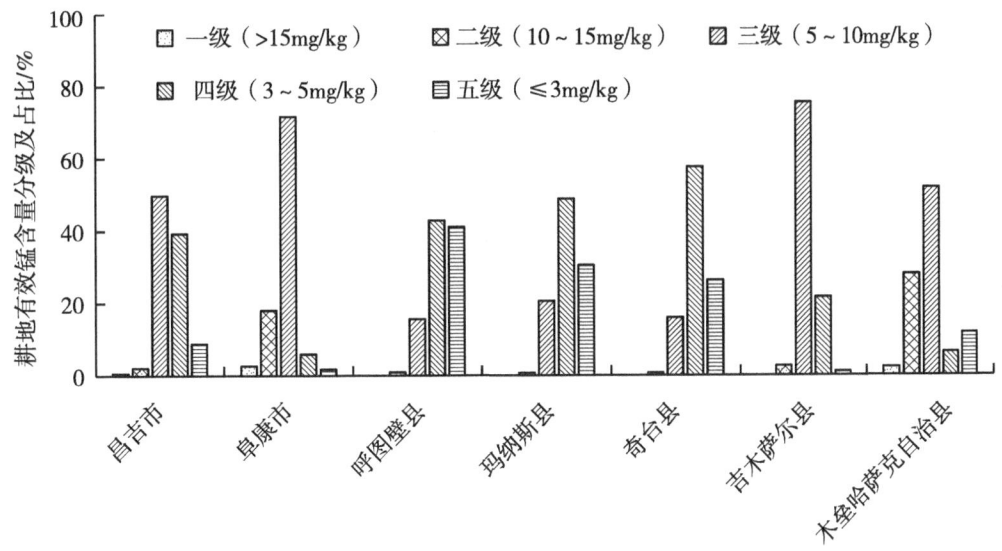

图5-8 有效锰含量在各县 (市) 的分级及占比

三、土壤有效锰调控

土壤中锰的有效性与土壤pH值、通气性和碳酸盐含量有一定关系, 在pH值4~9的范围内, 随着土壤pH值的提高, 锰的有效性降低, 在酸性土壤中, 全锰和交换性锰 (有效锰) 含量都较高。一般来说, 有些土壤全锰的含量比较高, 但它的有效态含量却很低, 生长在这种土壤上的农作物, 依然会因缺锰而出现缺素的生理症状。另外, 随着作物产量的增加和复种指数的提高, 从土壤中带走的锰也越来越多, 而且氮磷化肥的施用量越来越大, 有机肥料施用不足, 致使锰大面积的缺乏, 有的地块已明显表现出缺素症状。

昌吉回族自治州大部分为中性或碱性土壤, 较易出现缺锰现象, 尤其是排水不良和石灰含量高的土壤极易缺锰。针对土壤缺锰状况, 一般是通过施用含锰肥料 (锰肥) 的方式进行补充。常用的锰肥有硫酸锰、氯化锰、碳酸锰、氧化锰等。在实际施用锰肥时, 应注意以下主要原则。

表 5-17 土壤有效锰含量各等级在昌吉回族自治州的分布

地区	一级 (>15mg/kg)		二级 (10~15mg/kg)		三级 (5~10mg/kg)		四级 (3~5mg/kg)		五级 (≤3mg/kg)		合计	
	面积/khm²	占比/%	面积/khm²	占比/%	面积/khm²	占比/%	面积/khm²	占比/%	面积/khm²	占比/%	面积/khm²	占比/%
昌吉市	0.10	3.40	2.03	6.84	48.11	19.39	37.98	12.94	8.45	5.03	96.67	13.02
阜康市	1.51	54.55	10.17	34.19	40.55	16.34	3.33	1.13	0.97	0.58	56.53	7.62
呼图壁县	—	—	0.57	1.91	22.96	9.25	63.18	21.52	60.54	36.04	147.25	19.84
玛纳斯县	—	—	0.30	1.00	33.48	13.50	79.60	27.12	49.65	29.55	163.03	21.97
奇台县	—	—	0.26	0.88	25.41	10.24	91.75	31.25	41.93	24.96	159.35	21.47
吉木萨尔县	—	—	1.70	5.72	50.37	20.31	14.38	4.90	0.31	0.18	66.76	9.00
木垒哈萨克自治县	1.17	42.05	14.72	49.46	27.21	10.97	3.33	1.14	6.14	3.66	52.57	7.08
昌吉回族自治州	2.78	0.37	29.75	4.01	248.09	33.43	293.55	39.55	167.99	22.64	742.16	100.00

(一) 根据土壤锰丰缺状况和作物种类确定施用

一般情况下，在土壤锰有效含量低时易产生缺素症，所以应采取缺什么补什么的原则，才能达到理想的效果。不同的作物种类，对锰肥的敏感程度不同，其需要量也不一样，如对锰敏感的作物有豆科作物、小麦、马铃薯、洋葱、菠菜、苹果、草莓等，需求量大；其次是大麦、甜菜、三叶草、芹菜、萝卜、番茄、棉花等，需求量一般；对锰不敏感的作物有玉米、黑麦、牧草等，需求量则较小。

(二) 注意施用量及浓度

只有在土壤严重缺乏锰元素时，才向土壤施用锰肥，因为一般作物对微量元素的需求量都很少，而且从适量到过量的范围很窄，因此要防止锰肥用量过大。土壤施用时必须施得均匀，否则会引起植物中毒，污染土壤与环境。锰肥可用作基肥和种肥。在播种前结合整地施入土中，或者与氮、磷、钾等化肥混合在一起均匀施入，施用量要根据作物和锰肥种类而定，一般不宜过大。土壤施用锰肥有后效，一般可每隔3~4年施用1次。

(三) 注意改善土壤环境条件

微量元素锰的缺乏，往往不是因为土壤中全锰含量低，而是其有效性低，通过调节土壤条件，如土壤酸碱度、土壤质地、全氮含量、土壤含水量等，可以有效改善土壤的锰营养条件。

(四) 注意与大量元素肥料配合施用

注意与大量元素肥料配合施用。微量元素和氮、磷、钾等营养元素都是同等重要、不可代替的，只有在满足了植物对大量元素需要的前提下，施用微量元素肥料才能充分发挥肥效，表现出明显的增产效果。

第九节 土壤有效铜

土壤铜含量常常与其母质来源和抗风化能力有关，与土壤质地间接相关。土壤中的铜大部分来自含铜矿物。一般情况下，碱性岩发育的土壤，其含铜量多于酸性岩发育的土壤，沉积岩中以砂岩含铜量最低。

一、土壤有效铜含量及其空间差异

通过对昌吉回族自治州耕层土壤样品有效铜含量测定结果分析，昌吉回族自治州耕层土壤有效铜含量平均值为2.15mg/kg。平均含量以阜康市含量最高，为6.56mg/kg，木垒哈萨克自治县含量最低，为0.90mg/kg。

昌吉回族自治州土壤有效铜含量平均变异系数为163.91%，最小值出现在呼图壁县，为52.29%；最大值出现在玛纳斯县，为137.37%（表5-18）。

表 5-18　昌吉回族自治州土壤有效铜含量差异

名称	平均值/(mg/kg)	标准差/(mg/kg)	变异系数/%
昌吉市	2.68	3.10	115.35
阜康市	6.56	6.93	105.52
呼图壁县	1.03	0.54	52.29
玛纳斯县	2.93	4.02	137.37
奇台县	0.98	0.58	59.43
吉木萨尔县	1.22	0.74	60.88
木垒哈萨克自治县	0.90	0.54	59.91
昌吉回族自治州	2.15	3.52	163.91

二、土壤有效铜含量的分级与分布

从昌吉回族自治州耕层土壤有效铜含量分级面积统计数据看，昌吉回族自治州耕地土壤有效铜含量多数在一级和三级。按等级分，一级占 30.84%，二级占 12.35%，三级占 30.00%，四级占 26.12%，五级占 0.69%。提升空间较大（图 5-9，表 5-19）。

（一）一级

昌吉回族自治州有效铜含量为一级的耕地面积 228.86khm²，其中玛纳斯县面积最大，为 91.45khm²，占有效铜含量为一级耕地面积的 39.96%，其次为昌吉市和阜康市，分别占 31.45%和 24.01%。

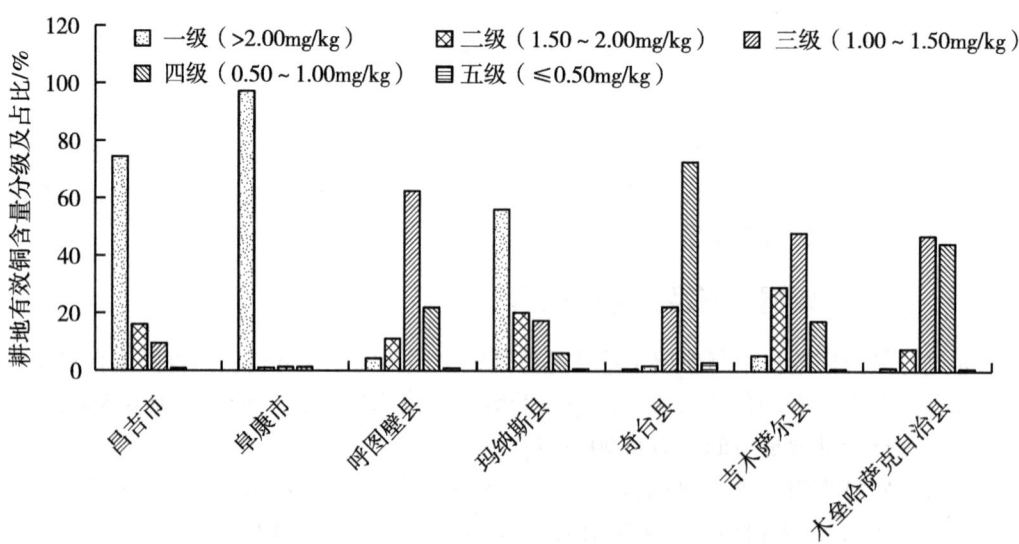

图 5-9　有效铜含量在各县（市）的分级及占比

第五章 耕地土壤有机质及主要营养元素

表5-19 土壤有效铜含量各等级在昌吉回族自治州的分布

地区	一级 (>2.00mg/kg)		二级 (1.50~2.00mg/kg)		三级 (1.00~1.50mg/kg)		四级 (0.50~1.00mg/kg)		五级 (≤0.50mg/kg)		合计	
	面积/khm²	占比/%	面积/khm²	占比/%	面积/khm²	占比/%	面积/khm²	占比/%	面积/khm²	占比/%	面积/khm²	占比/%
昌吉市	71.99	31.45	15.43	16.83	9.14	4.11	0.11	0.06	—	—	96.67	13.02
阜康市	54.95	24.01	0.54	0.59	0.72	0.32	0.32	0.17	—	—	56.53	7.62
呼图壁县	6.26	2.74	16.29	17.77	91.95	41.30	32.46	16.74	0.29	5.73	147.25	19.84
玛纳斯县	91.45	39.96	32.97	35.98	28.43	12.77	10.12	5.22	0.06	1.12	163.03	21.97
奇台县	0.03	0.01	2.86	3.13	35.68	16.02	115.99	59.83	4.79	93.07	159.35	21.47
吉木萨尔县	3.63	1.59	19.52	21.30	32.04	14.39	11.57	5.96	0.001	0.02	66.76	9.00
木垒哈萨克自治县	0.55	0.24	4.03	4.40	24.69	11.09	23.30	12.02	0.003	0.06	52.57	7.08
昌吉回族自治州	228.86	30.84	91.64	12.35	222.65	30.00	193.87	26.12	5.14	0.69	742.16	100.00

（二）二级

昌吉回族自治州有效铜含量为二级的耕地面积91.64km²，其中玛纳斯县面积最大，为32.97km²，占有效铜含量为二级耕地面积的35.98%，其次为吉木萨尔县和呼图壁县，分别占21.30%和17.77%。

（三）三级

昌吉回族自治州有效铜含量为三级的耕地面积222.65km²，其中呼图壁县面积最大，为91.95km²，占有效铜含量为三级耕地面积的41.30%，其次为奇台县和吉木萨尔县，分别占16.02%和14.39%。

（四）四级

昌吉回族自治州有效铜含量为四级的耕地面积193.87km²，其中奇台县面积最大，为115.99km²，占有效铜含量为四级耕地面积的59.83%，其次为呼图壁县和木垒哈萨克自治县，分别占16.74%和12.02%。

（五）五级

昌吉回族自治州有效铜含量为五级的耕地面积5.14km²，其中奇台县面积最大，为4.79km²，占有效铜含量为五级耕地面积的93.07%，其次呼图壁县为和玛纳斯县，分别占5.73%和1.12%。

三、土壤有效铜调控

一般认为，土壤缺铜的临界含量为0.5mg/kg，土壤有效铜低于0.5mg/kg时，属于缺铜；低于0.2mg/kg时，属于严重缺铜。针对土壤缺铜的情况，一般通过施用铜肥进行调控。

（一）铜的生理作用

铜参与植物的光合作用，以Cu^{2+}的形式被植物吸收，它可以畅通无阻地催化植物的氧化还原反应，从而促进碳水化合物和蛋白质的代谢与合成，使植物抗寒、抗旱能力大为增强；铜还参与植物的呼吸作用，影响作物对铁的利用，在叶绿体中含有较多的铜，因此铜与叶绿素形成有关；铜具有提高叶绿素稳定性的能力，避免叶绿素过早遭受破坏，这有利于叶片更好地进行光合作用。缺铜时，叶绿素减少，叶片出现失绿现象，幼叶的叶尖因缺绿而黄化并干枯，最后叶片脱落；还会使繁殖器官的发育受到破坏。植物需铜量极少，一般不会缺铜。

（二）土壤铜的变化特性

不同作物种植区土壤铜含量变化不一。土壤中铜的形态包括水溶态铜、有机态铜、离子态铜。水溶态铜在土壤全铜中所占比例较低，土壤中水溶态铜占全铜的比例仅为1.2%~2.8%，离子态铜占全铜及水溶态铜的比例分别为0.0003%~0.018%和0.01%~1.4%。使用有机肥会降低活性态铜含量，增加有机结合态铜含量，在铜缺乏土壤上应该避免过量使用有机肥。

（三）铜肥类型及合理施用技术

铜肥的主要品种有硫酸铜、氧化铜、氧化亚铜、碱式硫酸铜、铜矿渣等。

1. 硫酸铜

分子式为 $CuSO_4 \cdot 5H_2O$，含铜量为 25.5%，或失水成为 $CuSO_4 \cdot H_2O$，含铜量为 35%，能溶于水、醇、甘油及氨液，水溶液呈酸性。适用于各种施肥方法，但要注意在磷肥施用量较大的土壤上，最好采用种子处理或叶面喷施，以防止磷与铜结合成难溶的盐，降低铜的有效性。基施和拌种可促进玉米对铜的吸收，增产 6%~15%。

2. 氧化铜

分子式为 CuO，含铜量 78.3%，不溶于水和醇，但可在氨溶液中缓慢溶解。只能用作基肥，一般施入酸性土壤为好，每亩施用量为 0.4~0.6kg，每隔 3~5 年施用 1 次。

3. 氧化亚铜

分子式为 Cu_2O，含铜量为 84.4%。不溶于水、醇；溶于盐酸、浓氨水、浓碱。在干燥空气中稳定，在湿润空气中逐渐氧化成黑色氧化铜。由于难溶于水，只能作基肥，每亩施 0.3~0.5kg，每隔 3~5 年施 1 次。

4. 碱式硫酸铜

分子式为 $CuSO_4 \cdot 3Cu(OH)_2 \cdot H_2O$，含铜量为 13%~53%。只溶于无机酸，不溶于水，只适用于基肥，用于酸性土壤，每亩施 0.5~1kg。

5. 铜矿渣

含铜（Cu）、铁（Fe）、氧化硅（SiO_2）、氧化镁（MgO）等，含铜量为 0.3%~1.0%，该产品为矿山生产副产品，难溶于水，也可作铜肥使用，亩施 30~40kg，于秋耕或春耕时施入。对改良泥炭土和腐殖质湿土效果显著。但若含有大量镉、铅、汞等元素，应先加工处理，去掉镉、铅、汞有害物质后再进行施用。

第十节　土壤有效锌

锌（Zn）是一种浅灰色的过渡金属，是第四种"常见"的金属，仅次于铁、铝及铜。土壤锌含量因土壤类型而异，并受成土母质的影响。锌是一些酶的重要组成成分，这些酶在缺锌的情况下活性大大降低。绿色植物的光合作用，必须要有含锌的碳酸酐酶的参与，它主要存在于植株的叶绿体中，催化二氧化碳的水合作用，提高光合强度，促进碳水化合物的转化。锌能促进氮素代谢。缺锌植株体内的氮素代谢若发生紊乱，会造成氨的大量累积，抑制蛋白质的合成。植株的失绿现象，在很大程度上与蛋白质的合成受阻有关。施锌促进植株生长发育的效应显著，并能增强抗病、抗寒能力，防治玉米花叶白苗病、柑橘小叶病，减轻小麦条锈病、大麦和冬黑麦的坚黑穗病、冬黑麦的秆黑粉病、向日葵的白腐病和灰腐病的为害，增强玉米植株的耐寒性。

锌作为作物生长必需的微量元素，其在土壤中的含量及变化状况直接影响作物产量和产品品质，影响农业的高产高效生产，因此进行微量元素锌的调查分析具有重要意义。

一、土壤有效锌含量及其空间差异

通过对昌吉回族自治州耕层土壤样品有效锌含量测定结果分析，昌吉回族自治州耕层土壤有效锌含量平均值为0.64mg/kg。平均含量以昌吉市最高，为0.95mg/kg，木垒哈萨克自治县含量最低，为0.30mg/kg。

昌吉回族自治州土壤有效锌含量平均变异系数为91.13%，最小值出现在木垒哈萨克自治县，为49.98%；最大值出现在奇台县，为103.82%（表5-20）。

表5-20 昌吉回族自治州土壤有效锌含量及其空间差异

名称	平均值/(mg/kg)	标准差/(mg/kg)	变异系数/%
昌吉市	0.95	0.61	64.62
阜康市	0.73	0.55	74.93
呼图壁县	0.35	0.29	81.29
玛纳斯县	0.51	0.44	86.46
奇台县	0.62	0.64	103.82
吉木萨尔县	0.69	0.53	77.19
木垒哈萨克自治县	0.30	0.15	49.98
昌吉回族自治州	0.64	0.58	91.13

二、土壤有效锌含量的分级与分布

从昌吉回族自治州耕层土壤有效锌含量分级面积统计数据看，昌吉回族自治州耕地土壤有效锌含量主要分布在四级和五级。按等级分，一级占0.38%，二级占1.67%，三级占11.07%，四级占54.05%，五级占32.82%。提升空间较大（图5-10，表5-21）。

（一）一级

昌吉回族自治州有效锌含量为一级的耕地面积2.85khm^2，其中玛纳斯县面积最大，为1.61khm^2，占有效锌含量为一级耕地面积的56.58%，其次为木垒哈萨克自治县和奇台县，分别占19.56%和14.52%。

（二）二级

昌吉回族自治州有效锌含量为二级的耕地面积12.38khm^2，其中玛纳斯县面积最大，为7.36khm^2，占有效锌含量为二级耕地面积的59.40%，其次为木垒哈萨克自治县和昌吉市，分别占15.01%和13.52%。

（三）三级

昌吉回族自治州有效锌含量为三级的耕地面积82.18khm^2，其中玛纳斯县面积最大，为33.58khm^2，占有效锌含量为三级耕地面积的40.86%，其次为呼图壁县和昌吉市，分别占 21.80% 和 15.15%。

（四）四级

昌吉回族自治州有效锌含量为四级的耕地面积 401.18km²，其中玛纳斯县面积最大，为 86.74km²，占有效锌含量为四级耕地面积的 21.62%，其次为呼图壁县和昌吉市，分别占 19.18% 和 17.59%。

（五）五级

昌吉回族自治州有效锌含量为五级的耕地面积 243.57km²，其中奇台县面积最大，为 104.43km²，占有效锌含量为五级耕地面积的 42.88%，其次为呼图壁县和玛纳斯县，分别占 21.51% 和 13.85%。

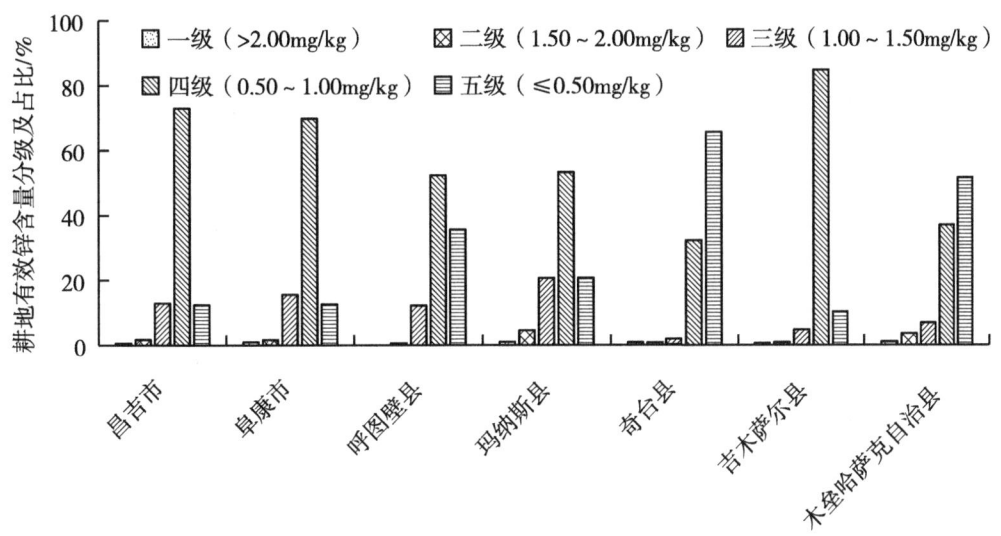

图 5-10 有效锌含量在各县（市）的分级及占比

三、土壤有效锌调控

一般认为，土壤缺锌的临界含量为 1.0mg/kg，有效锌含量低于 1.0mg/kg 时，属于缺锌；低于 0.5mg/kg 时，属于严重缺锌。针对土壤缺锌的情况，一般通过施用锌肥进行调控。

（一）锌肥类型

常见的锌肥包括硫酸锌、氯化锌、氧化锌等。硫酸锌（$ZnSO_4 \cdot 7H_2O$），含 Zn 量为 23%~24%，白色或橘红色结晶，易溶于水。氯化锌（$ZnCl_2$），含 Zn 量为 40%~48%，白色结晶，易溶于水。氧化锌（ZnO），含 Zn 量为 70%~80%，白色的粉末，难溶于水。

（二）施用方法

锌肥可以基施、追施、浸种、拌种、喷施，一般以叶面肥喷施效果最好。

表 5-21 土壤有效锌含量各等级在昌吉回族自治州的分布

地区	一级 (>2.00mg/kg)		二级 (1.50~2.00mg/kg)		三级 (1.00~1.50mg/kg)		四级 (0.50~1.00mg/kg)		五级 (≤0.50mg/kg)		合计	
	面积/khm²	占比/%	面积/khm²	占比/%	面积/khm²	占比/%	面积/khm²	占比/%	面积/khm²	占比/%	面积/khm²	占比/%
昌吉市	0.04	1.21	1.68	13.52	12.45	15.15	70.56	17.59	11.94	4.90	96.67	13.02
阜康市	0.23	8.03	0.97	7.85	8.78	10.68	39.43	9.83	7.12	2.93	56.53	7.62
呼图壁县	—	—	0.001	0.01	17.91	21.80	76.94	19.18	52.40	21.51	147.25	19.84
玛纳斯县	1.61	56.58	7.36	59.40	33.58	40.86	86.74	21.62	33.74	13.85	163.03	21.97
奇台县	0.41	14.52	0.34	2.79	2.71	3.29	51.46	12.83	104.43	42.88	159.35	21.47
吉木萨尔县	0.00	0.10	0.17	1.42	3.15	3.83	56.59	14.10	6.85	2.81	66.76	9.00
木垒哈萨克自治县	0.56	19.56	1.86	15.01	3.60	4.39	19.46	4.85	27.09	11.12	52.57	7.08
昌吉回族自治州	2.85	0.38	12.38	1.67	82.18	11.07	401.18	54.05	243.57	32.82	742.16	100.00

(三) 锌肥施用注意事项

(1) 锌肥施用在对锌敏感作物上：如玉米、花生、大豆、甜菜、菜豆、果树、番茄等效果较好。

(2) 施在缺锌的土壤上：在缺锌的土壤上施用锌肥较好，在不缺锌的土壤上不用施锌肥。如果植株早期表现出缺锌症状，可能是早春气温低，微生物活动弱，肥没有完全溶解，秧苗根系活动弱，吸收能力差；磷—锌的拮抗作用，土壤环境影响可能导致缺锌。但到后期气温升高，此症状就消失了。

(3) 作基肥隔年施用：锌肥作基肥每公顷用硫酸锌 20~25kg，要均匀施用，同时要隔年施用，因为锌肥在土壤中的残效期较长，不必每年施用。

(4) 不要与农药一起拌种：拌种用硫酸锌 2g/kg 左右，以少量水溶解，喷于种子上或浸种，待种子干后，再进行农药处理，否则影响效果。

(5) 不要与磷肥混用：因为锌—磷有拮抗作用，锌肥要与干细土或酸性肥料混合施用，撒于地表，随耕地翻入土中，否则将影响锌肥的效果。

(6) 不要表施要埋入土中：追施硫酸锌时，施硫酸锌 1.0kg/亩左右，开沟施用后覆土，表施效果较差。

(7) 浸秧根不要时间过长，浓度不宜过大，以 1% 的浓度为宜，浸半分钟即可，时间过长会发生药害。

(8) 叶面喷施效果好：用浓度为 0.1%~0.2% 硫酸锌、锌宝溶液进行叶面喷雾，每隔 6~7 天喷施 1 次，共喷施 2~3 次，但注意不要把溶液灌进心叶，以免灼伤植株。

第十一节 土壤有效硫

有效硫，是指土壤中能被植物直接吸收利用的硫。通常包括易溶硫、吸附性硫和部分有机硫。有效硫主要是无机硫酸根 SCT，它以溶解状态存在于土壤溶液中，或被吸附在土壤胶体上，在浓度较大的土壤中则因过饱和而沉淀为硫酸盐固体，这些形态的硫酸盐大多是水溶性的、酸溶性的或代换性的，易于被植物吸收。

一、土壤有效硫含量及其空间差异

通过对昌吉回族自治州耕层土壤样品有效硫含量测定结果分析，昌吉回族自治州耕层土壤有效硫含量平均值为 192.59mg/kg。平均含量以昌吉市最高，为 328.32mg/kg，奇台县含量最低，为 118.65mg/kg。

昌吉回族自治州土壤有效硫含量平均变异系数为 201.59%，最小值出现在木垒哈萨克自治县，为 126.67%；最大值出现在昌吉市，为 203.11%（表 5-22）。

表 5-22 昌吉回族自治州土壤有效硫含量及其空间差异

地区	平均值/(mg/kg)	标准差/(mg/kg)	变异系数/%
昌吉市	328.32	666.87	203.11

(续表)

地区	平均值/(mg/kg)	标准差/(mg/kg)	变异系数/%
阜康市	298.57	561.12	187.94
呼图壁县	163.68	235.39	143.81
玛纳斯县	258.31	371.67	143.89
奇台县	118.65	178.47	150.41
吉木萨尔县	119.92	168.37	140.39
木垒哈萨克自治县	119.28	151.09	126.67
昌吉回族自治州	192.59	388.25	201.59

二、土壤有效硫含量的分级与分布

从昌吉回族自治州耕层土壤有效硫含量分级面积统计数据看，昌吉回族自治州耕地土壤有效硫含量主要分布在一级。按等级分，一级占89.54%，二级占8.47%，三级占1.83%，四级占0.10%，五级占0.06%（图5-11，表5-23）。

（一）一级

昌吉回族自治州有效硫含量为一级的耕地面积664.52km²，其中玛纳斯县面积最大，为161.03km²，占有效硫含量为一级耕地面积的24.23%，其次为呼图壁县和奇台县，分别占20.47%和17.83%。

（二）二级

昌吉回族自治州有效硫含量为二级的耕地面积62.89km²，其中奇台县面积最大，为33.75km²，占有效硫含量为二级耕地面积的53.66%，其次为呼图壁县和木垒哈萨克自治县，分别占17.76%和17.48%。

（三）三级

昌吉回族自治州有效硫含量为三级的耕地面积13.59km²，其中奇台县面积最大，为6.94km²，占有效硫含量为三级耕地面积的51.11%，其次为木垒哈萨克自治县，占37.78%。

（四）四级

昌吉回族自治州有效硫含量为四级的耕地面积0.73km²，其中玛纳斯县面积最大，为0.32km²，占有效硫含量为四级耕地面积的43.83%，其次为木垒哈萨克自治县和奇台县，分别占24.14%和16.03%。

（五）五级

昌吉回族自治州有效硫含量为五级的耕地面积0.43km²，其中吉木萨尔县面积最大，为0.20km²，占有效硫含量为五级耕地面积的45.37%，其次为木垒哈萨克自治县和奇台县，分别占37.95%和16.68%。

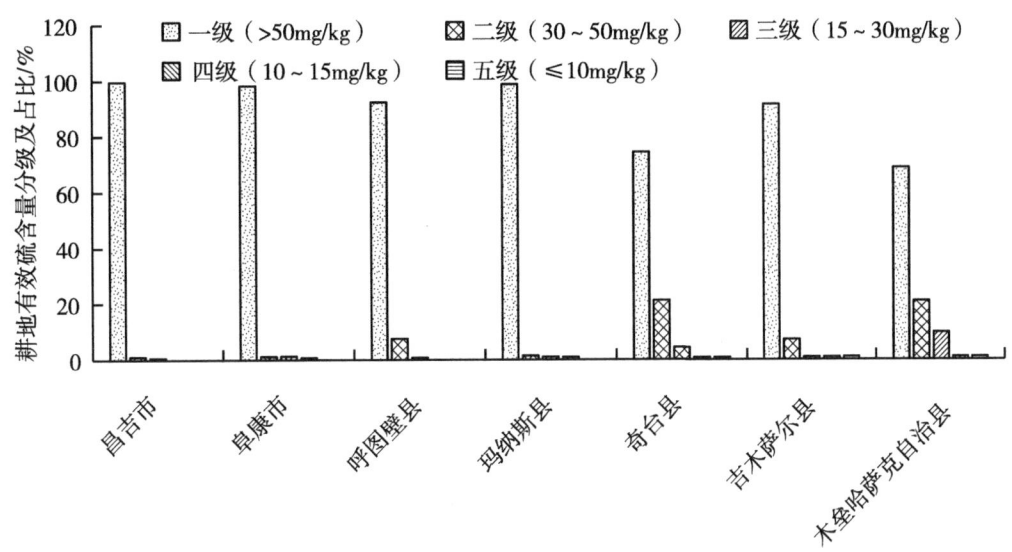

图 5-11 有效硫含量在各县（市）的分级及占比

三、土壤有效硫调控

（一）控制硫肥用量

具体用量视土壤有效硫水平高低而定。就一般作物而言，土壤有效硫低于 16mg/kg 时，施硫才会有增产效果，若有效硫大于 20mg/kg，除喜硫作物外，施硫一般无增产效果。在不缺硫的土壤上施用硫肥不仅不会增产，甚至会导致土壤酸化和减产。十字花科、豆科作物以及葱蒜、韭菜等都是需硫较多的作物，对施肥的反应敏感。而谷类作物则比较耐缺硫胁迫。硫肥用量的确定除了应考虑土壤、作物硫供需状况外，还要考虑到各元素间营养平衡问题，尤其是氮、硫的平衡。一些试验表明，只有在氮、硫比接近 7 时，氮、硫才能都得到有效的利用。当然，这一比值应随不同土壤氮、硫基础含量不同而作相应调整。

（二）选择适宜的硫肥品种

硫酸铵、硫酸钾及金属微量元素的硫酸盐中的硫酸根都是易于被作物吸收利用的硫形态。普钙中的石膏肥效要慢些。施用硫酸盐肥料的同时不应忽视由此带入的其他元素的平衡问题。施用硫黄虽然元素单纯，但须经微生物转化后才能有效，其肥效与土壤环境条件及肥料本身的细度有密切关系，而且其后效也比硫酸盐肥料大得多，甚至可以隔年施用。

（三）确定合理的施硫时期

硫肥的施用时间也直接影响着硫肥效果的好坏。在温带地区，硫酸盐类等可溶性硫肥春季使用效果比秋季好。在热带、亚热带地区则宜夏季施用。硫肥一般可以作基肥，于播种或移栽前耕地时施入，通过耕耙使之与土壤混合。根外喷施硫肥仅可作为补硫的辅助性措施。使用微溶或不溶于水的石膏或硫黄的悬液进行沾根处理是经济用硫的有效方法。

表 5-23 土壤有效硫含量各等级在昌吉回族自治州的分布

地区	一级 (>50mg/kg)		二级 (30~50mg/kg)		三级 (15~30mg/kg)		四级 (10~15mg/kg)		五级 (≤10mg/kg)		合计	
	面积/khm²	占比/%	面积/khm²	占比/%	面积/khm²	占比/%	面积/khm²	占比/%	面积/khm²	占比/%	面积/khm²	占比/%
昌吉市	96.31	14.49	0.36	0.57	0.001	0.01	—	—	—	—	96.67	13.02
阜康市	55.53	8.36	0.67	1.06	0.33	2.43	0.003	0.43	—	—	56.53	7.62
呼图壁县	136.01	20.47	11.17	17.76	0.07	0.47	—	—	—	—	147.25	19.84
玛纳斯县	161.03	24.23	1.14	1.82	0.54	3.94	0.32	43.83	—	—	163.03	21.97
奇台县	118.47	17.83	33.75	53.66	6.94	51.11	0.12	16.03	0.07	16.68	159.35	21.47
吉木萨尔县	61.06	9.19	4.81	7.65	0.58	4.26	0.11	15.57	0.20	45.37	66.76	9.00
木垒哈萨克自治县	36.11	5.43	10.99	17.48	5.13	37.78	0.18	24.14	0.16	37.95	52.57	7.08
昌吉回族自治州	664.52	89.54	62.89	8.47	13.59	1.83	0.73	0.10	0.43	0.06	742.16	100.00

第十二节 土壤有效硅

一般作物不会缺硅（Si），但个别作物却对硅敏感。硅主要存在于地壳中，自然界中硅的主要来源是含硅矿物。土壤中的硅主要是以硅酸盐的形式存在，土壤中的有效硅一般在几十至几百毫克/千克。

施用硅肥后，可使植物表皮细胞硅质化，茎秆挺立，增强叶片的光合作用。硅化细胞还可增加细胞壁的厚度，形成一个坚固的保护壳，病菌难以入侵；病虫害一旦为害即遭抵制。作物吸收硅肥后，导管刚性加强，有防止倒伏和促进根系生长的作用，是维持植物正常生命的一个重要组成部分。

此外，缺硅会使瓜果畸形，色泽灰暗，糖度减少，口感变差，影响商品性。增施硅肥则能大大提高这些性状。从植物生理学上的解释是：植物在硅肥的调节下，能抑制作物对氮肥的过量吸收，相应地促进了同化产物向多糖物质转化，所以，农业中既要保证高产，又要保证优质，这就要施用硅肥。但由于硅的性质稳定，会在土壤中以化合物的形态被固定，移动性差，所以，我们就要以施用硅肥的方法来补充，这在肥料应用日益减少的今天显得更为必要。

一、土壤有效硅含量及其空间差异

通过对昌吉回族自治州耕层土壤样品有效硅含量测定结果分析，昌吉回族自治州耕层土壤有效硅含量平均值为 290.03mg/kg。平均含量以木垒哈萨克自治县最高，为 428.18mg/kg，昌吉市含量最低，为 237.47mg/kg。

昌吉回族自治州土壤有效硅含量平均变异系数为 64.33%，最小值出现在阜康市，为 36.62%；最大值出现在奇台县，为 82.86%（表5-24）。

表5-24　昌吉回族自治州土壤有效硅含量及其空间差异

名称	平均值/(mg/kg)	标准差/(mg/kg)	变异系数/%
昌吉市	237.47	113.48	47.79
阜康市	371.69	136.11	36.62
呼图壁县	303.82	168.58	55.49
玛纳斯县	268.05	112.77	42.07
奇台县	265.24	219.76	82.86
吉木萨尔县	340.79	190.43	55.88
木垒哈萨克自治县	428.18	219.05	51.16
昌吉回族自治州	290.03	186.59	64.33

二、土壤有效硅含量的分级与分布

从昌吉回族自治州耕层土壤有效硅含量分级面积统计数据看,昌吉回族自治州耕地土壤有效硅含量多数在一级和二级。按等级分,一级占 53.74%,二级占 43.54%,三级占 2.47%,四级占 0.19%,五级占 0.06%(图 5-12,表 5-25)。

(一)一级

昌吉回族自治州有效硅含量为一级的耕地面积 398.84km²,其中呼图壁县面积最大,为 78.17km²,占有效硅含量为一级耕地面积的 19.60%,其次为奇台县和玛纳斯县,分别占 17.69% 和 17.66%。

(二)二级

昌吉回族自治州有效硅含量为二级的耕地面积 323.15km²,其中玛纳斯县面积最大,为 87.18km²,占有效硅含量为二级耕地面积的 26.98%,其次为奇台县和呼图壁县,分别占 23.29% 和 21.20%。

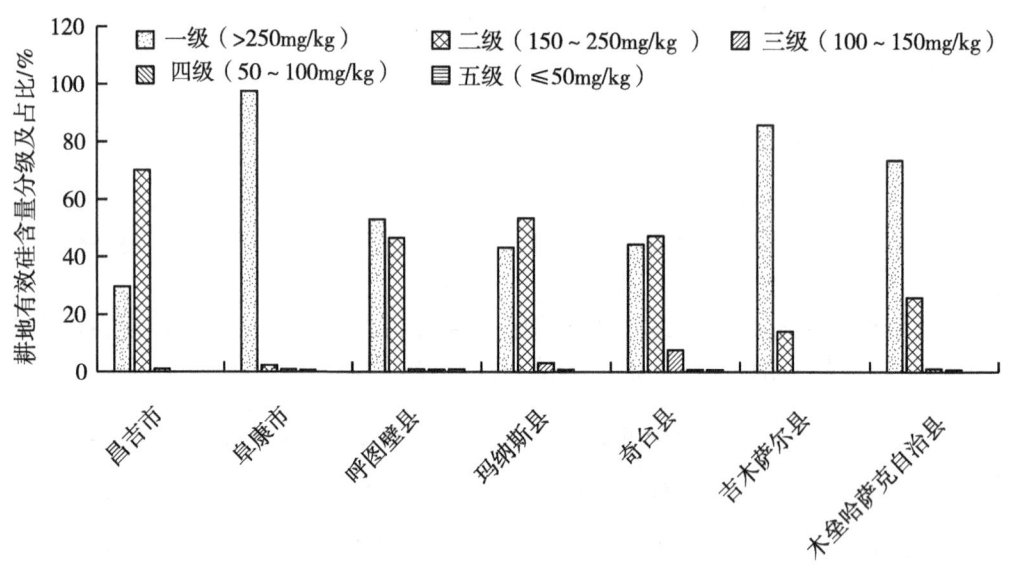

图 5-12 有效硅含量在各县(市)的分级及占比

(三)三级

昌吉回族自治州有效硅含量为三级的耕地面积 18.29km²,其中奇台县面积最大,为 12.18km²,占有效硅含量为三级耕地面积的 66.58%,其次为玛纳斯县和昌吉市,分别占 28.90% 和 1.41%。

(四)四级

昌吉回族自治州有效硅含量为四级的耕地面积 1.43km²,其中奇台县面积最大,为 1.17km²,占有效硅含量为四级耕地面积的 81.30%,其次为玛纳斯县和木垒哈萨克自治县,分别占 9.76% 和 4.20%。

第五章 耕地土壤有机质及主要营养元素

表5-25 土壤有效硅含量各等级在昌吉回族自治州的分布

地区	一级 (>250mg/kg)		二级 (150~250mg/kg)		三级 (100~150mg/kg)		四级 (50~100mg/kg)		五级 (≤50mg/kg)		合计	
	面积/khm²	占比/%	面积/khm²	占比/%	面积/khm²	占比/%	面积/khm²	占比/%	面积/khm²	占比/%	面积/khm²	占比/%
昌吉市	28.62	7.17	67.79	20.98	0.26	1.41	—	—	—	—	96.67	13.02
阜康市	55.11	13.82	1.33	0.41	0.09	0.48	0.004	0.29	—	—	56.53	7.62
呼图壁县	78.17	19.60	68.51	21.20	0.24	1.31	0.06	4.17	0.27	59.23	147.25	19.84
玛纳斯县	70.43	17.66	87.18	26.98	5.28	28.90	0.14	9.76	—	—	163.03	21.97
奇台县	70.56	17.69	75.26	23.29	12.18	66.58	1.17	81.30	0.18	40.77	159.35	21.47
吉木萨尔县	57.29	14.37	9.47	2.93	—	—	—	—	—	—	66.76	9.00
木垒哈萨克自治县	38.66	9.69	13.61	4.21	0.24	1.32	0.06	4.20	—	—	52.57	7.08
昌吉回族自治州	398.84	53.74	323.15	43.54	18.29	2.47	1.43	0.19	0.45	0.06	742.16	100.00

（五）五级

昌吉回族自治州有效硅含量为五级的耕地面积 0.45khm²，其中呼图壁县面积最大，为 0.27khm²，占有效硅含量为五级耕地面积的 59.23%，其次为奇台县，占 40.77%。

三、土壤有效硅调控

缺硅与作物种类密切相关，施用硅肥可以有效提高作物的抗病虫害能力，特别是对病虫害的抗性加强，针对土壤缺硅的不同类型，及作物对硅肥的需求不同，通过合理施用硅肥进行调控。

（一）根据作物种类

各种作物需硅的情况不一样，对硅肥也有不同的反应。在各种作物中，以水果、蔬菜对硅肥的反应较好。

（二）根据肥料种类

硅肥主要有硅酸铵、硅酸钠、三氧化硅和含硅矿渣，可作基肥、种肥和追肥施用。目前，硅肥的品种主要有枸溶性硅肥、水溶性硅肥两大类，枸溶性硅肥是指不溶于水而溶于酸后可以被植物吸收的硅肥；水溶性硅肥是指溶于水可以被植物直接吸收的硅肥，农作物对其吸收利用率较高，为高温化学合成，生产工艺较复杂，成本较高，但施用量较小，一般常用作叶面喷施、冲施和滴灌，也可进行基施和追施，具体用量可根据作物品种喜硅情况、当地土壤的缺硅情况以及硅肥的具体含量而定。

（三）根据土壤情况

硅是第四大矿物元素，理想的土壤调理剂，硅肥缓释长效，保证作物对硅元素的吸收达到最优水平，根据其原料生产产品养分全面、含量高、活性强、吸收利用率高。

第十三节　土壤有效钼

土壤中钼（Mo）的含量主要与成土母质、土壤质地、土壤类型、气候条件及全氮含量等有关。钼主要存在于地壳中，自然界中钼的主要来源是含钼矿藏。钼对动植物的营养及代谢具有重要作用，土壤中的钼来自含钼矿物（主要含钼矿物是辉钼矿）。含钼矿物经过风化后，钼则以钼酸离子（MoO_4^{2-} 或 $HMoO_4^-$）的形态进入溶液。

土壤中的钼可区分成 4 部分：（1）水溶态钼，包括可溶态的钼酸盐；（2）代换态钼，MoO_4^{2-} 离子被黏土矿物或铁锰的氧化物所吸附；以上两部分称为有效态钼是植物能够吸收的；（3）难溶态钼，包括原生矿物、次生矿物、铁锰结核中所包被的钼；（4）有机结合态的钼，需注意探明土壤有效钼含量高低，为合理施肥、促进作物高产奠定基础。同时，也要防止钼过量带来的危害。

一、土壤有效钼含量及其空间差异

通过对昌吉回族自治州耕层土壤样品有效钼含量测定结果分析，昌吉回族自治州耕层土壤有效钼含量平均值为 0.26mg/kg。平均含量以玛纳斯县最高，为 0.39mg/kg，吉木萨尔县含量最低，为 0.16mg/kg。

昌吉回族自治州土壤有效钼含量平均变异系数为 201.08%，最小值出现在吉木萨尔县，为 58.12%；最大值出现在呼图壁县，为 328.98%（表 5-26）。

表 5-26 昌吉回族自治州土壤有效钼含量及其空间差异

名称	平均值/(mg/kg)	标准差/(mg/kg)	变异系数/%
昌吉市	0.27	0.27	97.65
阜康市	0.30	0.24	80.51
呼图壁县	0.34	1.13	328.98
玛纳斯县	0.39	1.09	276.55
奇台县	0.21	0.13	61.80
吉木萨尔县	0.16	0.09	58.12
木垒哈萨克自治县	0.22	0.27	121.44
昌吉回族自治州	0.26	0.52	201.08

二、土壤有效钼含量的分级与分布

从昌吉回族自治州耕层土壤有效钼含量分级面积统计数据看，昌吉回族自治州耕地土壤有效钼含量多数在一级和二级。按等级分，一级占 56.51%，二级占 31.56%，三级占 10.62%，四级占 1.28%，五级占 0.03%（图 5-13，表 5-27）。

（一）一级

昌吉回族自治州有效钼含量为一级的耕地面积 419.43khm²，其中玛纳斯县面积最大，为 123.31khm²，占有效钼含量为一级耕地面积的 29.40%，其次为昌吉市和奇台县，分别占 15.61% 和 15.43%。

（二）二级

昌吉回族自治州有效钼含量为二级的耕地面积 234.22khm²，其中呼图壁县面积最大，为 79.46khm²，占有效钼含量为二级耕地面积的 33.93%，其次为奇台县和玛纳斯县，分别占 25.07% 和 15.13%。

（三）三级

昌吉回族自治州有效钼含量为三级的耕地面积 78.83khm²，其中奇台县面积最大，为 33.16khm²，占有效钼含量为三级耕地面积的 42.06%，其次为吉木萨尔县和呼图壁县，分别占 19.39% 和 13.80%。

（四）四级

昌吉回族自治州有效钼含量为四级的耕地面积 9.47khm²，其中吉木萨尔县面积最大，为3.11km²，占有效钼含量为四级耕地面积的32.81%，其次为奇台县和木垒哈萨克自治县，分别占27.26%和20.75%。

（五）五级

昌吉回族自治州有效钼含量为五级的耕地面积0.21km²，其中奇台县面积最大，为0.20km²，占有效钼含量为五级耕地面积的97.04%，其次为昌吉市和木垒哈萨克自治县，分别占2.31%和0.65%。

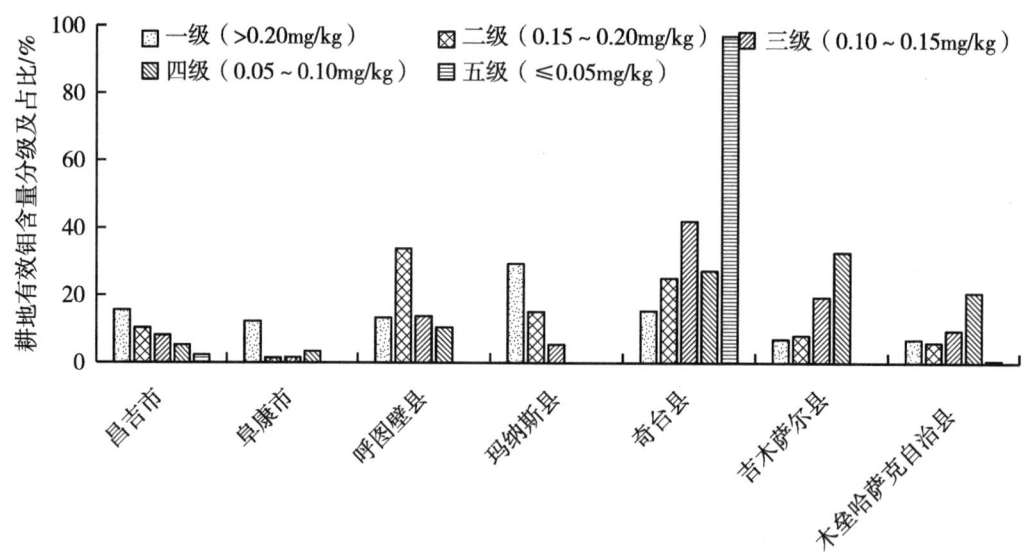

图5-13 有效钼含量在各县（市）的分级及占比

三、土壤有效钼调控

缺钼与作物种类密切相关，以豆科作物为敏感，如紫云英、苕子、苜蓿、大豆、花生等。高含量钼对植物有不良影响。针对土壤缺钼的不同类型，通过合理施用钼肥进行调控。

（一）根据作物种类

各种作物需钼的情况不一样，对钼肥也有不同的反应。在各种作物中，豆科和十字花科作物对钼肥的反应最好。由于钼与固氮作用有密切关系，豆科作物对钼肥有特殊的需要，所以钼肥应当首先集中施用在豆科作物上。

1. 大豆

大豆使用钼肥可使苗壮早发，根系发达，根瘤多而大，色泽鲜艳，株高、叶宽、总节数、分枝数、荚数、三粒荚数、蛋白质含量等都增加，因而能提高产量。

2. 花生

施用钼肥能使花生的单株荚果数、百果重和百仁重提高，空秕率降低，产量提高。

3. 其他作物

玉米种子用钼肥拌种，平均增产8.7%。小麦施用钼肥，平均增产13%~16%，谷

第五章 耕地土壤有机质及主要营养元素

表 5-27 土壤有效钼含量各等级在昌吉回族自治州的分布

地区	一级 (>0.20mg/kg)		二级 (0.15~0.20mg/kg)		三级 (0.10~0.15mg/kg)		四级 (0.05~0.10mg/kg)		五级 (≤0.05mg/kg)		合计	
	面积/khm²	占比/%	面积/khm²	占比/%	面积/khm²	占比/%	面积/khm²	占比/%	面积/khm²	占比/%	面积/khm²	占比/%
昌吉市	65.48	15.61	24.25	10.35	6.43	8.16	0.50	5.30	0.005	2.31	96.67	13.02
阜康市	51.63	12.31	3.33	1.42	1.25	1.58	0.32	3.39	—	—	56.53	7.62
呼图壁县	55.92	13.33	79.46	33.93	10.87	13.80	0.99	10.49	—	—	147.25	19.84
玛纳斯县	123.31	29.40	35.44	15.13	4.28	5.43	—	—	—	—	163.03	21.97
奇台县	64.70	15.43	58.71	25.07	33.16	42.06	2.58	27.26	0.20	97.04	159.35	21.47
吉木萨尔县	29.41	7.01	18.95	8.09	15.29	19.39	3.11	32.81	—	—	66.76	9.00
木垒哈萨克自治县	28.98	6.91	14.08	6.01	7.54	9.58	1.97	20.75	0.001	0.65	52.57	7.08
昌吉回族自治州	419.43	56.51	234.22	31.56	78.83	10.62	9.47	1.28	0.21	0.03	742.16	100.00

子施用钼肥，平均增产4.5%~18%。

(二) 根据肥料种类

钼肥主要有钼酸铵、钼酸钠、三氧化钼和含钼矿渣，可作基肥、种肥和追肥施用。

1. 基肥

含钼矿渣难溶解，以作基肥施用为好。钼肥可以单独施用，也可和其他常用化肥或有机肥混合施用，如单独施用，用量少，不易施匀，可拌干细土5kg，搅拌均匀后施用。施用时可以撒施后犁入土中或耙入耕层内。钼肥的价格高，为节约用肥，可采取沟施、穴施的办法。

2. 种肥

种肥是一种常用的施肥方法，既省工、又省肥，操作方便，效果很好。①浸种，用0.05%~0.1%的钼酸铵溶液浸种12h左右，肥液用量要淹没种子。用浸种方法，要考虑当时的土壤墒情，如果墒情不好，浸种处理过的种子中的水分反被土壤吸走，造成芽干而不能出苗。②拌种，每千克种子用钼酸铵2g，先用少量的热水溶解，再兑水配成2%~3%的溶液，用喷雾器在种子上薄薄地喷一层肥液，边喷边搅拌，溶液不要用得过多，以免种皮起皱，造成烂种。拌好后，将种子阴干即可播种。如果种子还要进行农药处理，一定要等种子阴干后进行。浸过或拌过钼肥的种子，人畜不能食用，以免引起钼中毒。

3. 追肥

多采用根外追肥的办法。叶面喷施要求肥液溶解彻底，不可有残渣。一般要连续喷施2次为好，大豆需钼量多，拌种时可用3%的钼酸铵溶液，均匀地喷在豆种上，阴干即可播种。

钼与磷有相互促进的作用，磷能增强钼肥的效果。可将钼肥与磷肥配合施用，也可再配合氮肥。每公顷磷酸钙加水1 125kg，搅拌溶解放置过夜，第二天将沉淀的渣滓滤去，加入钼肥及尿素即可进行喷雾。另外，硫能抑制作物对钼的吸收，含硫多的土壤或施用硫肥过量会降低钼肥作用。

总体来说，作物对钼的需求总量还是相对较少的；有效钼供应过多，可能会对作物产生毒害，因此在钼肥的施用上，要严格控制用量，避免过量。由于钼肥用量较少，作为基肥施用时，要力求做到均匀施用，可与土或其他肥料充分混合后施用；根外追肥也要浓度适宜，不可随意增加用量或浓度，避免局部浓度过高。

第十四节 土壤有效硼

硼（B）是作物生长必需的营养元素之一，虽然需求总量不高，但硼所起的作用不可忽视。土壤中的硼大部分存在于土壤矿物中，小部分存在于有机物中。受成土母质、土壤质地、土壤pH值、土壤类型、气候条件等因素的影响，盐土全硼含量通常高于其他土壤。

土壤中的硼通常分为酸不溶态、酸溶态和水溶态3种形式，其中水溶性硼对作物是有效的，属有效硼。土壤有效硼含量与盐渍化程度密切相关，盐化土壤和盐土有效硼含量高，盐渍化程度越高，有效硼含量也越高，碱土和碱化土则低。影响土壤硼有效性的因素有气候条件、土壤全氮含量、土壤质地、pH值等。降水量影响有效硼的含量，硼是一种比较容易淋失的元素，降水量大，有效硼淋失多。在降水量小的情况下，全氮的分解受到影响，硼的供应减少；同时由于土壤干旱增加硼的固定，硼的有效性降低。所以，降水过多或过少都降低硼的有效性。有效硼含量与全氮含量呈正相关，一般土壤中的硼含量随全氮含量的增加有增加的趋势。土壤全氮含量高，有效硼含量也高。这是因为土壤氮与硼结合，防止了硼的淋失；在氮被矿化后，其中的硼即被释放出来。由于种植结构、施肥习惯的不同，各地土壤硼含量差异很大。

一、土壤有效硼含量及其空间差异

通过对昌吉回族自治州耕层土壤样品有效硼含量测定结果分析，昌吉回族自治州耕层土壤有效硼含量平均值为2.1mg/kg。平均含量以奇台县含量最高，为2.8mg/kg，阜康市含量最低，为1.4mg/kg。

昌吉回族自治州土壤有效硼含量平均变异系数为90.07%，最小值出现在呼图壁县，为48.72%；最大值出现在奇台县，为91.57%（表5-28）。

表5-28　昌吉回族自治州土壤有效硼含量及其空间差异

名称	平均值/(mg/kg)	标准差/(mg/kg)	变异系数/%
昌吉市	1.7	1.1	65.04
阜康市	1.4	1.0	75.90
呼图壁县	1.8	0.9	48.72
玛纳斯县	1.7	1.0	57.22
奇台县	2.8	2.5	91.57
吉木萨尔县	1.6	1.2	72.69
木垒哈萨克自治县	1.7	1.1	64.69
昌吉回族自治州	2.1	1.9	90.07

二、土壤有效硼含量的分级与分布

从昌吉回族自治州耕层土壤有效硼含量分级面积统计数据看，昌吉回族自治州耕地土壤有效硼含量多数在一级和三级。按等级分，一级占32.96%，二级占24.82%，三级占35.02%，四级占6.81%，五级占0.39%（图5-14，表5-29）。

（一）一级

昌吉回族自治州有效硼含量为一级的耕地面积244.65khm^2，其中奇台县面积最大，为108.22khm^2，占有效硼含量为一级耕地面积的44.23%，其次为呼图壁县和玛纳斯县，分别占16.77%和15.70%。

(二) 二级

昌吉回族自治州有效硼含量为二级的耕地面积184.21khm²，其中玛纳斯县面积最大，为47.14khm²，占有效硼含量为二级耕地面积的25.59%，其次为奇台县和昌吉市，分别占20.07%和17.46%。

(三) 三级

昌吉回族自治州有效硼含量为三级的耕地面积259.92khm²，其中玛纳斯县面积最大，为67.92khm²，占有效硼含量为三级耕地面积的26.13%，其次为呼图壁县和昌吉市，分别占24.86%和16.57%。

(四) 四级

昌吉回族自治州有效硼含量为四级的耕地面积50.51khm²，其中阜康市面积最大，为16.05khm²，占有效硼含量为四级耕地面积的31.78%，其次为呼图壁县和玛纳斯县，分别占20.01%和16.21%。

(五) 五级

昌吉回族自治州有效硼含量为五级的耕地面积2.87khm²，其中玛纳斯县面积最大，为1.38khm²，占有效硼含量为五级耕地面积的48.03%，其次为木垒哈萨克自治县和奇台县，分别占44.02%和4.78%。

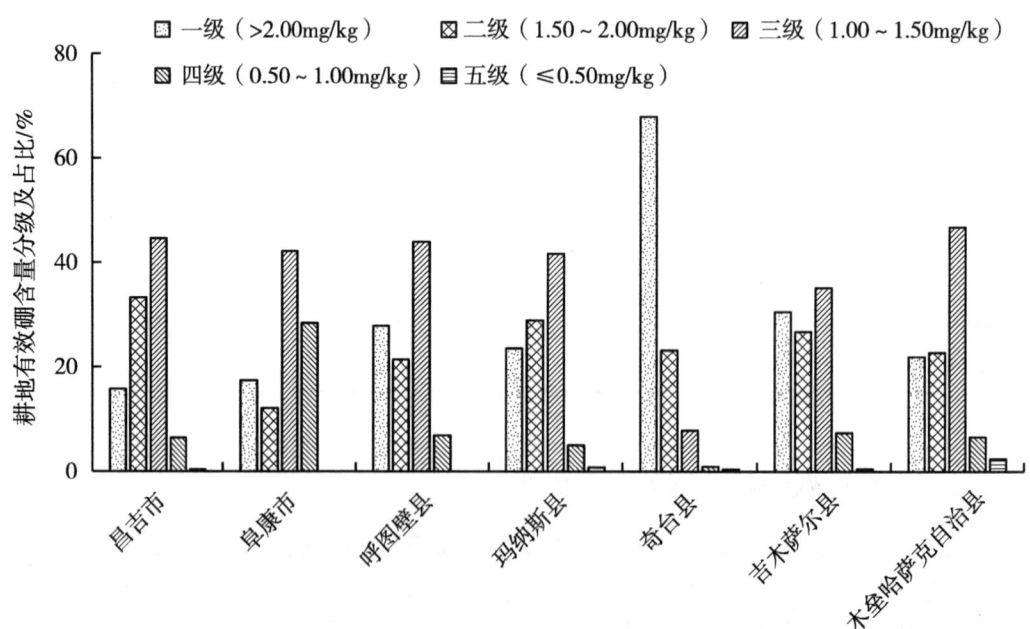

图5-14 有效硼含量在各县（市）的分级及占比

第五章 耕地土壤有机质及主要营养元素

表5-29 土壤有效硼含量各等级在昌吉回族自治州的分布

地区	一级 (>2.00mg/kg)		二级 (1.50~2.00mg/kg)		三级 (1.00~1.50mg/kg)		四级 (0.50~1.00mg/kg)		五级 (≤0.50mg/kg)		合计	
	面积/khm²	占比/%	面积/khm²	占比/%	面积/khm²	占比/%	面积/khm²	占比/%	面积/khm²	占比/%	面积/khm²	占比/%
昌吉市	15.22	6.22	32.16	17.46	43.06	16.57	6.22	12.31	0.01	0.27	96.67	13.02
阜康市	9.83	4.02	6.84	3.71	23.81	9.16	16.05	31.78	—	—	56.53	7.62
呼图壁县	41.03	16.77	31.49	17.09	64.62	24.86	10.11	20.01	—	—	147.25	19.84
玛纳斯县	38.40	15.70	47.14	25.59	67.92	26.13	8.19	16.21	1.38	48.03	163.03	21.97
奇台县	108.22	44.23	36.96	20.07	12.49	4.80	1.54	3.06	0.14	4.78	159.35	21.47
吉木萨尔县	20.41	8.34	17.87	9.70	23.46	9.03	4.94	9.79	0.08	2.90	66.76	9.00
木垒哈萨克自治县	11.54	4.72	11.75	6.38	24.56	9.45	3.46	6.84	1.26	44.02	52.57	7.08
昌吉回族自治州	244.65	32.96	184.21	24.82	259.92	35.02	50.51	6.81	2.87	0.39	742.16	100.00

三、土壤有效硼调控

一般认为,土壤缺硼的临界含量为 0.5mg/kg,水溶性硼低于 0.5mg/kg 时,属于缺硼;低于 0.25mg/kg 时,属于严重缺硼。针对土壤缺硼的情况,一般通过施用硼肥进行调控。在硼含量较高的地区,可以采取适当施用石灰的方法,防止硼的毒害。硼肥在棉花、苹果、花生、蔬菜等作物上已经得到大面积的推广应用。硼肥对于防止苹果、梨、桃等果树的落花落果和花而不实,效果显著,还能增加产量,改善果品品质。

(一)针对土壤和作物情况施用硼肥

土壤缺硼时,施硼肥能明显增产。不同土壤和作物,临界指标也有所差别。一般来说,双子叶植物的需硼量比单子叶植物高,多年生植物需硼量比一年生植物高,谷类作物一般需硼较少。甜菜是敏感性最强的作物之一;各种十字花科作物,如萝卜、油菜、甘蓝、花椰菜等需硼量高,对缺硼敏感;果树中的苹果对缺硼也特别敏感。硼肥的施用要因土壤、因作物而异,根据土壤硼含量和作物种类确定是否施用硼肥以及施用量。

(二)因硼肥种类选择适宜的施肥方式

硼酸易溶于水,硼砂易溶于热水,而硼泥则部分溶于水。因此,硼酸适宜根外追肥;硼砂可以作为根外追肥,也可以作为基肥;硼泥适宜作基肥。

(三)因土壤酸碱性施用硼肥

硼在石灰性土壤或碱性土壤上有效性较低,在酸性土壤中有效性较高,但易淋失。因此,为了提高肥料的有效性,在石灰性土壤或碱性土壤上,硼肥适宜作为根外追肥进行沾根、喷施(不适宜拌种);而酸性土壤上,则可以作为基肥直接施入土壤中,同时注意尽量避免淋溶损失。

(四)控制用量,均匀施用

总体来说,作物对硼的需求总量还是相对较少的;硼的供应过多,可能会对作物产生毒害,因此在硼肥的施用上,要严格控制用量,避免过量施用。由于硼肥用量较少,作为基肥施用时,要力求达到均匀施用,可与氮肥和磷肥混合施用,也可单独施用;单独施用时必须均匀,最好与干土混匀后施入土壤。

由于作物对硼肥的适宜量和过量之间的差异较小,因此对硼肥的用量和施用技术应特别注意,以免施用过量造成中毒。在缓冲性较小的砂质土壤上,用量宜适当减小。如果引起作物毒害,可适当施用石灰以减轻毒害。

(五)合理使用不同硼含量等级的灌溉水

灌溉水的硼含量,会影响土壤的硼含量,也会影响作物的生长发育。因此对于不同的作物,在灌溉时要考虑灌溉水中的硼含量对作物生长发育的影响。

第六章 其他指标

第一节 部分指标分布情况

一、土壤 pH 分布情况

昌吉回族自治州土壤 pH 值呈中性（6.5~7.5）的耕地面积共计 6.97khm^2，占昌吉回族自治州耕地面积的 0.94%。其中，昌吉市 0.002khm^2，占该市耕地面积的 0.002%；阜康市 0.25khm^2，占该市耕地面积的 0.44%；玛纳斯县 3.89khm^2，占该县耕地面积的 2.38%；奇台县 1.70khm^2，占该县耕地面积的 1.06%；木垒哈萨克自治县 1.14khm^2，占该县耕地面积的 2.17%。

昌吉回族自治州土壤 pH 呈微碱性（7.5~8.5）的耕地面积共计 734.87khm^2，占昌吉回族自治州耕地面积的 99.02%，在各县（市）均有分布。其中，昌吉市 96.65khm^2，占该市耕地面积的 99.98%；阜康市 56.28khm^2，占该市耕地面积的 99.56%；呼图壁县 147.25khm^2，占该县耕地面积的 100.00%；玛纳斯县 158.84khm^2，占该县耕地面积的 97.43%；奇台县 157.65khm^2，占该县耕地面积的 98.94%；吉木萨尔县 66.76khm^2，占该县耕地面积的 100.00%；木垒哈萨克自治县 51.43khm^2，占该县耕地面积的 97.83%。

昌吉回族自治州土壤 pH 呈碱性（8.5~9.0）的耕地面积共计 0.32khm^2，占昌吉回族自治州耕地面积的 0.04%。其中，昌吉市 0.02khm^2，占该市耕地面积的 0.02%；玛纳斯县 0.30khm^2，占该县耕地面积的 0.19%（表 6-1）。

表 6-1　昌吉回族自治州各县（市）土壤 pH 分级面积统计　　　　单位：khm^2

地区	中性（6.5~7.5）	微碱性（7.5~8.5）	碱性（8.5~9.0）
昌吉市	0.002	96.65	0.02
阜康市	0.25	56.28	—
呼图壁县	—	147.25	—
玛纳斯县	3.89	158.84	0.3
奇台县	1.7	157.65	—
吉木萨尔县	—	66.76	—
木垒哈萨克自治县	1.14	51.43	—
昌吉回族自治州	6.97	734.87	0.32

二、灌排能力分布情况

（一）不同县（市）灌溉能力

昌吉回族自治州灌溉能力为充分满足的耕地面积共计7.15km²，占昌吉回族自治州耕地面积的0.96%。阜康市灌溉能力为充分满足的耕地面积共计0.30km²，占该市耕地面积的0.53%；玛纳斯县灌溉能力为充分满足的耕地面积共计6.74km²，占该县耕地面积的4.13%；奇台县灌溉能力为充分满足的耕地面积共计0.11km²，占该县耕地面积的0.07%。

昌吉回族自治州灌溉能力为满足的耕地面积共计223.59km²，占昌吉回族自治州耕地面积的30.13%。昌吉市灌溉能力为满足的耕地面积共计46.66km²，占该市耕地面积的48.27%；阜康市灌溉能力为满足的耕地面积共计13.34km²，占该市耕地面积的23.59%；呼图壁县灌溉能力为满足的耕地面积共计17.18km²，占该县耕地面积的11.67%；玛纳斯县灌溉能力为满足的耕地面积共计82.51km²，占该县耕地面积的50.61%；奇台县灌溉能力为满足的耕地面积共计40.39km²，占该县耕地面积的25.34%；吉木萨尔县灌溉能力为满足的耕地面积共计23.17km²，占该县耕地面积的34.70%；木垒哈萨克自治县灌溉能力为满足的耕地面积共计0.34km²，占该县耕地面积的0.66%。

昌吉回族自治州灌溉能力为基本满足的耕地面积共计428.73km²，占昌吉回族自治州耕地面积的57.77%。昌吉市灌溉能力为基本满足的耕地面积共计43.21km²，占该市耕地面积的44.70%；阜康市灌溉能力为基本满足的耕地面积共计42.57km²，占该市耕地面积的75.30%；呼图壁县灌溉能力为基本满足的耕地面积共计107.5km²，占该县耕地面积的73.01%；玛纳斯县灌溉能力为基本满足的耕地面积共计73.78km²，占该县耕地面积的45.26%；奇台县灌溉能力为基本满足的耕地面积共计95.56km²，占该县耕地面积的59.97%；吉木萨尔县灌溉能力为基本满足的耕地面积共计36.61km²，占该县耕地面积的54.83%；木垒哈萨克自治县灌溉能力为基本满足的耕地面积共计29.51km²，占该县耕地面积的56.13%。

昌吉回族自治州灌溉能力为不满足的耕地面积共计82.69km²，占昌吉回族自治州耕地面积的11.14%。昌吉市灌溉能力为不满足的耕地面积共计6.79km²，占该市耕地面积的7.03%；阜康市灌溉能力为不满足的耕地面积共计0.33km²，占该市耕地面积的0.58%；呼图壁县灌溉能力为不满足的耕地面积共计22.57km²，占该县耕地面积的15.32%；奇台县灌溉能力为不满足的耕地面积共计23.29km²，占该县耕地面积的14.62%；吉木萨尔县灌溉能力为不满足的耕地面积共计6.99km²，占该县耕地面积的10.47%；木垒哈萨克自治县灌溉能力为不满足的耕地面积共计22.72km²，占该县耕地面积的43.22%。

（二）不同县（市）排水能力

昌吉回族自治州排水能力为充分满足的耕地面积共计93.85km²，占昌吉回族自治州耕地面积的12.65%。昌吉市排水能力为充分满足的耕地面积共计39.41km²，占该市耕地面积的40.77%；阜康市排水能力为充分满足的耕地面积共计0.24km²，占该市耕地面积的0.43%；奇台县排水能力为充分满足的耕地面积共计3.45km²，占该县耕地面积的2.16%；木垒哈萨克自治县排水能力为充分满足的耕地面积共计50.76km²，占该县耕地面积的96.55%。

昌吉回族自治州排水能力为满足的耕地面积共计257.10km²，占昌吉回族自治州耕地面积的34.64%。昌吉市排水能力为满足的耕地面积共计28.68km²，占该市面积的29.67%；阜康市排水能力为满足的耕地面积共计20.74km²，占该市耕地面积的36.69%；呼图壁县排水能力为满足的耕地面积共计3.69km²，占该县耕地面积的2.51%；玛纳斯县排水能力为满足的耕地面积共计131.44km²，占该县耕地面积的80.62%；奇台县排水能力为满足的耕地面积共计62.7km²，占该县耕地面积的39.35%；吉木萨尔县排水能力为满足的耕地面积共计8.59km²，占该县耕地面积的12.87%；木垒哈萨克自治县排水能力为满足的耕地面积共计1.25km²，占该县耕地面积的2.38%。

昌吉回族自治州排水能力为基本满足的耕地面积共计361.83km²，占昌吉回族自治州耕地面积的48.75%。昌吉市排水能力为基本满足的耕地面积共计21.79km²，占该市耕地面积的22.54%；阜康市排水能力为基本满足的耕地面积共计35.53km²，占该市耕地面积的62.85%；呼图壁县排水能力为基本满足的耕地面积共计120.99km²，占该县耕地面积的82.17%；玛纳斯县排水能力为基本满足的耕地面积共计31.59km²，占该县耕地面积的19.38%；奇台县排水能力为基本满足的耕地面积共计93.20km²，占该县耕地面积的58.49%；吉木萨尔县排水能力为基本满足的耕地面积共计58.17km²，占该县耕地面积的87.13%；木垒哈萨克自治县排水能力为基本满足的耕地面积共计0.56km²，占该县耕地面积的1.07%。

昌吉回族自治州排水能力为不满足的耕地面积共计29.38km²，占昌吉回族自治州耕地面积的3.96%。昌吉市排水能力为不满足的耕地面积共计6.79km²，占该市耕地面积的7.02%；阜康市排水能力为不满足的耕地面积共计0.02km²，占该市耕地面积的0.03%；呼图壁县排水能力为不满足的耕地面积共计22.57km²，占该县耕地面积的15.32%。

表6-2 昌吉回族自治州各县（市）耕地灌排能力面积分布　　　　单位：khm²

地区	不同灌溉能力面积				不同排水能力面积			
	充分满足	满足	基本满足	不满足	充分满足	满足	基本满足	不满足
昌吉市	—	46.66	43.21	6.79	39.41	28.68	21.79	6.79
阜康市	0.3	13.34	42.57	0.33	0.24	20.74	35.53	0.02
呼图壁县	—	17.18	107.5	22.57	—	3.69	120.99	22.57
玛纳斯县	6.74	82.51	73.78	—		131.44	31.59	—
奇台县	0.11	40.39	95.56	23.29	3.45	62.7	93.2	—
吉木萨尔县	—	23.17	36.61	6.99	—	8.59	58.17	—

（续表）

地区	不同灌溉能力面积				不同排水能力面积			
	充分满足	满足	基本满足	不满足	充分满足	满足	基本满足	不满足
木垒哈萨克自治县	—	0.34	29.51	22.72	50.76	1.25	0.56	—
昌吉回族自治州	7.15	223.59	428.73	82.69	93.85	257.1	361.83	29.38

三、剖面土体构型分布情况

昌吉回族自治州薄层型耕地面积共计 7.95km²，占昌吉回族自治州耕地面积的 1.07%。如表 6-3 所示，阜康市薄层型耕地面积共计 0.57km²，占该市耕地面积的 1.00%；玛纳斯县薄层型耕地面积共计 5.11km²，占该县耕地面积的 3.14%；奇台县薄层型耕地面积共计 1.77km²，占该县耕地面积的 1.11%；吉木萨尔县薄层型耕地面积共计 0.50km²，占该县耕地面积的 0.75%；木垒哈萨克自治县薄层型耕地面积共计 0.001km²，占该县耕地面积的 0.001‰。

表 6-3　昌吉回族自治州各县（市）耕地剖面土体构型面积分布　　单位：km²

地区	薄层型	海绵型	夹层型	紧实型	上紧下松型	上松下紧型	松散型
昌吉市	—	63.74	9.06	8.56	6.8	0.01	8.5
阜康市	0.57	40.66	5.32	6.21	0.69	0.04	3.05
呼图壁县	—	103.77	1.68	11.55	8.48	—	21.78
玛纳斯县	5.11	23.81	3.93	20.21	104.71	1.57	3.69
奇台县	1.77	152.49	0.73	0.19	2.65	0.03	1.48
吉木萨尔县	0.5	44.44	9.15	9.55	1.04	0.84	1.24
木垒哈萨克自治县	0.001	50.60	1.26	0.57	0.11	—	0.03
昌吉回族自治州	7.95	479.51	31.13	56.84	124.48	2.49	39.76

昌吉回族自治州海绵型耕地面积共计 479.51km²，占昌吉回族自治州耕地面积的 64.61%。如表 6-3 所示，昌吉市海绵型耕地面积共计 63.74km²，占该市耕地面积的 65.94%；阜康市海绵型耕地面积共计 40.66km²，占该市耕地面积的 71.92%；呼图壁县海绵型耕地面积共计 103.77km²，占该县耕地面积的 70.47%；玛纳斯县海绵型耕地面积共计 23.81km²，占该县耕地面积的 14.61%；奇台县海绵型耕地面积共计 152.49km²，占该县耕地面积的 95.70%；吉木萨尔县海绵型耕地面积共计 44.44km²，占该县耕地面积的 66.57%；木垒哈萨克自治县海绵型耕地面积共计 50.60km²，占该县耕地面积的 96.25%。

昌吉回族自治州夹层型耕地面积共计 31.13km²，占昌吉回族自治州耕地面积的

4.19%。如表6-3所示，昌吉市夹层型耕地面积共计9.06km²，占该市耕地面积的9.37%；阜康市夹层型耕地面积共计5.32km²，占该市耕地面积的9.41%；呼图壁县夹层型耕地面积共计1.68km²，占该县耕地面积的1.14%；玛纳斯县夹层型耕地面积共计3.93km²，占该县耕地面积的2.41%；奇台县夹层型耕地面积共计0.73km²，占该县耕地面积的0.46%；吉木萨尔县夹层型耕地面积共计9.15km²，占该县耕地面积的13.71%；木垒哈萨克自治县夹层型耕地面积共计1.26km²，占该县耕地面积的2.40%。

昌吉回族自治州紧实型耕地面积共计56.84km²，占昌吉回族自治州耕地面积的7.66%。如表6-3所示，昌吉市紧实型耕地面积共计8.56km²，占该市耕地面积的8.86%；阜康市紧实型耕地面积共计6.21km²，占该市耕地面积的10.99%；呼图壁县紧实型耕地面积共计11.55km²，占该县耕地面积的7.84%；玛纳斯县紧实型耕地面积共计20.21km²，占该县耕地面积的12.39%；奇台县紧实型耕地面积共计0.19km²，占该县耕地面积的0.12%；吉木萨尔县紧实型耕地面积共计9.55km²，占该县耕地面积的14.30%；木垒哈萨克自治县紧实型耕地面积共计0.57km²，占该县耕地面积的1.09%。

昌吉回族自治州上紧下松型耕地面积共计124.48km²，占昌吉回族自治州耕地面积的16.77%。如表6-3所示，昌吉市上紧下松型耕地面积共计6.80km²，占该市耕地面积的7.03%；阜康市上紧下松型耕地面积共计0.69km²，占该市耕地面积的1.22%；呼图壁县上紧下松型耕地面积共计8.48km²，占该县耕地面积的5.76%；玛纳斯县上紧下松型耕地面积共计104.71km²，占该县耕地面积的64.23%；奇台县上紧下松型耕地面积共计2.65km²，占该县耕地面积的1.66%；吉木萨尔县上紧下松型耕地面积共计1.04km²，占该县耕地面积的1.56%；木垒哈萨克自治县上紧下松型耕地面积共计0.11km²，占该县耕地面积的0.21%。

昌吉回族自治州上松下紧型耕地面积共计2.49km²，占昌吉回族自治州耕地面积的0.34%。如表6-3所示，昌吉市上松下紧型耕地面积共计0.01km²，占该市耕地面积的0.01%；阜康市上松下紧型耕地面积共计0.04km²，占该市耕地面积的0.07%；玛纳斯县上松下紧型耕地面积共计1.57km²，占该县耕地面积的0.96%；奇台县上松下紧型耕地面积共计0.03km²，占该县耕地面积的0.02%；吉木萨尔县上松下紧型耕地面积共计0.84km²，占该县耕地面积的1.26%。

昌吉回族自治州松散型耕地面积共计39.76km²，占昌吉回族自治州耕地面积的5.36%。如表6-3所示，昌吉市松散型耕地面积共计8.50km²，占该市耕地面积的8.79%；阜康市松散型耕地面积共计3.05km²，占该市耕地面积的5.39%；呼图壁县松散型耕地面积共计21.78km²，占该县耕地面积的14.79%；玛纳斯县松散型耕地面积共计3.69km²，占该县耕地面积的2.26%；奇台县松散型耕地面积共计1.48km²，占该县耕地面积的0.93%；吉木萨尔县松散型耕地面积共计1.24km²，占该县耕地面积的1.86%；木垒哈萨克自治县松散型耕地面积共计0.03km²，占该县耕地面积的0.05%。

四、耕层质地分布情况

昌吉回族自治州不同县（市）耕层质地面积分布见表6-4。

表6-4　昌吉回族自治州各县（市）耕层质地面积分布　　单位：khm²

地区	砂土	砂壤	轻壤	中壤	重壤	黏土
昌吉市	6.89	4.26	0.64	58.14	16.38	10.35
阜康市	3.31	0.68	0.98	37.78	7.36	6.42
呼图壁县	—	22.1	0.95	90.27	24.31	9.63
玛纳斯县	1.11	21.66	3.9	83.64	28.24	24.47
奇台县	1.42	13.19	9.82	112.42	22.18	0.31
吉木萨尔县	1.75	2.49	1.06	39.75	11.8	9.91
木垒哈萨克自治县	0.02	0.18	3.4	44.94	3.72	0.32
昌吉回族自治州	14.51	64.56	20.76	466.93	113.98	61.42

昌吉回族自治州砂土耕地面积共计14.51khm²，占昌吉回族自治州耕地面积的1.95%。昌吉市砂土耕地面积共计6.89khm²，占该市耕地面积的7.13%；阜康市砂土耕地面积共计3.31khm²，占该市耕地面积的5.85%；玛纳斯县砂土耕地面积共计1.11khm²，占该县耕地面积的0.68%；奇台县砂土耕地面积共计1.42khm²，占该县耕地面积的0.89%；吉木萨尔县砂土耕地面积共计1.75khm²，占该县耕地面积的2.62%；木垒哈萨克自治县砂土耕地面积共计0.02khm²，占该县耕地面积的0.04%。

昌吉回族自治州砂壤耕地面积共计64.56khm²，占昌吉回族自治州耕地面积的8.70%。昌吉市砂壤耕地面积共计4.26khm²，占该市耕地面积的4.41%；阜康市砂壤耕地面积共计0.68khm²，占该市耕地面积的1.20%；呼图壁县砂壤耕地面积共计22.10khm²，占该县耕地面积的15.00%；玛纳斯县砂壤耕地面积共计21.66khm²，占该县耕地面积的13.29%；奇台县砂壤耕地面积共计13.19khm²，占该县耕地面积的8.28%；吉木萨尔县砂壤耕地面积共计2.49khm²，占该县耕地面积的3.73%；木垒哈萨克自治县砂壤耕地面积共计0.18khm²，占该县耕地面积的0.34%。

昌吉回族自治州轻壤耕地面积共计20.76khm²，占昌吉回族自治州耕地面积的2.80%。昌吉市轻壤耕地面积共计0.64khm²，占该市耕地面积的0.66%；阜康市轻壤耕地面积共计0.98khm²，占该市耕地面积的1.74%；呼图壁县轻壤耕地面积共计0.95khm²，占该县耕地面积的0.65%；玛纳斯县轻壤耕地面积共计3.90khm²，占该县耕地面积的2.39%；奇台县轻壤耕地面积共计9.82khm²，占该县耕地面积的6.16%；吉木萨尔县轻壤耕地面积共计1.06khm²，占该县耕地面积的1.59%；木垒哈萨克自治县轻壤耕地面积共计 3.4km², 占该县耕地面积的 6.47%。

昌吉回族自治州中壤耕地面积共计 466.93km², 占昌吉回族自治州耕地面积的 62.91%。昌吉市中壤耕地面积共计 58.14km², 占该市耕地面积的 60.14%；阜康市中壤耕地面积共计 37.78km², 占该市耕地面积的 66.84%；呼图壁县中壤耕地面积共计 90.27km², 占该县耕地面积的 61.30%；玛纳斯县中壤耕地面积共计 83.64km², 占该县耕地面积的 51.30%；奇台县中壤耕地面积共计 112.42km², 占该县耕地面积的 70.55%；吉木萨尔县中壤耕地面积共计 39.75km², 占该县耕地面积的 59.54%；木垒哈萨克自治县中壤耕地面积共计 44.94km², 占该县耕地面积的 85.48%。

昌吉回族自治州重壤耕地面积共计 113.98km², 占昌吉回族自治州耕地面积的 15.36%。昌吉市重壤耕地面积共计 16.38km², 占该市耕地面积的 16.95%；阜康市重壤耕地面积共计 7.36km², 占该市耕地面积的 13.02%；呼图壁县重壤耕地面积共计 24.31km², 占该县耕地面积的 16.51%；玛纳斯县重壤耕地面积共计 28.24km², 占该县耕地面积的 17.33%；奇台县重壤耕地面积共计 22.18km², 占该县耕地面积的 13.92%；吉木萨尔县重壤耕地面积共计 11.80km², 占该县耕地面积的 17.67%；木垒哈萨克自治县重壤耕地面积共计 3.72km², 占该县耕地面积的 7.07%。

昌吉回族自治州黏土耕地面积共计 61.42km², 占昌吉回族自治州耕地面积的 8.28%。昌吉市黏土耕地面积共计 10.35km², 占该市耕地面积的 10.71%；阜康市黏土耕地面积共计 6.42km², 占该市耕地面积的 11.35%；呼图壁县黏土耕地面积共计 9.63km², 占该县耕地面积的 6.54%；玛纳斯县黏土耕地面积共计 24.47km², 占该县耕地面积的 15.01%；奇台县黏土耕地面积共计 0.31km², 占该县耕地面积的 0.20%；吉木萨尔县黏土耕地面积共计 9.91km², 占该县耕地面积的 14.85%；木垒哈萨克自治县黏土耕地面积共计 0.32km², 占该县耕地面积的 0.61%。

第二节　障碍因素

一、障碍因素分类分布

昌吉回族自治州障碍因素主要分为 5 类：障碍层次型、瘠薄型、干旱灌溉型、盐碱型和沙化型。

障碍层次型面积共计 117.28km², 在玛纳斯县分布最广, 面积为 103.38km², 木垒哈萨克自治县分布最少, 面积为 0.78km²。瘠薄型面积共计 67.88km², 在昌吉市分布最广, 面积为 16.41km², 玛纳斯县分布最少, 面积为 2.15km²。干旱灌溉型面积共计 46.93km², 在木垒哈萨克自治县分布最广, 面积为 20.91km², 玛纳斯县分布最少, 面积为 0.02km²。盐碱型面积共计 18.97km², 在昌吉市分布最广, 面积为 18.22km², 其次为玛纳斯县, 面积为 0.75km²。沙化型面积共计 7.16km², 在玛纳斯县分布最广, 面积为 2.86km², 其次为阜康市, 面积为 1.40km²。干旱灌溉型和瘠薄型共计 19.13km², 在呼图壁县分布最广, 面积为 14.19km², 其次为奇台县, 面积为 3.02km²。昌吉回族自治州其他复合类型障碍因素面积共计 65.03km², 无障碍因素面积为399.78khm²（表6-5）。

表6-5 昌吉回族自治州各县（市）耕地障碍因素面积分布　　　　　　单位：khm²

地区	障碍层次型	瘠薄型	干旱灌溉型	盐碱型	沙化型	干旱灌溉型和瘠薄型	其他障碍因素	无
昌吉市	2.34	16.41	—	18.22	1.23	—	19.19	39.29
阜康市	2.91	7.15	0.29	—	1.40	0.01	5.44	39.33
呼图壁县	1.36	13.85	0.27	—	—	14.19	8.80	108.78
玛纳斯县	103.38	2.15	0.02	0.75	2.86	—	20.32	33.54
奇台县	4.32	13.80	19.50	—	1.15	3.02	1.05	116.51
吉木萨尔县	2.19	9.93	5.93	—	0.52	0.49	9.60	38.10
木垒哈萨克自治县	0.78	4.60	20.91	—	—	1.42	0.64	24.23
昌吉回族自治州	117.28	67.88	46.93	18.97	7.16	19.13	65.03	399.78

二、障碍因素调控措施

（一）盐碱地改良措施

盐碱地改良须以"水、盐、肥"为中心，贯彻统一规划，综合治理；因地制宜，远近结合；利用与改良相结合的原则。

1. 统一规划综合治理

"盐随水来，盐随水去"，控制与调节土壤中的水盐运动，是防治土壤盐渍化的关键。因此，首先要解决好水的问题，必须从一个流域着手，统一规划，合理布局，满足上、中、下游的需要。

盐分对作物的危害包括盐害、物理化学危害、营养供求失调等方面，从解决盐分危害这个主要矛盾出发，必须采取综合措施。任何单项措施，一般也只能解决某一个具体矛盾，不可能同时解决排水、洗盐、培肥诸多矛盾。例如，排水（沟排、井排、暗管排、扬排）也只能解决切断盐源，防止和控制地下水位升高；洗盐只能脱盐和压盐；农林措施只能巩固脱盐效果，恢复地力，防止土壤返盐等。实践证明，上述的诸多措施，必须相互配合，综合应用，环环相扣，才能奏效，更能提高改良效果。如精耕细作，增强地面覆盖，可减弱返盐速度，降低临界深度，竖井与明沟相结合，更能发挥排水效果；有完善的灌排系统，才能提高种稻洗盐的效果；增施有机肥料可壮苗抗盐，培育耐盐品种，提高作物保苗率，降低洗盐标准。

2. 因地制宜远近结合

要因地制宜地制订治理方案，才能收到事半功倍的效果。例如，是否需要排水设施，要因地下水位高低而异；条田建设过宽不利于脱盐，易发生盐斑，条田过窄，机耕效率低；排水沟的深度、密度、灌排渠布置方式（并列式或相间式）等都各有其利弊，都要结合当地情况，进行合理规划。对不同程度盐渍化也应区别处理。重盐土地区首先冲洗淋盐，深沟排水，降低地下水位。轻盐土地区可深浅沟相组合，井灌井排，浅、密、通来控制地下水位；平整土地，多施有机肥料，加强淋盐、抑盐。次生盐化地区，可采取井、渠结合，以井代渠，减少地下水的补给，加强农林措施，防止返盐。低洼下潮水盐无出路的地区，可采取扬排与渠排相结合。受盐分威胁的地区，应加强灌溉管理，进行渠道防渗，加强地面覆盖，防止返盐。苏打盐化地区生物措施，配合施石膏进行化学改良。

3. 利用与改良相结合

改良利用盐土要与提高土壤肥力相结合，因为除盐就是为了充分发挥土壤的潜在肥力，但是在洗盐过程中，不可避免地伴随有土壤养分的淋失过程。同时，培肥主要依靠农牧结合，合理种植，牧草田轮作，多种绿肥，精耕细作，相互配合，环环相扣，巩固土壤脱盐效果，防止重新返盐，保证作物丰收。

盐碱地改良是一个较为复杂的综合治理系统工程，包括水利工程措施、农业技术措施、生物措施、化学改良等综合治理方法，要针对实际情况准确合理使用每一项措施来改良治理盐碱地。

(二) 沙化型土壤修复措施

土壤沙化的实质就是土壤退化，必须将植物修复技术、微生物修复技术和化学修复技术等有效地结合起来，进行综合治理。正确的诊断是成功修复的基础，合理的修复体系是检验修复效果正确与否的关键。

植物修复技术主要手段是保护性耕作和退耕还林还草。保护性耕作是通过减少对土壤的耕作次数，增加地表秸秆残茬覆盖，来增加土壤有机质含量，改善土壤结构和物理化学性质，提高了土壤持水能力，为土壤微生物的生存和繁殖提供了有利条件，同时减少风蚀、水蚀，减缓沙尘危害。退耕还林还草对不适于再做农田的耕地加以恢复，培肥地力。退耕还林还草对土壤有机质和氮含量有明显改善，且对不同土层微生物量 C、N 也有着不同的影响。不同层次结构模式和限制因子影响着退耕还林还草成效，在施行此技术时要加以考虑与研究。

化学修复技术主要采用功能性高分子材料及腐植酸在沙化退化土壤修复中的应用。采用高分子材料制成防止土壤侵蚀、绿化用的被覆层在不同地理条件下都具有良好的防侵蚀效果，植物生长状况良好，下层土壤化学性质得到一定改善；高吸水性高分子材料可以很好地保存土壤中的水分；PVA（聚乙烯醇）系高吸水树脂吸水后易向土壤、沙层释放，保持土壤湿润。腐植酸能够把分散的土粒胶结起来，形成水稳性好的团粒结构，从而降低容重，改善土壤结构性能，激活土壤中的微生物和酶。另外，腐植酸还有对化学肥料增效等作用。

土壤微生物能够促进土壤团粒结构的形成，许多耐旱耐高温的土壤微生物能够生活在沙土表面。微生物对土壤酶的累积贡献较大，而土壤酶活性又促进了有机化合物循环，改良了沙土性质，促进了结皮层的形成。微生物将土壤矿物无效态的钾和磷释放出来供植物生长发育。生物腐植酸是一种混合物，集腐植酸和微生物的作用于一身，在沙化退化土壤修复中发挥重要作用。

主要发展方向：以改砂培肥为主，实行粮草轮作，种植防风防沙林。可以小麦套播草木樨或小麦复播大豆，还可以种植苏丹草、苜蓿和燕麦草混播等绿肥饲草作物，粮草轮作，逐步建立起饲草料基地。适当轮作玉米、棉花等作物。普遍实行小麦秸秆还田，增施有机肥料、腐植酸肥料。营造防风林带，加大植树造林力度，重点加强耕地周边的防风林体系建设，搭配高、中、低不同品种，有利于阻挡风沙移动。

（三）障碍层次型土壤改良措施

由于土壤障碍层组成、厚度和出现部位不同，对障碍层次型中低产田的改良方式也要分别对待。

1. 黏隔型农田

采取打破黏隔障碍、改善土壤质地的方式进行改良。40cm 以上有黏隔层的采用农机进行深翻，将黏隔层与耕作层混合；40cm 以下有黏隔层的则用大功率农机进行深松。质地较黏重的黏隔型农田在深耕深松的同时，每亩掺 5~10t 粉沙或沙土。

2. 沙漏型农田

改良要根据沙漏层的厚度和沙漏层出现的深度来确定改良方式。沙漏层厚度较薄，且出现的深度在 40cm 以内的农田，采取机械深翻方式，将沙层上翻与上层土壤充分混合，形成新的土体构造。深翻改造后的农田要采取秸秆还田、种植绿肥等措施进行土壤培肥。沙漏层出现深度在 40cm 以下的农田，一般只采取农艺改良方式，而不采取工程方式进行改造，特别是在田间沟渠建设时，要特别注意不要打破沙漏层，否则会出现严重的漏水漏肥现象。农艺改良方式为：深耕，加深耕作层到 20cm 以上；增施有机肥，包括增施农家肥、秸秆还田和种植绿肥；测土配方施肥，增施磷钾肥和硅钙肥。添加客土，对地势低洼田通过加入客土增加上部土层厚度。

（四）贫瘠土壤培肥的措施

要以"改、培、保、控"为重点推进耕地质量建设，通过作物秸秆还田，施用有机肥等措施改善过砂或过黏土壤的不良性质，促进土壤中团粒结构的形成，提高土壤的保蓄性和通透性，抑制毛管水的强烈上升，减少土壤蒸发和地表积盐，促进淋盐和脱盐过程，同时提升土壤肥力。具体措施如下。

1. 广辟肥源，增加肥料投入，保持和培肥地力

土壤肥力属低水平，应该加紧培肥地力，首先必须稳固持续的增加有机肥投入。增加有机肥投入是提高土壤有机质含量、培肥土壤、改善土壤结构最根本的途径之一。采用间套作复播绿肥、秸秆还田等多种方式提升土壤肥力。

2. 有机、无机相结合是高产优质栽培的保证

农业生产中增加有机肥、提高土壤肥力的同时，还应该合理地投入化学肥料。有机、无机肥料相结合，一直是科学施肥所倡导的施肥原则，可以对种植的作物生长起到缓急相济、互补长短、缓解氮磷钾比例失调等作用。虽然实施难度比较大，但仍要宣传和坚持这一原则。

3. 重视测土配方施肥技术的推广应用

测土配方施肥技术目的就是解决当前施肥工作中存在的盲目施肥、肥料利用率低、生产效益不高等实际问题。测土配方平衡施肥决不仅仅是指氮、磷、钾 3 种大量元素之间的平衡，作物生长所必需的中量元素和微量元素之间都必须有均衡供应，任何一种营养元素的缺乏和过剩，都会限制作物产量及品质的提高。在农业生产中，要充分保证氮肥，合理配施磷肥、钾肥和锌、锰等微量元素，才能保证作物高产高效生产的需要。

4. 有针对性地施用微量元素肥料

微量元素肥料同大量元素氮磷钾肥料有着同等重要、不可替代的重要性，因此，微量元素肥料虽然作物需要量少，但如果缺乏，仍会成为作物高产的限制因素。调查区微量元素含量不均衡，在生产中可适量补施，以消除高产障碍因素。

5. 粮豆间作或间套作绿肥

利用豆科作物固氮，同粮食作物间作或套作，并利用残枝落叶和根茬还田可增加土壤有机质和氮素。由于豆科作物耐阴，间套种植效果好。核桃间套种植的肥饲草作物减少地表裸露和地面蒸腾，改善果林生态环境，提高土壤肥力。

（五）干旱灌溉型耕地的调节措施

由于干旱灌溉型耕地是因土壤保水保肥力差、季节性缺水等问题引起，应大力加强农田基础设施建设，加强渠道防渗、管道输水、滴灌等节水技术应用。培肥地力，形成良好的土壤结构，改善土壤保水性。改进耕作制度，种植耐旱品种；因地制宜实行农林牧相结合的生态产业结构，植树造林，改善农业生态环境，增强抗旱能力。

第三节　农田林网化程度

农田林网具有涵养水源、保持水土、防风固沙、调节气候等功能，是农村生态建设的一个重要组成部分。近年来，由于农村电网、道路、防渗渠的改造建设施工，致使一部分林带消失；一些林带因管护措施跟不上，导致死亡；滥伐以及正常采伐后更新不及时，造成农田防护林面积减少；一些新开发的土地大部分属于边缘乡场、荒漠地带，水土条件差，林网大部分都未配套；林业工作重点放在营造绿洲外围大型基干林和经济林上，对农田防护林建设和管理有所放松等原因，使农田林网化程度趋于下降。一个以农田防护林、大型防风固沙基干林带和天然荒漠林为主体，多林种、多带式、乔灌草、网片带相结合的绿洲综合防护林体系在昌吉回族自治州已初步形成。但是，一些地方新开垦的耕地林网配套没有及时跟上，老林带更新改造工作没有全面开展。造成了林网化程度降低，气候、土壤、植被及微生物的修复逐渐变差。因此，建立完善的农田防护林，进而建设高标准农田势在必行。

一、昌吉回族自治州农田林网化现状

本次昌吉回族自治州耕地质量汇总评价农田林网化程度分为高、中、低。其中林网化程度高的面积为 74.46khm², 占昌吉回族自治州耕地面积的 10.03%; 林网化程度中的面积为 327.72khm², 占昌吉回族自治州耕地面积的 44.16%; 林网化程度低的面积为 339.98khm², 占昌吉回族自治州耕地面积的 45.81%。

昌吉市农田防护林林网化程度高的面积为 4.21khm², 占该市耕地面积的 4.36%; 林网化程度中的面积为 9.85khm², 占该市耕地面积的 10.19%; 林网化程度低的面积为 82.60khm², 占该市耕地面积的 85.45%。

阜康市农田防护林林网化程度高的面积为 0.85khm², 占该市耕地面积的 1.49%; 林网化程度中的面积为 27.90khm², 占该市耕地面积的 49.35%; 林网化程度低的面积为 27.79khm², 占该市耕地面积的 49.16%。

呼图壁县农田防护林林网化程度高的面积为 17.18khm², 占该县耕地面积的 11.66%; 林网化程度中的面积为 102.89khm², 占该县耕地面积的 69.88%; 林网化程度低的面积为 27.18khm², 占该县耕地面积的 18.46%。

玛纳斯县农田防护林林网化程度高的面积为 18.19khm², 占该县耕地面积的 11.16%; 林网化程度中的面积为 53.52khm², 占该县耕地面积的 32.83%; 林网化程度低的面积为 91.32khm², 占该县耕地面积的 56.01%。

奇台县农田防护林林网化程度高的面积为 27.43khm², 占该县耕地面积的 17.21%; 林网化程度中的面积为 80.80khm², 占该县耕地面积的 50.71%; 林网化程度低的面积为 51.12khm², 占该县耕地面积的 32.08%。

吉木萨尔县农田防护林林网化程度高的面积为 6.60khm², 占该县耕地面积的 9.89%; 林网化程度中的面积为 30.36khm², 占该县耕地面积的 45.47%; 林网化程度低的面积为 29.81khm², 占该县耕地面积的 44.64%。

木垒哈萨克自治县农田防护林林网化程度中的面积为 22.40khm², 占该县耕地面积的 42.62%; 林网化程度低的面积为 30.17khm², 占该县耕地面积的 57.38%（表6-6）。

表6-6 昌吉回族自治州农田防护林建设情况统计

地区	林网化程度高		林网化程度中		林网化程度低		合计/khm²
	面积/khm²	占比/%	面积/khm²	占比/%	面积/khm²	占比/%	
昌吉市	4.21	4.36	9.85	10.19	82.6	85.45	96.67
阜康市	0.85	1.49	27.9	49.35	27.79	49.16	56.53
呼图壁县	17.18	11.66	102.89	69.88	27.18	18.46	147.25
玛纳斯县	18.19	11.16	53.52	32.83	91.32	56.01	163.03
奇台县	27.43	17.21	80.8	50.71	51.12	32.08	159.35
吉木萨尔县	6.6	9.89	30.36	45.47	29.81	44.64	66.76
木垒哈萨克自治县	—	—	22.4	42.62	30.17	57.38	52.57
昌吉回族自治州	74.46	10.03	327.72	44.16	339.98	45.81	742.16

二、有关建议

(一) 加大对农田林网化的资金扶持力度

地方政府配套资金难以到位,对林业项目的实施造成一定的影响。各级政府应将林业生态建设项目纳入财政预算,确保林业生态建设项目的资金落实到位,保证林业各个项目的顺利实施。

(二) 多部门统筹合作做好林网化的规划设计

林业部门要对当地的防护林基本情况做一个详细调查,并结合农田林网化建设的新要求新特点,进一步完善修订农田防护林建设规划,特别是在实施农田节水灌溉工程时,应综合考虑周边防护林带灌溉用水规划,做到因地制宜,统筹兼顾,运用新技术,采取新措施,建立更高水平的农田生态系统,逐渐形成相对完善的农区内部农田防护林体系和农区周边外围生态防护林体系。尤其在建设农田林网、农林间作形成高标准农田的建设中,应建立以植树造林为主的生态防护林,针对不同的生态区域采用远距离种植乔木、近距离种植灌木的种植方式,采取疏透型结构推进农田林网化,农田林网设计规划本着适地适树,统一安排、因害设防、综合利用的原则,充分发挥林网的作用,做到农林兼顾,协调发展。

(三) 做好防护林建设的宣传工作

通过广播、电视等媒介对林业相关的政策、法律法规进行深入广泛的宣传,提高广大人民群众对防护林重要性的认识,使他们认识到没有防护林就没有良好的生态环境,就没有农业的稳产丰收。

(四) 加强技术服务工作

在防护林的建设过程中,要严格按照植树造林的相关技术要求进行操作,确保植树造林的质量。林业技术人员要做好技术指导工作,同时做好苗木的检疫工作,防止带疫苗木或不合格苗木入地定植,影响建设质量。技术人员也要督促广大造林户做好后期灌溉、除草、病虫害防治等工作,防止重栽轻管的现象发生,确保造林质量。

(五) 进一步完善防护林的经营体制

要借集体权制度改革的机会,加快林权制度改革的步伐,完善林权制度,使集体林业资源的产权、经营权、收益权和处置权进一步明确。对于个人的防护林,在检查验收合格后,要及时发放林权证,放活经营权,提高林农经营的积极性。

(六) 加大新建耕地的林网化程度

严格按照《防沙治沙若干规定》中新垦农田防护林带面积不小于耕地面积的12%。对于以前耕地已经完成林网化的,要加大补植补造和更新的力度,完善防护林体系,提高防护效益。对新开垦的耕地要有林业、土管、农业及水利等部门统一规划,做到开发与造林同步进行,在确保农田林网化工作顺利完成的同时,改善了当地生产和生活条件,促进经济的发展。

第四节 土壤盐渍化程度分析

土地盐碱化的原因是土壤和地下水盐分过高,在强烈的地表蒸发情况下,土壤盐分通过毛细管作用上升并集聚于土壤表层,使农作物生长发育受到抑制。其形成的实质是各种易溶性盐类在土壤剖面水平方向与垂直方向的重新分配。土壤盐碱地不仅涉及农业、土地、水资源问题,还涉及典型的生态环境问题。

一、各县(市)之间土壤盐分含量差异

通过对昌吉回族自治州 1 102 个耕层土壤样品盐分含量测定结果分析,昌吉回族自治州耕层土壤盐分含量平均值为 1.2g/kg。平均含量以玛纳斯县最高,为 1.5g/kg,奇台县和吉木萨尔县最低,均为 0.9g/kg。

昌吉回族自治州土壤盐分含量平均变异系数为 100.00%,最大值出现在昌吉市,为 123.08%;最小值出现在吉木萨尔县,为 77.78%(表 6-7)。

表 6-7 昌吉回族自治州耕地土壤盐分含量

名称	点位数/个	平均值/(g/kg)	标准差/(g/kg)	变异系数/%
昌吉市	192	1.3	1.6	123.08
阜康市	81	1.4	1.5	107.14
呼图壁县	167	1.1	1.3	118.18
玛纳斯县	191	1.5	1.4	93.33
奇台县	286	0.9	0.9	100.00
吉木萨尔县	102	0.9	0.7	77.78
木垒哈萨克自治县	83	1.2	1.0	83.33
昌吉回族自治州	1 102	1.2	1.2	100.00

二、不同地形部位土壤盐分含量差异

昌吉回族自治州不同地形部位土壤盐分含量平均值由高到低顺序为:平原低阶>平原高阶、平原中阶>丘陵中部、丘陵下部>丘陵上部>山地坡上>山地坡中。平原低阶盐分平均含量最高,为 1.7g/kg;山地坡中盐分平均含量最低,为 0.5g/kg。

不同地形部位土壤盐分含量变异系数最大值出现在平原低阶,为 105.88%,最小值出现在山地坡中,为 20.00%(表 6-8)。

表 6-8 昌吉回族自治州各地形部位土壤盐分含量

地形部位	点位数/个	平均值/(g/kg)	标准差/(g/kg)	变异系数/%
平原高阶	224	1.1	1.1	100.00

(续表)

地形部位	点位数/个	平均值/(g/kg)	标准差/(g/kg)	变异系数/%
平原中阶	407	1.1	1.1	100.00
平原低阶	256	1.7	1.8	105.88
丘陵上部	60	0.9	0.6	66.67
丘陵中部	75	1.0	0.6	60.00
丘陵下部	62	1.0	0.7	70.00
山地坡上	14	0.8	0.5	62.50
山地坡中	4	0.5	0.1	20.00

三、昌吉回族自治州盐渍化分布及面积

昌吉回族自治州土壤盐渍化分级统计见表6-9。昌吉回族自治州盐渍化面积共计32.88km^2，占昌吉回族自治州面积的4.43%，轻度盐渍化、中度盐渍化的面积分别为32.14km^2、0.74km^2。

昌吉市盐渍化程度主要集中在轻度盐渍化，其盐渍化面积共计3.64km^2，占全市耕地面积的3.77%。

阜康市盐渍化程度主要集中在轻度盐渍化，其盐渍化面积共计7.08km^2，占全市耕地面积的12.52%。

呼图壁县盐渍化程度主要集中在轻度盐渍化，其盐渍化面积共计2.08km^2，占全县耕地面积的1.41%。

玛纳斯县盐渍化程度主要集中在轻度盐渍化，其盐渍化面积共计17.23km^2，占全县耕地面积的10.57%。

奇台县盐渍化程度主要集中在轻度盐渍化，其盐渍化面积共计1.44km^2，占全县耕地面积的0.90%。

吉木萨尔县盐渍化程度主要集中在轻度盐渍化，其盐渍化面积共计0.50km^2，占全县耕地面积的0.75%。

木垒哈萨克自治县盐渍化程度主要集中在轻度盐渍化，其盐渍化面积共计0.91km^2，占全县耕地面积的1.73%。

表6-9 昌吉回族自治州土壤盐渍化分级统计

地区	土壤盐渍化程度分级统计面积/khm^2			土壤总面积/khm^2	盐渍化土壤面积/khm^2	盐渍化土壤面积占比/%
	无盐渍化 ≤2.5g/kg	轻度盐渍化 2.5~6.0g/kg	中度盐渍化 6.0~12.0g/kg			
昌吉市	93.02	3.58	0.06	96.67	3.64	3.77
阜康市	49.46	6.97	0.11	56.53	7.08	12.52

（续表）

地区	土壤盐渍化程度分级统计面积/khm²			土壤总面积/khm²	盐渍化土壤面积/khm²	盐渍化土壤面积占比/%
	无盐渍化	轻度盐渍化	中度盐渍化			
	≤2.5g/kg	2.5~6.0g/kg	6.0~12.0g/kg			
呼图壁县	145.17	2.06	0.02	147.25	2.08	1.41
玛纳斯县	145.80	17.00	0.23	163.03	17.23	10.57
奇台县	157.91	1.42	0.02	159.35	1.44	0.90
吉木萨尔县	66.26	0.50	—	66.76	0.50	0.75
木垒哈萨克自治县	51.67	0.62	0.29	52.57	0.91	1.73
昌吉回族自治州	709.28	32.14	0.74	742.16	32.88	4.43

四、盐渍化土壤的改良和利用

土壤盐渍化防治途径不外乎是排出土壤中过多的盐分，调节盐分在土壤剖面中的分布，防止盐分在土壤中的重新累积。目前，治理盐碱地的措施主要有物理、生物和化学三大技术措施。

物理措施包括水利改良、平整土地、客土改良、压沙改良、种稻改良等。生物措施主要有培肥土壤，增施有机肥，施行秸秆还田和种植耐盐碱植物或绿肥等。化学改良主要是施用石膏（磷石膏、亚硫酸钙）等改良剂。施用化学改良剂、客土压碱等方法治理盐碱地，投入大，推广困难。农业及耕作措施如培肥土壤、深耕深松、地面覆盖减少土壤水分蒸发等，大面积的推广还存在一定的困难。

（一）水利改良措施

排出土壤中过多盐分最有效的方法仍然是排水、洗盐、压盐。洗盐通常在排水的条件下进行，若排水系统不健全，洗盐不但起不到应有的效果，反而会加重盐碱化程度。压盐是一种无排水条件下的缓解土壤盐分危害的措施，即用大定额的灌溉水将盐分压入深层或压入侧区，这样的治理技术须以大水漫灌为前提，不仅浪费了宝贵的水资源，增加土壤盐分输出量，而且容易抬高地下水位，进一步加重土壤次生盐渍化的隐性危害。实践证明，改良盐渍土是一项复杂、难度大、需时间长的工作，应视具体情况因地制宜，综合治理。

（二）农业生物措施

1. 整地法

削高垫底，平整土地，可以使从降雨和灌溉过程中获得的水分均匀下渗，提高冲洗土壤中盐分的效果，也可以防止土壤斑状盐渍化，减轻盐碱危害。

2. 深耕深翻法

深耕晒垡能够切断土壤毛细管，减弱土壤水分蒸发，提高土壤活性以及肥力，增强土壤的通透性能，从而能够有效地起到控制土壤返盐的作用。盐碱地深耕深翻的时间最好是在返盐较重的春季和秋季，且深翻时间春宜迟，秋宜早，以保作物全苗，秋季耕翻尤其有利于杀死病虫卵和清除杂草。针对中下层土层存在不透水的黏板层的重度盐碱地，可采用深松到 1.2m 的机械深松设备，进行 80cm 左右条状开沟或"品"字形点状机械深松挖坑破除黏板层，机械深松完成后进行大水灌溉洗盐。

3. 推广耐盐新品种

一般块根作物耐盐能力较差，谷类作物和牧草类较强，水生作物最强。但各类作物都有一定的耐盐极限。广泛引进筛选耐盐抗盐植物物种，筛选、驯化，选择出适合当地气候和不同盐渍化土壤条件，且具有一定经济和生态效益的耐盐物种。棉花、花生、甜菜、高粱、向日葵等都是较耐盐作物。耐盐树种：红叶椿、香花槐、白蜡、柳树、柽柳、小枣、枸杞、滨梅、紫叶李、木槿等；野生耐盐植物：骆驼刺、铃铛刺、苦豆子、白蒿、黄蒿、黑刺、梭梭柴、琵琶柴、粗盐穗木、细盐穗木、胡杨和沙枣等。

4. 增加有机肥和合理控制化肥的施用

盐碱地的特点是低温、肥力低、结构差。有机肥经过微生物的分解后，转化形成的腐殖质，不仅提高了土壤的缓冲能力，还能和碳酸钠发生化学反应形成腐植酸钠，起到降低土壤碱性的作用。形成的腐植酸钠还可以促进作物生长，增强作物的抗盐能力。腐殖质通过刺激团粒结构的形成，增加孔隙度，增强透水性，使盐分淋洗更容易，进而控制土壤返盐。有机质通过分解作用产生的有机酸，不仅可以中和土壤碱性，还可以加速养分的分解，刺激迟效养分的转化，促进磷的有效利用。因此，增加有机肥料施用可以提高土壤肥力，改良盐碱地。此外，化肥的施用增加土壤中氮磷钾含量，促进作物的生长，提高了作物的耐盐能力，通过施用化肥改变土壤盐分组成，抑制盐类对植物的不良影响。无机肥可增加作物产量，多出秸秆，扩大有机肥源，以无机促有机。盐碱地施用化肥时要避免施用碱性肥料，选用酸性和中性肥料较好。硫酸钾复合肥是微酸性肥料适合在盐碱地上施用，且对盐碱地的改良有良好作用。可通过作物秸秆还田，施用有机肥等措施改善过砂或过黏土壤的不良性质，促进土壤中团粒结构的形成，提高土壤的保蓄性和通透性，抑制毛管水的强烈上升，减少土壤蒸发和地表积盐，促进淋盐和脱盐过程，同时提升土壤肥力。

(三) 化学改良技术

针对盐碱重，作物出苗困难的区域，可以施用酸性的腐植酸类改良剂，对钠、氯等有害离子有很强的吸附作用，能代换碱性土壤中的吸附性钠离子，腐植酸本身具有两性胶体的特性，可以在耕层局部调整土壤的酸碱度，腐植酸中的黄腐酸是一种植物调节剂，可以提高植物的耐盐能力，通过施用改良剂可以提高作物的出苗率。另外，针对碱化土壤，可以施用工业废弃物制作的石膏类改良剂如脱硫石膏改良剂、磷石膏改良剂等，通过钙、钠离子的置换反应，来降低土壤的碱化度，改善土壤的通透性，进而降低盐渍化程度。